10

Deutsch kompetent

Arbeitsheft

Ole

Erarbeitet von:
Kirsten Altstadt
Melanie Dutzi
Andreas Höffle
Elisabeth Schuchart
Susanne Wilckens

Ernst Klett Verlag
Stuttgart · Leipzig · Dortmund

Differenzierung

○ leicht

◒ mittel

● schwer

1. Auflage 1 5 4 3 2 1 | 27 26 25 24 23

Alle Drucke dieser Auflage sind unverändert und können im Unterricht nebeneinander verwendet werden.
Die letzte Zahl bezeichnet das Jahr des Druckes.

Autorinnen und Autoren: Kirsten Altstadt, Stolpen; Melanie Dutzi, Achern; Andreas Höffle, Karlsruhe; Elisabeth Schuchart, Leipzig; Dr. Susanne Wilckens, Alpen

Entstanden in Zusammenarbeit mit dem Projektteam des Verlages.

Externe Redaktion: Ulrike Wünschirs, Leipzig
Layoutkonzeption: Nach Entwürfen von normaldesign GbR, Maria und Jens-Peter Becker, Schwäbisch Gmünd
Titelbild: links: Getty Images Plus, München (E+ / PeopleImages); rechts: Getty Images RF, München (Westend61)
Satz: PER Medien & Marketing GmbH, Braunschweig
Reproduktion: Meyle + Müller GmbH + Co. KG, Pforzheim
Druck: Plump Druck & Medien GmbH, Rheinbreitbach

Printed in Germany
ISBN 978-3-12-316316-6

9 783123 163166

Schreiben | Sprechen und Zuhören | Sprache | Lesen und Medien

Inhalt

Einen Sachtext schriftlich analysieren 4
- Eine Sachtextanalyse planen 4
- Eine Sachtextanalyse schreiben 7
- **ABSCHLUSSTRAINING** Einen Sachtext schriftlich analysieren 10

Auf Materialbasis einen informierenden Text schreiben 12
- Einen informierenden Text planen 12
- Einen informierenden Text schreiben 17
- **ABSCHLUSSTRAINING** Auf Materialbasis einen informierenden Text schreiben 18

Schriftlich argumentieren 22
- Eine Pro- und Kontra-Erörterung planen 22
- Eine Pro- und Kontra-Erörterung schreiben 26
- **ABSCHLUSSTRAINING** Eine Pro- und Kontra-Erörterung schreiben 28

Auf Materialbasis einen argumentierenden Text schreiben 30
- Auf Materialbasis einen argumentierenden Text planen 30
- Auf Materialbasis einen argumentierenden Text schreiben 35
- **ABSCHLUSSTRAINING** Auf Materialbasis einen argumentierenden Text schreiben 36

Erzählende Texte untersuchen, interpretieren und gestalten 40
- Erzählende Texte untersuchen und interpretieren 40
- Parabeln untersuchen 43
- Parabeln interpretieren 45
- **ABSCHLUSSTRAINING** Erzählende Texte untersuchen und interpretieren 48

Gedichte untersuchen, interpretieren und gestalten 50
- Gedichte untersuchen 50
- Gedichte interpretieren 53
- **ABSCHLUSSTRAINING** Gedichte untersuchen und interpretieren 56

Ein Drama untersuchen und interpretieren 58
- Eine Dramenszene untersuchen 58
- Eine Dramenszene interpretieren 61
- **ABSCHLUSSTRAINING** Ein Drama untersuchen und interpretieren 65

Satzzeichen setzen 68
- **EINGANGSTEST** Zeichensetzung 68
- Mit Kommas Satzstrukturen verdeutlichen 69
- Mit Adverbialsätzen Zusammenhänge verdeutlichen 77
- Zeichensetzung beim Zitieren 79
- **ABSCHLUSSTEST** Zeichensetzung 81

Regeln und Strategien der Rechtschreibung anwenden 82
- **EINGANGSTEST** Rechtschreibung 82
- Eigene Fehlerschwerpunkte erkennen 84
- Groß- und Kleinschreibung üben 85
- Getrennt- und Zusammenschreibung üben 90
- Gleich und ähnlich klingende Laute erkennen 92
- Die Schreibung von *das*/*dass* üben 93
- **ABSCHLUSSTEST** Rechtschreibung 94

Kannst du das? 96
- Sprache untersuchen und reflektieren 96
- Verstehendes Lesen 100
- Schreiben 106
- **LERNSPIEGEL** 108

- Fachbegriffe 109
- Quellennachweise 112

1 Einen Sachtext schriftlich analysieren

Eine Sachtextanalyse planen

Schülerbuch S. 27 **KOMPETENZBOX**

Planen
Den Sachtext untersuchen:
- Inhalt erschließen
- Funktion des Textes bestimmen
  auf Anlass, Aktualität, Quelle und Adressatenkreis achten
- auffällige sprachliche Mittel untersuchen, die die Absicht der Autorin/des Autors unterstützen (z. B. *Leseransprache, Aufwertung, Abwertung, Übertreibung, rhetorische Frage, Ellipse*)
- **Schreibplan** erstellen

Bibliotheken müssen mehr als nur Bücher bieten (2022, Ausschnitt)

Um weiterhin für BesucherInnen attraktiv zu bleiben, stehen Bibliotheken vor der Herausforderung, ihr Angebot zu erweitern und neben analogen Medien, wie etwa Büchern, digitale Medien-Angebote zur Verfügung zu stellen, Veranstaltungen auszutragen oder Räumlichkeiten für die Öffentlichkeit interessanter zu gestalten. BesucherInnen erwarten weiterhin von Bibliotheken, dass das altbekannte Dienstleistungsangebot beibehalten wird. Aber gleichzeitig müssen Bibliotheken auch rechtzeitig auf die Veränderungen der Lebensweise der Gesellschaft reagieren.
In dem Maße, wie das World Wide Web zum wichtigsten Medium für die Informationsbeschaffung geworden ist, verliert die Tradition eines Gebäudes voller Bücher in Papierform an Bedeutung für unser modernes Leben. Die Digitalisierung ermöglicht uns, dass wir von überall aus auf Bibliotheksdienste zugreifen können, sei es von zu Hause aus oder von unterwegs. Die Digitalisierung verändert auch die räumliche Gestaltung der Bibliotheken.
Durch die Bereitstellung von kostenlosem W-LAN können Bibliotheken ihren BenutzerInnen internetgestützte Dienstleistungen anbieten, z. B. Lernzentren, Hot-Desking-Einrichtungen für kleine Unternehmen oder Tonstudios für die Produktion von Podcasts.
Die Bibliothek in Woollahra (Double Bay), Australien, wurde 2016 gebaut und ist ein großartiges Beispiel für eine Neuerfindung von Bibliotheksdiensten. Schon lange vor der Corona-Pandemie positionierte sich die Bibliothek als Community-Zentrum, als ein Ort für Menschen, die ortsungebunden arbeiten, für FreiberuflerInnen, die anstatt in ein Büro gehen zu müssen, die Annehmlichkeiten einer Bibliothek nutzen können. [...] Die neuen Arbeitsbereiche im Stil einer Community-Lounge sind bei Berufstätigen und Studierenden gleichermaßen beliebt, während Kinder ihren eigenen Bereich mit interaktivem Fußboden, Spielen und sogar einer Rutsche genießen! Vor dem Neubau wurden täglich etwa 400 BesucherInnen gezählt. Nach der Eröffnung stiegen die Besucherzahlen auf zweieinhalb Tausend pro Tag, da Bedürfnisse der Community nun viel besser erfüllt wurden.
Öffentliche Bibliotheken sind schon allein wegen des Wortes „öffentlich" für die Gesellschaft wichtig. In öffentlichen Bibliotheken geht es um mehr als nur um Informations- oder Inhaltsvermittlung. Öffentliche Bibliotheken sind Orte, an denen Menschen und Ideen zusammenkommen. Sie sind Orte der Begegnung, an denen Menschen Informationen, Wissen und Ansichten austauschen können. Bibliotheken sind jetzt „menschenorientiert" und nicht mehr „sammlungsorientiert".

Quelle: https://libero-is.de/um-im-digitalen-zeitalter-zu-ueberleben-und-relevant-zu-bleiben-braucht-es-mut-und-innovation/ (Zugriff 28.03.2023, gek.)

○ **1** Lies die Textüberschrift und formuliere deine Erwartung an den Text.

___

◒ **2** Stelle Vermutungen zur Zielgruppe und zur Absicht des Textes an. Du kannst aus den genannten Zielgruppen auswählen und eine entsprechende Absicht formulieren.

101

Bibliotheksnutzerinnen und -nutzer | Berufstätige | Bibliotheksleiterinnen und -leiter | Nichtleserinnen und Nichtleser | Politikerinnen und Politiker

Der Text richtet sich in erster Linie an ___

mit der Absicht, ___

◒ **3** Untersuche die Struktur des Textes, indem du abschnittsweise die Inhalte zusammenfasst.

Abschnitt	Zeile	Inhalt
1	1–9	
2	10–15	
3	16–18	
4	19–27	
5	28–32	

◒ **4** Ergänze die Begründung für die folgende Aussage, indem du die entsprechende Textstelle direkt zitierst, in indirekter Rede wiedergibst und paraphrasierst.

Ein Gebäude „voller Bücher in Papierform" (Z. 12) verliere an Bedeutung, weil ...

A Zitat: … ___

___

___

B Indirekte Rede: … ___

___

C Paraphrase: … ___

___

___

5 Untersuche die sprachliche Gestaltung.

a) Beschreibe die Wirkung, die die markierten Aufzählungen haben.

Die Aufzählungen verdeutlichen ______

b) Erkläre, was die Gegenüberstellung der Besucherzahlen (vorher – nachher) in den Zeilen 26 f. bewirkt.

Die direkte Gegenüberstellung der Besucherzahlen ______

c) Beschreibe die Funktion der Gegenüberstellung der Begriffe „menschenorientiert" – „sammlungsorientiert" (Z. 32).

Diese Stilfigur ______

______

6 Überprüfe, ob der Text deine Erwartungen erfüllt hat, und erstelle einen Schreibplan für die Analyse des Textes. Du kannst die Vorgaben nutzen.

Einleitung:

Titel:	*Autor/in:*	*Textsorte:*	*Thema des Textes:*
Erscheinungsort/-jahr:			

Schreibidee für die Einleitung *(z. B. Relevanz des Themas für Schülerinnen und Schüler oder aktuelle Situation der Bibliotheken):*

______

Hauptteil:
Wie begründet und belegt der Text die in der Überschrift formulierte These?
(These: Bibliotheken müssen mehr als nur Bücher bieten ...)

Begründung:

Zeile 1–5: ______

Zeile 6–9: ______

______

Beispiel/Beleg:

Zeile 19–27: ______

______

sprachliche Mittel:

Zeilen, auf die du bei der Beschreibung der sprachlichen Gestaltung verweisen willst: Zeile 16 ff.

Aufzählung, ______

Schluss:
Ergebnisse der Analyse zusammenfassen

Eine Sachtextanalyse schreiben

Schülerbuch S. 27 **KOMPETENZBOX**

Inhalt und Aufbau
Einleitung: Titel, Name der **A**utorin/des Autors, Angabe der **T**extsorte, **T**hema **(TATT)**, Quelle und Erscheinungs- oder Veröffentlichungsjahr, Funktion und Hauptaussage des Textes bzw. Position der Autorin/des Autors benennen
Hauptteil:
- den Text abschnittsweise zusammenfassen und die gedankliche Struktur darlegen
- auf die wichtigsten Aussagen konzentrieren
- auffällige sprachliche Mittel und ihre Wirkung erläutern

Schluss: Ergebnisse der Sachtextanalyse zusammenfassen

Sprachliche Gestaltung
- sachlich und in der Regel im Präsens schreiben (bei Vorzeitigkeit: Perfekt)
- Textinhalte korrekt wiedergeben

Matthias Matting: E-Reader oder Buch aus Papier – was ist nachhaltiger? **(2020, Ausschnitt)**

Der Stromverbrauch ist beim E-Book-Reader kaum der Rede wert: Für einen Cent kannst du den Akku eines typischen E-Book-Readers etwa sechs Mal komplett laden. Damit lassen sich dann ungefähr 40.000 Seiten lesen, also mindestens 80 Bücher (wenn du Fantasy-Schinken magst). [...]
Das Lesematerial fließt bei E-Book-Readern durch Datenleitungen direkt auf das Gerät, das E-Book ist mindestens 20 Prozent günstiger in der Anschaffung als ein herkömmliches Buch und braucht nach dem Konsum nicht recycelt zu werden.
Die Technik, „E-Ink" genannt, eignet sich perfekt zur Anzeige von Text. Das Schriftbild ist ebenso kontrastreich wie bedrucktes Papier, es lässt sich auch am Strand noch hervorragend entziffern, und dank einer zusätzlichen Beleuchtung fühlt sich der Partner im gemeinsamen Schlafzimmer durch einen nächtlichen Lese-Marathon nicht gestört.
Das gute alte Buch mutet dagegen altmodisch an. Es raschelt beim Umblättern. Es leuchtet nicht von selbst, man braucht eine Nachttischlampe. Ein Lkw muss es von der Druckerei in den Buchladen transportieren (oder gleich zu dir nach Hause, wenn du zu den Online-Shopper:innen gehörst). Für das Papier von 80 Prozent aller Bücher müssen Bäume sterben, nur 20 Prozent entstehen durch Recycling.

Knifflig: Die Ökobilanz von E-Book-Readern
Doch wie so oft täuscht der erste Blick. Die Frage, ob E-Book oder das traditionelle Buch umweltfreundlicher sind, lässt sich nicht in einem Satz beantworten. [...]
Das Problem: Wer die Umweltfreundlichkeit eines Produktes beurteilen will, muss den kompletten Prozess betrachten, in dem es hergestellt und konsumiert wird. Für den ersten Teil sind dabei die Hersteller verantwortlich – für den zweiten jedoch die Nutzer:innen. Die gute Nachricht: Eben deshalb steht es auch in deiner ganz privaten Macht, die Ökobilanz deines Lieblingsmediums zu verbessern [...].
Grundsätzlich haben Buch und Elektronik etwas gemeinsam: Die größten Auswirkungen für die Umwelt entstehen bei der Produktion. Während die Papierherstellung Abholzung fördert und organische Kohlenstoffe ins Abwasser entlässt, müssen für E-Book-Reader und Tablets zunächst Mineralien gefördert werden – mit den bekannten Folgen wie Schwermetall-Freisetzung im Boden und Freisetzung von Giften bei der Herstellung.
Ulrike Wilke weist aber auch auf die ethischen und moralischen Probleme hin: die schwindende Biodiversität durch Wald-Monokulturen etwa oder Kahlschlag und Urwaldvernichtung auf der einen Seite – Kinderarbeit, Umweltverschmutzung, vorindustrielle Arbeitsbedingungen auf der anderen. Zusammen mit Energiebedarf, Wasserverbrauch sowie Treibhausgas- und Schadstoff-Emissionen führen diese Faktoren zu einem Ranking, in dem zunächst das Buch klar vor Tablet und E-Book-Reader abschneidet. [...]

Wann E-Reader besser sind als das Buch

Zunächst, denn nun kommst du ins Spiel – als Leser:in. [...] vielleicht findest du dich ja unter den Gelegenheitsleser:innen wieder, die etwa zehn Bücher pro Jahr schaffen: In diesem Fall wäre das Tablet das zu bevorzugende Gerät. Das gilt allerdings nur, wenn du dich nicht aufs Lesen beschränkst, sondern damit auch andere Medien konsumierst. Ist das nicht der Fall, bleib lieber beim Buch, das hier nur wenig schlechter abschneidet.

Ganz anders sieht es bei Vielleser:innen aus. Bei 50 Büchern pro Jahr liegt der E-Book-Reader eindeutig an der Spitze. Die Herstellung von 50 Druckwerken verbraucht über zehn Mal mehr Ressourcen als die Produktion eines E-Book-Lesegeräts. Auch das Tablet kann hier nicht mehr mithalten, da seine Nutzung durch den höheren Energieverbrauch ökologisch teurer ist.

Leihbuch aus der Bücherei ist unschlagbar

[...] Deine private Ökobilanz kannst du selbst am besten gestalten: Wer auf einem alten Drahtesel in die Stadtbibliothek strampelt, dort vorhandene Bücher ausleiht und nur bei natürlichem Licht schmökert, hinterlässt bei der Lektüre einen minimalen ökologischen Fußabdruck.

Quelle:Matthias Matting: E-Reader oder Buch aus Papier – was ist nachhaltiger? (03.11.2020) Unter: https://utopia.de/ratgeber/ebook-reader-oeko/ (Zugriff 28.03.2023, gek.)

○ **1** Lies zunächst nur die Überschrift des Textes und stelle Vermutungen an, wie sich die Frage beantworten lässt.

◒ **2** Notiere die mögliche Zielgruppe und Absicht des Textes sowie seine Hauptfunktion. Unterstreiche Textstellen, die die Hauptfunktion belegen.

102

Zielgruppe: ______________________ **Hauptfunktion:** ______________________

Absicht: ____

◒ **3** Untersuche die Argumentationsstruktur im Text.

a) Formuliere die Argumente aus, die für den E-Reader sprechen. Nutze die Vorgaben.

„Stromverbrauch“ „Kauf eines Textes“ „Recycling“ „Handhabe“ „Vielleserinnen und Vielleser“

b) Formuliere das Argument, das für das traditionelle Buch spricht.

c) Formuliere das Argument, das für die Nutzung von Leihbibliotheken spricht.

◒ **4** Untersuche die markierten Passagen im Text und erläutere, wie diese Formulierungen die Textabsicht unterstützen.

○ **5** Überprüfe, ob sich deine Erwartung aus Aufgabe 1 erfüllt hat oder nicht. Notiere eventuelle Abweichungen.

○ **6** Stelle folgende Angaben zum Text zusammen.

103

Titel: ____

Autorin/Autor: ______________________ **Textsorte:** ______________________

Thema des Textes: ____

Erscheinungsort/-jahr: ____

7 Überprüfe die Relevanz bzw. die Aktualität des Themas und notiere Schreibideen für die Einleitung.

8 Stelle stichpunktartig zusammen, wie der Text die in der Überschrift formulierte Frage beantwortet und wie er die Antwort begründet und belegt. Nutze auch Aufgabe 3.

104

E-Reader sind besser (nachhaltiger), weil ...	**Beleg/Beispiel**
... sie nur wenig Strom verbrauchen.	*Für einen Cent kann man den Akku sechs Mal laden.*
... der Kauf eines digitalen Textes günstiger ist.	
	Texte sind online verfügbar. Das Gerät ist handlicher als ein dickes Buch.
... die Anschaffung eines E-Readers sich vor allem für Vielleserinnen und Vielleser lohnt.	
Bücher in Papierform sind besser (nachhaltiger), weil ...	**Beleg/Beispiel**
... die Produktion von Büchern weniger umweltschädlich ist als die Produktion von E-Readern.	

9 Notiere Textstellen mit Zeilenangabe, auf die du bei der Beschreibung der sprachlichen Gestaltung (Leseransprache, Verwendung von Fachsprache, Anschaulichkeit, ...) verweisen willst.

10 Verfasse eine Sachtextanalyse des Textes „E-Reader oder Buch aus Papier – was ist nachhaltiger?“ von Matthias Matting. Gehe dabei von deinen Vorarbeiten aus und nutze bei Bedarf die Formulierungshilfen. Achte auf sprachliche Verknüpfungen.

Einleitung: Umweltschutz spielt in allen Lebensbereichen eine immer größere Rolle und auch ...
Mit dieser Frage beschäftigt sich auch ...
Matthias Matting stellt die Frage in den Raum, ob ...

Hauptteil: Zunächst macht Matthias Matting darauf aufmerksam, dass ...
E-Reader schneiden auch besser ab, wenn ...
Vergleicht man E-Reader und Bücher in Papierform, wird deutlich, dass ...
Dabei ist zu berücksichtigen ...
Es ist außerdem zu bedenken, dass ...
Schließlich weist Matting auf Leihbibliotheken hin, die ...

Schluss: Neben der Ökobilanz ist aber auch darauf zu achten, dass ...
Die Leserinnen und Leser haben also die Aufgabe, ...

11 Überprüfe und überarbeite deinen Text. Nutze dabei die Checkliste.

Ich habe ...	✓
... Präsens und bei Vorzeitigkeit Perfekt verwendet.	☐
... sachlich geschrieben, Fachbegriffe verwendet und Wertungen vermieden.	☐
... Textinhalte korrekt wiedergegeben durch Zusammenfassen, wörtliches Zitieren und indirekte Wiedergabe von Aussagen.	☐
... geeignete Satzverknüpfungen genutzt, um Zusammenhänge zu verdeutlichen.	☐

Analysiere den Sachtext über den neuen Trend „Slow Reading" von Ute Schneider und beschreibe dabei insbesondere den Aufbau des Textes.

Ute Schneider: Lesen in der Kommunikationsgesellschaft (2019, Ausschnitt)

In unserer Gesellschaft ist Kommunikation ein zentraler Wert. Dementsprechend ist Anschlusskommunikation – der Austausch über die rezipierten Inhalte – eine wesentliche Dimension der Mediennutzung, die ein impulsgebender Reflex im Leseprozess ist und die Aneignung des Gelesenen unterstützt: Medien werden nicht nur deswegen genutzt, weil sie konkrete Informationen oder Unterhaltungsbedürfnisse befriedigen, sondern auch, weil sie Kommunikationsprozesse als soziale Handlung ermöglichen. Der fehlende Austausch über das Gelesene ist in der GfK-Studie als ein Motiv genannt worden, nicht mehr oder weniger häufig zum Buch zu greifen. Es werden vor allem Medien – zum Beispiel Serien – genutzt, die eine soziale Anschlusskommunikation ermöglichen.

Dem steht ein neuer Trend entgegen: „Slow Reading". Langsames, intensives Lesen ist ein Phänomen, das aus Neuseeland und den USA, insbesondere US-amerikanischen Colleges und Universitäten, als neue Lesepraktik nach Europa exportiert wird. Man kann es als Reaktion auf die seit Jahrzehnten existierenden Überlegungen und Tipps zur Beschleunigung des Lesetempos bei gleichzeitig effizienter Erfassung komplexer Texte verstehen, man kann es aber auch als Reaktion auf das häppchenweise, oberflächliche und eher flüchtige Lesen verstehen, das bei der Nutzung von Online-Medien geradezu unvermeidlich scheint. Grundsätzlich geht es beim Slow Reading in erster Linie um das intensive, konzentrierte und entsprechend langsame Lesen literarischer Texte und ihr Verstehen. Mittlerweile sind etliche Bücher darüber erschienen, sowohl Analysen als auch praktische Handreichungen. Das Ziel der neuen Lesepraktik ist es, eine „vergessene Art des Lesens wieder aufleben zu lassen", als „die Geschwindigkeit und Hektik des Alltags" aus dem Leseprozess zu verbannen und dabei „zu mehr Verständnis des Gelesenen und mehr Spaß beim Lesen" zu kommen. Es geht mehr ums Reflektieren des Gelesenen als um das langsame Lesen. Die Wertschätzung dem Buch und der alten Kulturtechnik gegenüber wird beim Slow Reading mit dem Lesegenuss verbunden, indem sich Leser zur gemeinsamen, stets schweigsamen Lektüre zusammenfinden, um sich ganz und gar auf das Buch und seinen Text einzulassen. Leseglück und Flow-Erlebnis sind erstrebenswerte Begleiterscheinungen der geistigen und lautlosen Versenkung ins Buch. Das Einüben dieser „neuen", eigentlich alt bewährten Lesepraktik ließe sich unproblematisch im heimischen Wohnzimmer verwirklichen, aber der soziale Effekt ist anscheinend wichtig, denn seit 2014 etwa werden immer mehr Slow-Reading-Partys veranstaltet. Anstatt über das Gelesene wird hier jedoch über die Wertschätzung des Lesens an sich diskutiert, wodurch das Lesen wieder Mittel zu einer Anschlusskommunikation wird und soziales Integrationspotenzial entfaltet.

Je nach Lesemodus kann das Lesen heute also einen unterschiedliche hohen Integrationsgrad besitzen. Hoch ist das soziale Integrationspotenzial, wenn Lesen erstens Ausdruck des Lebensstils ist und zum Habitus gehört oder zweitens ein Mittel zur Herausbildung der kulturellen und politischen Identität ist oder drittens der Partizipation am literarischen und politischen Diskurs dient. Eher gering ist sein soziales Integrationspotenzial, wenn Lesen lediglich kognitives Hilfsmittel ist, wenn es rein der Bewältigung des lebensweltlichen Alltags dient oder in erster Linie aus professionellen Erfordernissen gelesen wird.

Quelle: Ute Schneider: Facettenreich und unverzichtbar. Die multiplen Leistungen und Funktionen der Kulturtechnik Lesen. In: Aus Politik und Zeitgeschichte, Zf. der bpb, 69. Jahrgang, 12/2019, 18. März 2019, S. 13 f.

So kannst du vorgehen:

○ **1** Formuliere die Aufgabenstellung mit eigenen Worten.

○ **2** Notiere Fragen, die sich dir beim Lesen der Überschrift stellen, und formuliere deine Erwartungen, die du an die Lektüre des Textes hast.

◒ **3** Stelle eine Vermutung dazu an, welche Absicht der Text verfolgt und an wen er sich richtet.

◒ **4** Untersuche den Aufbau des Textes und fasse den Inhalt der einzelnen Abschnitte zusammen. Nutze dabei die Einteilung des Textes in Absätze.

1. Abschnitt, Zeile 1–16	
2. Abschnitt, Zeile 17–61	
3. Abschnitt, Zeile 62–74	

● **5** Untersuche die Wortwahl im ersten Teil des Textes anhand der Markierungen. Beschreibe, was dir auffällt, und erkläre, inwiefern die Sprache die Textabsicht unterstützt.

◒ **6** Erstelle einen Schreibplan, indem du folgende Angaben und Inhalte notierst.

Einleitung	Schreibidee zur Relevanz bzw. zur Aktualität des Themas; Autorin, Titel, Thema, Textsorte, Erscheinungsort und -jahr	
Hauptteil	Darstellung des Inhalts des ersten Abschnitts (Behauptung, Begründung, Beleg)	*Ute Scheider stellt zunächst einmal fest, dass ...*
	Inhalt des zweiten Abschnitts (Behauptung, Begründung, Beispiel)	*Die Autorin informiert dann aber über ... Dabei betont sie, dass ...*
	Inhalt des dritten Abschnitts (Zusammenfassung)	*Der Autorin ist schließlich wichtig, dass ...*
Schluss	Zusammenfassung der Analyseergebnisse	*Ute Schneiders Text stellt also nicht nur einen neuen Lesetrend vor, er ...*

● **7** Formuliere deine Analyse nach deinem Schreibplan schrittweise aus.

○ **8** Überarbeite deinen Text und achte dabei besonders auf die sprachliche und stilistische Gestaltung. Nutze auch die Checkliste auf Seite 9.

2 Auf Materialbasis einen informierenden Text schreiben

Einen informierenden Text planen

Schülerbuch S. 19 **KOMPETENZBOX**

Planen
- Aufgabenstellung erfassen (Anlass, Ziel, Adressatenkreis, Thema, Teilthemen, Vorgaben zur Gestaltung des Textes, z. B. Form, Aufbau, Länge)
- Material auswerten: Überblick verschaffen, Stichpunkte notieren, nach Teilthemen sortieren, durch eigenes Wissen ergänzen
- Schreibplan erstellen

○ **1** Lies den Arbeitsauftrag genau. Markiere und notiere den Anlass, das Ziel, das Thema, den Adressatenkreis und die Textsorte des geforderten Textes.
105

Im Kunstunterricht der 10. Klassen sind Comics, Graphic Novels und Mangas gestaltet worden, die im Rahmen einer Ausstellung im Foyer des Rathauses präsentiert werden sollen. Die Besucherinnen und Besucher sollen mithilfe kurzer Texte unter anderem über die Geschichte, die Stile und die Trends der Genres Comic, Graphic Novel und Manga informiert werden.
Du sollst einen Text verfassen, der den Besucherinnen und Besuchern das Thema der Ausstellung präsentiert, die drei Genres und ihre Besonderheiten vorstellt und die Bedeutung der Genres erläutert.

Anlass: ______________________________

Thema: ______________________________

Ziel: ____________________ **Textsorte:** ____________

Adressatenkreis: ______________________________

____

◒ **2** Verschaffe dir einen Überblick, indem du die Themen der einzelnen Materialien M1–M4 notierst und eigenes Wissen ergänzt.

Material 1:	*Material 3:*
Material 2:	*Material 4:*
eigenes Wissen:	

M1

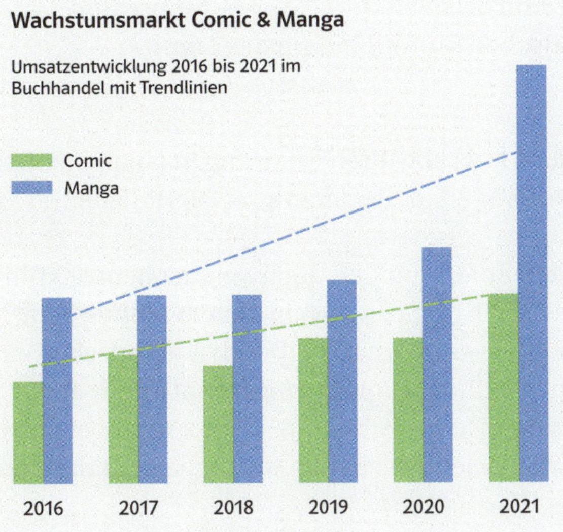

Während die meisten belletristischen Warengruppen 2021 lediglich leicht zulegen konnten und dies vor allem durch höhere Durchschnittspreise, boomen die Bildergeschichten: Der bis dato leicht wachsende Manga-Umsatz ist im vergangenen Jahr mit + 75 % explodiert (bei nur 2 % höherem Durchschnittspreis). Die westlichen Comics sind bei nahezu konstantem Preis um immerhin 30 % gewachsen.

Daten: Media Control-Handelspanel Deutschland

M2 Steven Micksch: Viel mehr als nur bunte Bilder (2022, Ausschnitt)

Wer beim Wort Comic noch an Mickey Mouse, Spiderman, Batman oder gar Asterix denkt, ist zwar auf der richtigen Spur, überblickt den Comicmarkt aber nicht in seiner Gänze. Längst haben das Genre Graphic Novel und erwachsene Themen Einzug in diesen Bereich gehalten. Das Manga-Genre ergänzt den Markt um eine weitere Dimension, deren Wachstums- und Umsatzzahlen in Deutschland Jahr um Jahr Rekorde brechen. Doch warum ist der Comicbereich so beliebt und gewinnt eine immer größere Leserschaft?

Claudia Jerusalem-Groenewald ist beim Carlsen-Verlag Pressesprecherin im Bereich Comic und Manga. Sie kennt die Kraft, die Comicbilder in Kombination mit dem geschriebenen Wort entwickeln können. Oftmals mehr als das Geschriebene allein. Längst wollen Comics nicht mehr nur unterhalten, sondern die Werke transportieren relevante Botschaften und widmen sich ernsten Themen. So ist im Carlsen-Verlag „Milch ohne Honig" erschienen, das sich mit dem Bienensterben und dem Anteil der Menschen daran beschäftigt. Dieses Genre der Sachcomics ist ein Trend, den der Verlag entdeckt hat. [...] Das Gegenteil stellen die Mangas dar – hier sind es eher jüngere Leserinnen. Manga bedeutet im Japanischen „Comic". Bei uns bezeichnet der Begriff also Comics, die aus Japan stammen oder die sich am japanischen Stil orientieren. Am auffälligsten ist sicherlich die Leseart: Ein Manga wird von rechts nach links, also sozusagen von hinten nach vorn gelesen.

Carlsen veröffentlicht seit 31 Jahren Mangas, in den vergangenen Jahren ist das Interesse stark gestiegen. „Der Markt boomt total", sagt die Pressesprecherin. Das liegt sicherlich an den guten Geschichten, aber auch an der zunehmenden Verbreitung von Animes, also japanischen Zeichentrickserien. Diese basieren häufig auf Mangas. Durch die Präsenz der Animes bei Streaminganbietern wie Netflix, Amazon & Co. werden sie einem größeren Publikum bekannt, das dann auch gern den Comic lesen möchte.

Quelle: https://www.fr.de/frankfurt/comics-auf-der-frankfurter-buchmesse-viel-mehr-als-nur-bunte-bilder-91869302.html (Zugriff 28.03.2023, gek.)

M3 Definitionen Comic, Manga, Graphic Novel

Eine Folge von Bildern, die einen Vorgang beschreibt oder eine Geschichte erzählt.
Comics sind in der Regel gezeichnete Bildergeschichten. Was [...] Figuren sagen oder denken, wird im Comic in Sprechblasen ausgedrückt. Dazu verdeutlichen Ausdrucks- oder Ausrufwörter wie „uff", „argh" oder „zack" sowie Bewegungsstriche das Geschehen und erzeugen eine Dynamik. Kombiniert werden Comics mit erzählendem Text neben oder unter dem jeweiligen Bild. Der Ursprung des gedruckten Comics findet sich bei den amerikanischen Sonntagszeitungen, Ende des 19. Jahrhunderts. Dort wurden kurze Comic Strips abgedruckt. Die Entwicklung des heutigen Comics fand in Frankreich und Belgien statt.

Comics sind auf kein Genre oder keine Altersgruppe beschränkt, sodass die Bandbreite des Angebots sehr groß ist. Sehr berühmte Comic-Reihen sind beispielsweise Mickey Mouse und Superman aus den USA oder Asterix und Tintin aus den europäischen Mutterländern des Comics.

Quelle: https://definition.cs.de/comic/ (Zugriff 28.03.2023, gek.)

Manga ist die Form von Comics und Graphic Novels, die ihren Ursprung in Japan hat. Das Wort Manga kommt von zwei japanischen Wörtern: „man", was „skurril oder improvisiert" bedeutet, und „ga", was übersetzt „Bilder" bedeutet.
In Japan bezieht sich der Begriff Manga sowohl auf Comics als auch auf Zeichentrickfilme. Außerhalb Japans bezieht er sich jedoch meist auf Comics, die ursprünglich in Japan veröffentlicht wurden. [...]
Mangas sind eng mit der japanischen Kultur und Gesellschaft verbunden und decken ein breites Spektrum an Themen wie Romantik, Sport, Science Fiction, Fantasy, Horror und mehr ab.
Mangas richteten sich in erster Linie an ein japanisches Publikum. Wegen seines einzigartigen Kunststils und seiner fesselnden Geschichten ist Manga jedoch auch in westlichen Ländern immer beliebter geworden.
Sie entwickeln sich ständig weiter, nehmen neue Themen und Ideen auf und ermöglichen es den Manga-Lesern, die verschiedenen Aspekte der japanischen Kultur zu erkunden.

Quelle: https://www.21-draw.com/de/what-is-manga-a-guide-to-japanese-comic-books/? (Zugriff 28.03.2023, gek.)

Der Begriff **Graphic Novel** bezeichnet verschiedene Arten von Comics in Buchformat. Genauso wie in der allgemeinen Literatur existieren viele Genres unter diesem Begriff. Neben Horror, Action, Politthriller, Dokumentation oder Tragikomödie sind im Laufe der Zeit auch experimentelle Werke erschienen. Es scheinen also keine Grenzen gesetzt. Auf vielen Seiten werden meist komplexe Geschichten erzählt, die vom Anspruch her klassischen Novellen gleichen. [...] Graphic Novels erscheinen häufig als gebundene Bücher im Gegensatz zu Comics in Heftform. Inhaltlich behandeln diese Themen, die sich mehrfach an erwachsene Leser richten. Der Preis dieser Bücher ist aufgrund des Formates höher als der Preis eines Comicheftes, welches an einem Kiosk zu erwerben ist. Daher werden „Graphische Novellen" in Buchhandlungen vertrieben, zumal der Anspruchsgehalt sämtlicher Werke dem von Romanen in nichts nachsteht.

Quelle: https://uol.de/erinnerung-im-comic/graphic-novel (Zugriff 28.03.2023, gek.)

M4 Forscher untersucht Comics: Spektakel als besondere Qualität (2019, Ausschnitt)

Kreisch, Bumm, Bang: Comics sind oftmals schrill und überzeichnet – was aus Sicht des Gießener Kultursoziologen Jörn Ahrens ihre besondere Kompetenz ausmacht. „Man kann Comics begreifen als ein Stück der Massenkultur und des Spektakels", sagt der Wissenschaftler, der eine neue Studie zu dem Genre vorgelegt hat. Das sei aber nicht trivial oder primitiv – wie es dem Genre früher häufig vorgeworfen wurde. „Der Comic ist ein Medium, das unterhalten will. Aber er findet Drehs, das so zu wenden, dass eine sehr anspruchsvolle Ebene sowohl ästhetisch als auch in der Erzählung entsteht."
Der Professor für Kultursoziologie an der Uni Gießen hat sich in seiner Untersuchung insbesondere der Darstellung von Gewalt im Comic gewidmet. Der zumindest früher häufig vorgebrachte Vorwurf sei: „Comics verrohen, machen gewalttätig, lösen Aggressionen aus, weil sie Bilder präsentieren, die ungefiltert Gewalt zeigen. Ich argumentiere dagegen." Und das hat nach Ahrens' Einschätzung gerade mit dem Spektakel und der Übertreibung in den Bildgeschichten zu tun.
„Der Befund ist der, dass der Comic als Medium eine Bildsprache findet, die – ganz anders als beispielsweise im Film – viel weniger nah an der Realität dran ist", erläutert der Forscher ein Ergebnis seiner Untersuchung, die den Titel „Überzeichnete Spektakel. Inszenierungen zu Gewalt in Comics" trägt. „Comic ist immer nachgezeichnete Realität. Wir haben durch das Gezeichnete immer eine Distanz. Und ich halte die Leser für klug genug, das auch zu sehen und zu verstehen." Der Comic lädt zur „Überzeichnung, zur grotesken Darstellung ein, und die Überzeichnung macht dann nochmal deutlich: Hier handelt es sich um etwas Nicht-Reales".

Quelle: https://www.welt.de/regionales/hessen/article193746739/Forscher-untersucht-Comics-Spektakel-als-besondere-Qualitaet.html (Zugriff 28.03.2023, gek.)

3 Untersuche das Diagramm „Wachstumsmarkt Comic & Manga“ und lies den Text (M1). Formuliere in eigenen Worten eine Aussage zur Umsatzentwicklung in den Jahren 2016 bis 2021 und eine Aussage, die die Umsatzentwicklung von Comics und Mangas vergleicht.

Der Umsatz in den Bereichen ______________________________

____

Der Bereich Manga verzeichnet seit ______________________________

____

4 Markiere im Text M2 die Aussagen, die den Erfolg von Mangas und Comics begründen.

106

5 Formuliere die Ergebnisse deiner Auswertung von M2 aus. Nenne mindestens drei Gründe.

Comics, Graphic Novels und Mangas sind auf dem Buchmarkt so erfolgreich, weil …

6 Markiere in den Texten M3 die Merkmale der Genres Comic, Manga und Graphic Novel.

107

7 Überprüfe mithilfe von M3, in welchem Verhältnis die Begriffe zueinander stehen, und kreuze entsprechend an.

108

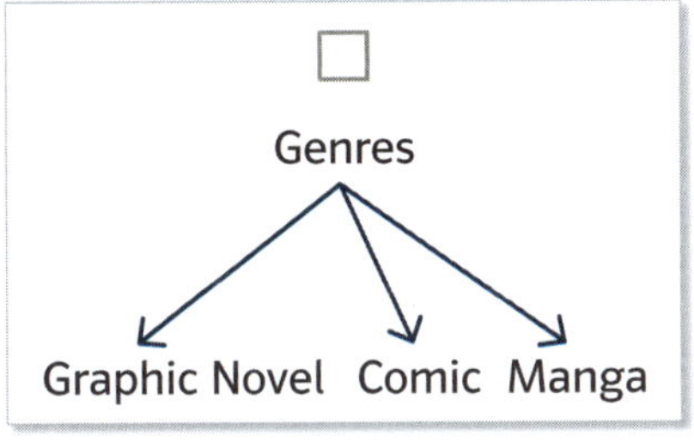

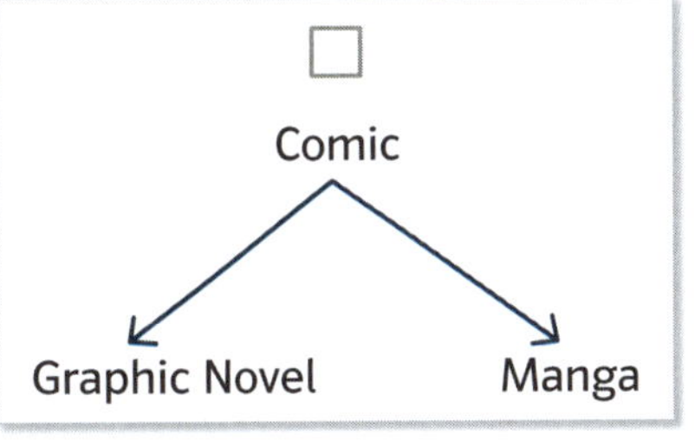

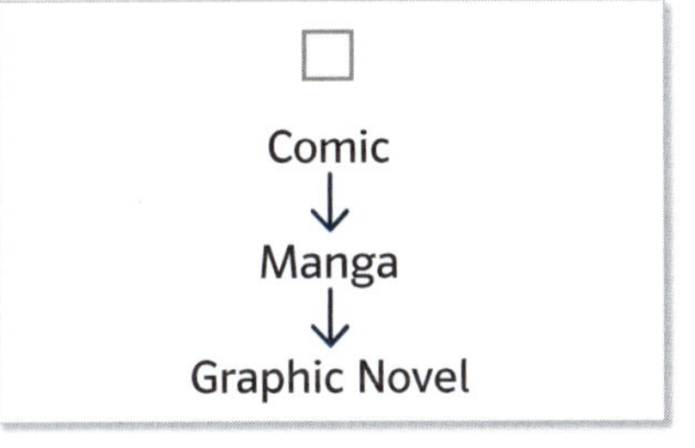

8 Markiere die Argumente des Kultursoziologen Jörn Ahrens in dem Text M4, die den Vorwurf, Comics würden verrohen und gewalttätig machen, entkräften.

109

9 Überprüfe, inwiefern die Inhalte aus M4 in deinem Text berücksichtigt werden sollen. Setze dich dazu mit den folgenden Aussagen auseinander. Kreuze an, ob du sie ablehnst oder ihnen zustimmst, und begründe deine Meinung.

	nein	ja
A Dass Kritik an der Gewaltdarstellung in Comics geübt wird, sollte unbedingt erwähnt werden. **Begründung:** ______________________________		
B Die Kritik an den Comics sollte am Ende des Informationstextes stehen. **Begründung:** ______________________________ ______________________________		
C Dass Comics Gewalt überzeichnet darstellen, ist wichtig. **Begründung:** ______________________________ ______________________________		

10 Erstelle einen Schreibplan für deinen Informationstext zum Thema Comics, Graphic Novels und Mangas. Gehe dabei so vor:

- Wähle aus der rechten Spalte Themen bzw. Inhalte aus und lege die Reihenfolge fest.
- Ordne die Materialien zu, die im jeweiligen Abschnitt berücksichtigt werden sollen: M1, M2 usw.
- Notiere auch Ideen für die Einleitung und den Schluss und ergänze gegebenenfalls eigenes Wissen.

Einleitung	*Schreibidee:*	*Informationen über den großen Erfolg von Comics, Graphic Novels und Mangas auf dem Buchmarkt (M1, M2)* *Hinweis auf die Beliebtheit der Genres*
Hauptteil	*1.* *2.* *3.*	*Verknüpfung der gelieferten Sachinformation mit den Ausstellungsbeiträgen* *Erläuterung der Begriffe Comic, Graphic Novel, Manga (M3)*
Schluss	*Schreibidee:*	*eigenes Wissen/Erfahrungen (eigene Leseerfahrungen, Eindrücke vom Ausstellungsprojekt), Fazit: Bedeutung des Genres (M4)* *Information über das Thema Gewaltdarstellung in Comics (M4)*

11 Erkläre, warum die vorgeschlagenen Überschriften für deinen Informationstext nicht geeignet sind.

A „Ausstellung der 10. Klassen"

nicht gelungen, weil ____________________

____

B „Gewalt im Bild"

nicht gelungen, weil ____________________

____

C „Mangas – ein Kunstprojekt der 10. Klassen"

nicht gelungen, weil ____________________

____

Einen informierenden Text schreiben

Schülerbuch S. 19 **KOMPETENZBOX**

Schreiben
- Orientierung an den Vorgaben in der Aufgabenstellung

Einleitung: kontextbezogenen Einstieg gestalten, ggf. auf den Anlass eingehen, Thema benennen
Hauptteil: wichtige Informationen zusammenfassen, in logischer Reihenfolge Teilthemen wiedergeben
evtl. Schluss (je nach Aufgabenstellung): Bezug zur Einleitung, weiterführende Hinweise
- im Präsens schreiben
- sachlich, knapp und verständlich formulieren
- geeignete Satzverknüpfungen (z. B. Konjunktionen, Adverbien) nutzen, um Zusammenhänge zu verdeutlichen

1 Lies die vorgegebene Einleitung und achte dabei besonders darauf, ob
- die Wortwahl passend ist,
- der Stil sachlich ist,
- Zitate kenntlich gemacht werden.

Setze die begonnene Überarbeitung am Rand fort und schreibe die verbesserte Einleitung auf.

Jede und jeder kennt, viele nutzen Comics, Graphic Novels und Mangas. Sie werden zum Glück sogar immer beliebter. Denn sie sind, wie es in einer Überschrift der Frankfurter Rundschau heißt, mehr als nur „schöne Bildchen". Aber wer weiß schon genau, worin sich Comics, Graphic Novels und Mangas unterscheiden und …

Wortwahl

2 Überarbeite den Auszug aus dem Hauptteil eines Informationstextes, indem du die hervorgehobenen Fehler benennst und verbesserst. Schreibe den überarbeiteten Text auf.

Zu den Themen, die in Comics, Graphic Novels und Mangas behandelt werden, gehört auch das Thema Gewalt. Deshalb ist leider immer wieder zu hören, dass Comics zu Verrohung führen und gewalttätig machen würden. Mit diesem Urteil setzte sich auch der Kultursoziologe Jörn Ahrens, der eine Studie zum Thema vorgelegt hat, auseinander. Er räumt ein, dass Comics viel weniger nah an der Realität seien. Der Grund dafür sei, dass das Gezeichnete immer eine Distanz aufbaut.

Wiederholung
Stil

3 Verfasse mithilfe deiner Vorarbeiten einen Informationstext. Du kannst die überarbeiteten Textteile (Aufgabe 1 und 2) nutzen.

4 Kontrolliere und überarbeite deinen Text.

Die Volkshochschule bietet Internetkurse für Seniorinnen und Senioren an und möchte nun auch Informationen zur Digitalisierung bereitstellen. In Zusammenarbeit mit mehreren Schulen wird ein Onlinelexikon erstellt, das Begriffe aus dem Bereich Digitalisierung erläutert. Du bist für den Begriff „Immersion" verantwortlich und sollst einen informierenden Text zu „Immersion" mit etwa 500 Wörtern als Lexikoneintrag verfassen.

M1 Cartoon

M2 Verena Blindow: Neuropsychologie: Eintauchen ins Lese-Erlebnis (2016, Ausschnitt)

Was im Gehirn passiert, wenn wir Bücher wie „Harry Potter" lesen, untersucht der Neuropsychologe Arthur M. Jacobs.

Es passiert binnen weniger Minuten: Ich nehme das dicke Buch vom Nachttisch und blättere zu der Stelle, an der ich zuletzt aufgehört habe zu lesen. Noch einen Schluck Tee, und ich beginne mit dem neuen Kapitel.

Und schon sehe ich die scharlachrote Dampflokomotive vor mir. Auf Gleis 9¾ am Londoner Bahnhof King's Cross herrscht geschäftiges Treiben. Junge Zauberer und Hexen schieben riesige Koffer vor sich her, hin und wieder schreit eine Eule. Sie fahren zurück nach Hogwarts, in die berühmte Schule für Hexerei und Zauberei, wo das neue Schuljahr beginnt. Und ich fahre mit. Lesend erlebe ich mit Harry Potter und seinen Freunden Ron und Hermine Abenteuer in der magischen Welt, teile ihre Ängste und Freuden und trete mit ihnen den mühevollen Kampf gegen das Böse an.

Dass ich in Wirklichkeit auf meinem Bett liege und mich keinen Zentimeter bewegt habe, wird mir erst klar, als ich das Buch wieder zuklappe. Stunden sind vergangen, ohne dass ich es gemerkt hätte. [...]

Doch wie kommt es, dass man als Leser regelrecht in den Büchern versinkt und anscheinend alles um sich herum vergisst? Und was passiert währenddessen in unserem Gehirn?

Diese Frage beschäftigte Arthur M. Jacobs und seine Kollegen. [...] „Wir haben herausgefunden, dass der mittlere cinguläre Cortex im Gehirn sensibel reagiert, wenn Menschen immersiert sind", sagt Arthur Jacobs. Es handelt sich dabei um eine Gehirnregion, die sonst in Verbindung gebracht wird mit Schmerzempfinden, Mitgefühl und Empathie. Wenn den Figuren in den Harry-Potter-Büchern zum Beispiel etwas Trauriges widerfährt und ihre Reaktion darauf beschrieben wird, reagiert das Gehirn des Lesers so ähnlich, als sei eine ihm nahestehende Person sehr traurig. Das Gelesene erzeugt Empathie – ein wichtiger Faktor bei der Immersion.

Quelle: https://www.tagesspiegel.de/wissen/eintauchen-ins-lese-erlebnis-3778765.html (Zugriff 28.03.2023, gek.)

M3 Immersion

Im|mer|sion, die; *von lat. immergo ‚eintauchen', ‚versenken'; reflexiv auch als ‚sich irgendwohin begeben'; engl.: immerse (‚eintauchen', ‚sich vertiefen')*

Im Sprechen über virtuelle Realitäten fasst man als Immersion Art und Maß des Eintauchens des Benutzers in die virtuelle Welt. Insbesondere das Empfinden einer haptischen Beteiligung an den Vollzügen in der Kunstwelt wird dabei als Hinweis auf Immersion angesehen. Immersion als das Eintauchen in eine computergenerierte Welt ist vor allem für die Entwicklung der Computerspiele von zentraler Bedeutung. Dort ist sie als formale Operation aufgefasst worden, mittels derer der Spieler selbst zum Element der Spielewelt wird (im Unterschied etwa zu dem herkömmlichen Konzept der Identifikation). (...) Als Indikator für eine vollzogene Immersion des Spielers in die Spielwelt werden seine reflexartigen motorischen Reaktionen auf das Bildschirmgeschehen gewertet, durch die er mit dem Spielgeschehen mitgeht und auf Ereignisse in der virtuellen Realität reagiert (Kopfeinziehen vor herannahenden Raketen u. ä.).

Quelle: https://filmlexikon.uni-kiel.de/doku.php/i:immersion-942 (Zugriff 28.03.2023,gek.)

M4 Linda Thiemann: Virtual-Reality – Wo stehen wir heute und wo geht es hin?

Ist ein VR-Erlebnis erfolgreich, wird unser Bewusstsein „ausgetrickst". Mit der Datenbrille auf dem Kopf glauben wir, wir wären in einer anderen Welt. Und nicht nur das: Durch Virtual Reality wird uns suggeriert, dass die Illusion der virtuellen Welt real ist. Dieses eindringliche Erlebnis wird als Immersion bezeichnet. Desto höher der Grad der Immersion, desto realer erscheint uns die virtuelle Welt. Wir sind somit keine außenstehenden Betrachter*innen mehr, sondern Teilnehmende. Wir sind schnell emotional involviert und können fühlen, was passiert. Stürzen wir etwa im virtuellen Raum aus großer Höhe herab, empfinden wir ein ähnliches Gefühl, wie bei einem Sturz im realen Raum. Mit VR wird eine ganz neue Art der Wahrnehmung geschaffen, die sich an der Schwelle von realem Erlebnis und virtueller Welt befindet.

Neben Virtual Reality gibt es noch Augmented Reality, auch als AR bezeichnet, was erweiterte Realität bedeutet. Anders als bei VR ist eine AR-Brille – ähnlich einer herkömmlichen Brille – durchsichtig und ermöglicht lediglich das Überblenden oder Einspielen von zusätzlichen Informationen als Erweiterungen des tatsächlich Sichtbaren, ohne dabei den realen Raum auszublenden.

In welchen Bereichen kommt Virtual Reality heute schon zum Einsatz?

Virtual Reality kommt bereits in zahlreichen Segmenten sowohl im Privaten als auch im Businessbereich zum Einsatz. Von Virtual-Reality-Spielen über virtuelle Museumsbesuche und virtuelle Kunst bis hin zu virtuellen Trainings und Anwendungen zur Unterstützung von Reparaturarbeiten, z. B. in der Luftfahrt.

Quelle: https://www.projektwerft.de/virtual-reality-wo-stehen-wir-heute-und-wo-geht-es-hin (Zugriff 28.03.2023, gek)

So kannst du vorgehen:

○ **1** Analysiere die Aufgabenstellung und erläutere, welche Anforderungen sich aus der genannten Adressatengruppe an deinen Text ergeben.

Ich muss berücksichtigen, dass ____________________

____

Ich muss besonders darauf achten, ____________________

____

○ **2** Aktiviere dein Vorwissen zum Thema Immersion mithilfe einer Mindmap. Gehe dabei von dem Cartoon (M1) aus.

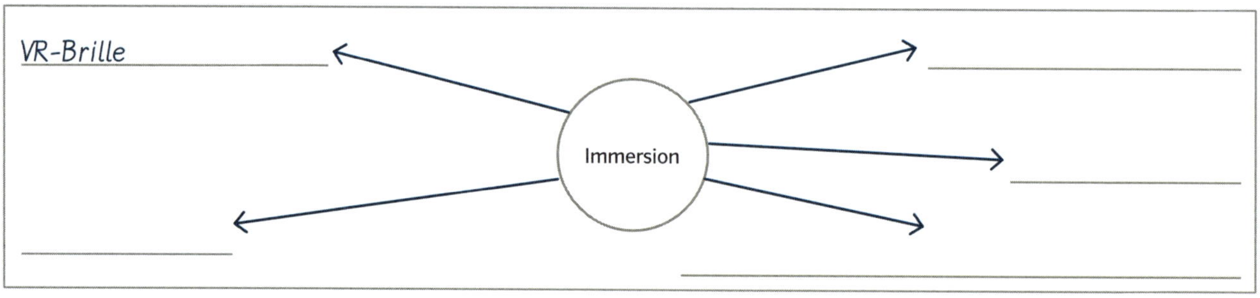

◒ **3** Markiere in den Texten (M2–M4) die Textstellen, die für deinen Text relevante Informationen enthalten.

◒ **4** Notiere zu den einzelnen Materialien, welche Informationen und Überlegungen du nutzen möchtest.

M1 und Vorwissen:	*M3:*
M2:	*M4:*

● **5** Unterstreiche Textstellen, die du wörtlich zitieren oder in indirekter Rede wiedergeben möchtest. Übe an den Beispielen.

A M3, Z. 3 f. (direktes Zitat): Ein Filmlexikon definiert Immersion als ______

B M2, Z. 21 f. (indirekte Rede): Das Gelesene, so der Neuropsychologe Arthur M. Jacobs, ______

C M4, Z. 5 (indirekte Rede): Linda Thiemann behauptet, dass wir durch die Immersion keine außenstehenden Betrachter*innen ______

◒ **6** Kläre die Bedeutung der folgenden Fachbegriffe und entscheide, ob sie in deinem Lexikoneintrag verwendet werden sollen. Du kannst ein (digitales) Wörterbuch benutzen.

Immersion | haptische Beteiligung | virtuelle Realität | computergenerierte Realität | Augmented Reality | cingulärer Cortex | Empathie

7 Erstelle einen Schreibplan und beachte dabei die Tipps am Rand.

Gliederung	Tipps
Überschrift:	*Beachte bei der Überschrift die Besonderheit der Textsorte.*
Einleitung: Wer schon einmal ein intensives Leseerlebnis	*Wähle einen kurzen und zugleich interessanten Einstieg ins Thema. Achte dabei auf Anlass und Adressatenkreis.*
Hauptteil: *Teilthema 1:* *Teilthema 2:* *Teilthema 3:*	*Gliedere den Hauptteil zunächst grob: Gibt es zwei oder mehrere Teilthemen?* *Verweise auf die Materialien, die jeweils relevant sind.* *Achte auf die Reihenfolge der Teilthemen.* *Vermerke, was du wörtlich zitieren möchtest*
Schluss: Immersion ist demnach	*Berücksichtige die Textsorte bei der Planung des Schlusses.*

8 Verfasse den Lexikoneintrag zum Begriff „Immersion". Nutze bei Bedarf die Formulierungshilfen.

Formulierungshilfen für die Einleitung:
Wer schon einmal ein intensives Leseerlebnis hatte .../Nichts mehr von der Wirklichkeit mitbekommen, regelrecht „abtauchen" ...

Formulierungshilfen für den Hauptteil:
Der Begriff „Immersion" bedeutet .../ Im Bereich ... bedeutet Immersion / Immersion beschreibt auch .../ Eine andere Bedeutung hat der Begriff .../ Unter „Immersion" versteht man auch .../ Expertinnen wie ... weisen darauf hin ...

Formulierungshilfen für den Schluss:
Festzuhalten ist, dass ... / Immersion ist demnach ... / Immersion wird in Zukunft ...

9 Überarbeite deinen Text.

3 Schriftlich argumentieren

Eine Pro-und-Kontra-Erörterung planen

Schülerbuch S. 73 **KOMPETENZBOX**

Planen
- die Streitfrage erfassen
- Argumente und Argumentationsstützen aus dem Text herausarbeiten, bei Bedarf Argumentationsstützen ergänzen
- eigene Pro- und Kontra-Argumente mit Argumentationsstützen sammeln
- Standpunkt bestimmen
- Pro- und Kontra-Argumente mit Argumentationsstützen auswählen
- Gliederung nach dem Sanduhrprinzip oder nach dem Ping-Pong-Prinzip erstellen

Sollte der Einsatz von Gentechnologie erlaubt sein, um die beste Version eines Menschen zu erschaffen? Im Debattierclub eines Gymnasiums wird darüber diskutiert.

☐ **Fiona:** Als Kind fand ich mich hässlich und zu dick und ich hatte Angst, dass mich deswegen keiner mag. Vielleicht hätte mich irgendein genetischer Eingriff oder Ähnliches gerettet – so habe ich eine Diät nach der anderen gemacht und ziemlich gelitten!

☐ **Lennard:** Ich bin begeisterter Fußballer und ohne ständiges Training, um die beste „Fußballer-Version" von sich zu schaffen, hat man keinen Erfolg. Dabei kann mir kein genetischer Eingriff helfen. Das ist Fakt!

☐ **Emily:** Das betrifft ja auch nicht nur Leistung, sondern die beste Version von dir ist doch vielleicht im moralischen Sinn zu verstehen – also ein guter Mensch sein, da müssen wir doch hin, sonst kann doch der eine dem anderen nicht mehr vertrauen. Und welches Gen soll mir hierbei bitte behilflich sein?

☐ **Johann:** Das läuft alles auf Selbstoptimierung und Konkurrenz hinaus – ich bin dann irgendwie so eine Art Produkt oder Ware, die ich mir in einem virtuellen Katalog designe: mein Wunschaussehen, meine Wunscheigenschaften und -fähigkeiten. Das wäre doch verrückt!

☐ **Max:** Säßen wir hier dann nicht alle mit dem Superbody, fit und gutaussehend, intelligent, begabt und gesund? Was wäre denn dann noch mein Ich, wenn alles künstlich herstellbar ist?

☐ **Merle:** Was gut ist: Man könnte bestimmte Krankheiten mittels Gentechnik heilen – das ist teilweise doch schon wissenschaftlich belegt.

☐ **Lina:** Aber Gentechnik spielt doch in der Medizin schon eine große Rolle – das Rad kann man ja nicht mehr zurückdrehen! Und wenn ich die Wahl hätte zwischen einem IQ von 130 und einem von 70, wüsste ich, was ich nehmen würde ...

○ **1** Lies die Beiträge zum Thema und notiere deinen eigenen Standpunkt hierzu.

____

____

____

◒ **2** Markiere in den Wortmeldungen (S. 22) Tatsachenargumente rot, Beispiele gelb, Autoritätsargumente blau und normative Argumente grün. Trage jeweils in das Kästchen ein, ob die Person pro (P) oder kontra (K) Selbstoptimierung mittels Gentechnologie argumentiert.

I 10

◒ **3** Markiere in dem folgenden Textausschnitt des Philosophen Wilhelm Schmid alle Aussagen, die gegen eine genetische Gestaltung des Selbst sprechen, rot und die Aussagen, die dafür sprechen, grün.

I 11

Wilhelm Schmid: Mit sich selbst befreundet sein (2015, Ausschnitt)

Zweifellos handelt es sich bei der Gentechnologie letztlich um eine Selbsttechnologie, eine Technologie, die auf das eigene Leben angewandt und „Technik des Lebens" im Sinne von Lebenskunst genannt werden kann. Bestandteil jeder Gen-Ethik ist daher sinnvollerweise von Grund auf die Lebenskunst des einzelnen Selbst, verstanden als bewusste Lebensführung und Lebensgestaltung, die einerseits für das private Leben, andererseits für den eigenen Anteil an gesellschaftlichem Leben Sorge trägt. [...] Nur auf der Grundlage eines willentlichen Wissens [um die eigenen Gene] stellt sich sodann die Frage, gegebenenfalls *genetisch einzugreifen oder nicht*. Grundsätzlich kann das Selbst Nein dazu sagen, und sollte es diesen Verzicht leisten, so wird dies zu akzeptieren sein. [...] Je nachdem, wie der Wahlakt des einzelnen Selbst ausfällt, wird dies die Entwicklung des Gen-Marktes beeinflussen, denn wenn angebotene Möglichkeiten nicht genutzt werden, wird in sie wohl auch nicht weiter investiert. Allerdings wird die Gen-Industrie alle denkbaren und undenkbaren Möglichkeiten bereitstellen, und sie werden verführerisch sein, da sie Selbstbestimmung und Selbstgestaltung in ungeahntem Maße ermöglichen. *Genetische Selbstgestaltung* heißt zunächst, frei werden zu können von Beeinträchtigungen des Lebens [...], beginnend bereits mit dem banal erscheinenden Freisein von genetisch bedingtem Haarausfall oder zu starkem Haarwuchs an unerwünschten Stellen des Körpers, erst recht mit dem Freisein von genetisch bedingtem Übergewicht. Durch einige Pillen vielleicht durch das Einreiben mit einer Salbe, rezeptfrei erhältlich, lassen sich womöglich genetische Korrekturen bewerkstelligen. [...] Von ganz anderem Ernst ist dem gegenüber jedoch das Freiwerden von schweren Krankheiten. [...] [Darüber hinaus] eröffnet die Humangenetik jedoch zweifellos auch Möglichkeiten zur genetischen Selbstgestaltung [...], um sich selbst die erwünschte Form zu geben, und dies allerdings beliebig [...]: Gen-Design als Bestandteil der Selbstgestaltung, um den Körper gemäß gängigen Normen oder eigenen Vorstellungen zu optimieren und auf diese Weise zum Kunstwerk zu machen. Dies beginnt bei plastischen Veränderungen des Körpers [...] und endet vielleicht bei charakterlichen Eigenschaften. Das für Haarfarbe zuständige Gen ließe sich manipulieren [...]. Sportler könnten auf ein aufwändiges Doping verzichten. [...] Der Druck anderer auf das Selbst wächst. [...] War mit dem Zufall einer Begegnung zwischen zwei Menschen die genetische Ausstattung des heranwachsenden Kindes einst für immer festgelegt, so wird für den Heranwachsenden der Zugriff auf die eigenen Wurzeln mithilfe von Gentechnologien im Nachhinein noch möglich, um so zu werden, wie er sich gerne gehabt hätte. Grundsätzlich macht die Gentechnologie vor keiner Möglichkeit Halt. [...] Entscheidend ist angesichts all dieser Aussichten, zumindest in Unruhe zu bleiben über Chancen und Gefahren. Die Verantwortung dafür, was daraus wird, liegt jedenfalls nicht nur in den Händen von Wissenschaftlern, Managern und Gesetzgebern, sondern auch in denen vieler Einzelner. [...] Und wenn sich doch die schlimmsten Befürchtungen bewahrheiten? Dann hat sich das Experiment der menschlichen Existenz auf dem Planeten Erde eben nicht bewährt.

4 Beantworte mithilfe des Textes (S. 23) die Fragen.

A Welche schweren Krankheiten können durch eine Gentherapie deines Wissens nach geheilt werden?
B Inwiefern wächst durch die Gentechnologie der Druck auf das Selbst (Individuum)?
C Was bedeutet die Feststellung, dass Gentechnologie vor keiner Möglichkeit Halt macht, konkret?
D Was könnte der Philosoph mit den „schlimmsten Befürchtungen" in Zusammenhang mit der Anwendung von Gentechnologie meinen?

5 Trage zusammen, welche Chancen und Gefahren sich durch Gentechnologie im Hinblick auf die Selbstgestaltung ergeben. Gehe noch einmal auf die Positionen von Fiona, Emily, Max und Merle (S. 22) ein und nutze die Informationen aus dem Text.

	Chancen	**Gefahren**
Fiona	*Statt mehrerer Diäten könnte Gentechnologie helfen, Übergewicht loszuwerden.*	*Allgemein wächst der Druck, „gängige Normen" zu erfüllen – jeder muss schlank sein.*
Emily	*Charakterliche Stärken und Schwächen bleiben von Gentechnologie unberührt.*	*Wenn nicht, dann*
Max		
Merle		

Ärzteblatt: Was nützt die Gentechnik dem Menschen? (2022, Ausschnitt)

In Medizin und Pharmaforschung ist die Gentechnik unentbehrlich geworden. Doch die Risiken und Grenzen müssen bedacht werden.

Elfmal ist in den letzten zwanzig Jahren ein Nobelpreis für Genetik, genetische Molekularbiologie oder Gentechnologie verliehen worden. Diese Zahl belegt nach Auffassung von Dr. Robert Geursen von Hoechst und Marion Roussel die enorme Bedeutung der modernen Biologie. Plötzlich sei es möglich geworden, medizinische Vorgänge auf der subzellulären, molekularen Ebene nachzuvollziehen, sagte Geursen auf einer Veranstaltung des Fördererkreises „Bad Nauheimer Gespräche" Ende Oktober in Frankfurt am Main, bei der Vertreter der einschlägigen Industrie sowie der Wissenschaft zusammengekommen waren.

Mit der Gentherapie könne unvermittelt in die genetische Information eingegriffen und versucht werden, Veranlagungen zu bestimmten Krankheiten zu beheben. Durch Übertragung eines intakten Gens erhoffe man sich die Korrektur im genetischen Muster der Patienten und die Kompensation des krankheitsauslösenden Gens. Anfang des nächsten Jahrtausends rechnen Forscher mit der Aufdeckung von mehr als 6000 Krankheiten und Störungen, die auf solchen defekten Genen beruhen. [...]

Besteht demnach Anlass zur Euphorie? Nein. Darin waren sich die Referenten wohl einig. Geursen wies darauf hin, dass die durch die Gentherapiestudien an bisher rund tausend Patienten gewonnenen Erfahrungen eine Nutzen-Schaden-Abwägung nicht

zulassen. In einigen Fällen seien zwar eine verbesserte Lebensqualität, verminderte Infektionsraten sowie ein geringeres Wachstum von Tumoren und Metastasen zu beobachten gewesen, Heilungen habe man jedoch noch nicht verzeichnen können.
Auf die Problematik der prädiktiven[1] Diagnostik machte Prof. Dr. med. Peter Propping vom Institut für Humangenetik der Universität Bonn aufmerksam. So könne Chorea Huntington zwar diagnostiziert, aber nicht behandelt werden, was zu schwerwiegenden psychischen Folgen bei den getesteten Personen führen könne. Das Wissen über eine Vererbung der Disposition für bestimmte Krebsformen könne dagegen grundsätzlich zur Prävention eingesetzt werden. Doch vor der genetischen Untersuchung müsse der Getestete umfassend informiert und beraten werden, forderte Propping.

1 vorhersagenden

◒ **6** Markiere in der Veröffentlichung des Ärzteblatts (S. 24) Argumente, die in der Nutzen-Risiko-Abwägung für und gegen den Einsatz von Gentechnik sprechen. Formuliere sie in eigenen Worten aus.

dafür: ______________________________

____

dagegen: ______________________________

____

● **7** Lege eine Stoffsammlung für eine Pro-und-Kontra-Erörterung zur Streitfrage „Einsatz von Gentechnologie für die Selbstoptimierung?“ an. Nutze dafür deine Ergebnisse der Aufgaben 5 und 6 und erledige die Teilaufgaben.

a) Formuliere eine These, die deinem Standpunkt entspricht.

Gentechnologie sollte ______________________________

____

b) Trage mindestens drei Argumente für und mindestens drei Argumente gegen deine These in die Tabelle ein. Du kannst Argumente aus den Materialien verwenden.

Pro-Argumente	Kontra-Argumente

◒ **8** Gewichte die Pro- und Kontra-Argumente aus Aufgabe 7 entsprechend deinem Standpunkt. Dein stärkstes Pro-Argument erhält „+++“ und dein stärkstes Kontra-Argument „– – –“.

A +++: ______________________________

B ++: ______________________________

C +: ______________________________

C – – –: ______________________________

D – –: ______________________________

E –: ______________________________

Eine Pro-und-Kontra-Erörterung schreiben

Schülerbuch S. 78 **KOMPETENZBOX**

Inhalt und Aufbau
- **Einleitung:** Interesse bei der Leserin/dem Leser wecken, kurz in das Thema einführen (z. B. Begriffe klären), Streitfrage nennen
- **Hauptteil:** textbasierte und eigene Pro- und Kontra-Argumente mit Argumentationsstützen entsprechend anordnen, entfalten und verknüpfen; bei den textbasierten Argumenten auf eigenständige Formulierungen achten, Gliederung nach Sanduhr- oder Ping-Pong-Prinzip
- **Schluss:** den eigenen Standpunkt zusammenfassen, eine Forderung formulieren, einen Ausblick auf Künftiges geben, einen Kompromissvorschlag anbieten, eventuell die Einleitung aufgreifen

Sprachliche Gestaltung
- sachlich und in der Regel im Präsens schreiben (bei Vorzeitigkeit: Perfekt)
- Argumente verknüpfen und entfalten
- zwischen Pro- und Kontra-Seite überleiten
- abwechslungsreich und leserfreundlich schreiben

Richard D. Precht: Wer bin ich? (2007, Ausschnitt)

So etwa fanden Glücksökonomen durch Umfragen heraus, dass das Realeinkommen und der Lebensstandard in den USA sich seit den 50er Jahren verdoppelt hat. Der Anteil der nach eigener Ansicht Glücklichen dagegen wuchs nicht mit, sondern blieb in den letzten fünfzig Jahren fast genau konstant. [...] Dauerhaftes Glück lässt sich nur erreichen, wenn die Erwartungen realistisch bleiben. Wenn Glücks- und Unglückszustände im Wesentlichen ‚hausgemacht' sind, so sind sie sehr weitgehend eine Frage des Umgangs mit sich selbst. Und das heißt, mit der eigenen Erwartungshaltung. Nur so lässt sich erklären, dass Menschen in schwierigen Lebensumständen glücklicher sein können als Menschen in privilegierten Lebenssituationen.

○ **1** Lies den Textausschnitt von Richard D. Precht und leite aus ihm eine These ab.

Die Darlegungen des Philosophen Precht lassen die Behauptung zu, dass ____________________

____

● **2** Der folgende Schülertext soll eine Erörterung zu der Frage „Macht Geld glücklich?" einleiten. Markiere und kreuze die Fehler an, die gemacht wurden.

Herr Precht schrieb, dass genau genommen die Menschen in den USA seit 1950 nicht glücklicher geworden sind. Man könnte wie Herr Precht der Meinung sein, dass Geld nicht glücklich macht. Ich bin aber ganz anderer Meinung. Ich bin der Meinung, dass man schon Geld zum Glücklichsein braucht, z. B. wenn ich mit meinen Eltern in Urlaub fahren will. Oder ich mir das neuste Handy leisten will. Herr Precht erklärte, dass das nur eine Frage des Umgangs mit sich selbst ist. Das sehe ich anders, was im Folgenden darzustellen sein wird.

- ☐ falsches Tempus
- ☐ vermeidbare Wiederholungen
- ☐ eigene Position wird nicht deutlich
- ☐ Satzbaufehler
- ☐ unpassender Stil
- ☐ im Einleitungssatz fehlen wichtige Informationen
- ☐ Zitate nicht gekennzeichnet
- ☐ Überleitung zum Hauptteil nicht vorhanden
- ☐ Beispiele an dieser Stelle unpassend
- ☐ Thema wird nicht genannt

● **3** Schreibe eine korrigierte Fassung der Einleitung auf.

4 Erarbeite die Gliederung für eine Erörterung nach dem Ping-Pong-Prinzip zu der Frage „Macht Geld glücklich?", indem du die Pro- und Kontra-Argumente einander zuordnest.

I 12

A Wenn man mit wenig zufrieden ist, ist man glücklich.

B Was im Überfluss genossen wird, verliert an Wert – dauerhaftes Glück basiert auf maßvollem Genuss.

C Glücksökonomen behaupten, dass es nichts gibt, was glücklicher macht, als Beziehungen zu anderen Menschen.

D Echte Freunde erkennt man nur in der Not – wer reich ist, hat viele falsche Freunde.

1 Wer sich mittels Geld alle Genüsse dieses Lebens leisten kann, hat ein lustvolles und glückliches Leben.

2 Geld und Prestige stehen auf der höchsten Stufe unseres Wertesystems – noch vor Familie und Freunden.

3 Studien belegen, dass wohlhabende Menschen gesünder und damit auch glücklicher sind als ärmere.

4 Wer Geld hat, ist unabhängig und autonom – seine Freundschaften sucht er sich sorgfältig aus.

5 Verbessere den Ausschnitt aus dem Hauptteil einer Erörterung, indem du die Sätze sinnvoll miteinander verknüpfst. Du kannst die Formulierungshilfen nutzen.

Sie argumentieren damit, dass … | Auf der anderen Seite … | Dem ist entgegenzuhalten, dass … | Hinzu kommt, dass … | Es ist unbestritten, dass … | Doch … | Darüber hinaus … | Ist es nicht so, dass … | Man kann sich jedoch fragen … | Auch wenn …

Es gibt Menschen, die der Meinung sind, Geld allein mache glücklich. Geld mache unabhängig und man habe keine Zukunftsängste. Sie können aber nicht sicher sein, ob ihre Freunde echt sind oder nur des Geldes wegen mit ihnen befreundet sein wollen. In der Not lernt man nämlich seine echten Freunde kennen. Sie geben an, dass sie sich jeden Luxus leisten können – steht ihnen der Sinn nach einer Shoppingtour in London, lassen sie sich einfach ihren Privatjet kommen. So wird ein Luxus irgendwann zum Alltag und damit unattraktiv und der nächste Kick muss schon deutlich gesteigert werden, um ihn noch als lustvoll zu empfinden.

6 Verfasse einen eigenen Hauptteil für deine Erörterung zur Frage „Macht Geld glücklich?".

7 Lies den Schluss eines Erörterungstextes. Kreuze an, welcher der Lehrerkommentare dazu am besten passt, und verbessere den Text.

I 13

Schlussendlich schließe ich mich der These von R. D. Precht an. Er vertritt eine klare Meinung und ich habe mit den oben genannten Aspekten argumentiert und bin zusammenfassend seiner Meinung.

☐ Du hättest im Schlussteil noch einmal deine Hauptargumente benennen sollen.	☐ Leider bleibt dein Schlussteil floskelhaft und inhaltsleer. Er hat keinen Bezug zu deiner Argumentation im Hauptteil.	☐ Dein Schlussteil ist etwas kurz geraten.

„Kann man Glücklichsein trainieren?“ Verfasse zu dieser Streitfrage eine Pro-und-Kontra-Erörterung. Nutze die Argumente aus dem Text „Der ferne Garten. Ist Glück lernbar?“ von Richard D. Precht und ergänze eigene Argumente. Gliedere deinen Hauptteil nach dem Sanduhrprinzip oder dem Ping-Pong-Prinzip.

Richard D. Precht: Der ferne Garten. Ist Glück lernbar? (2007, Ausschnitt)

Steht es mir frei, mein Glück weitgehend selbst zu gestalten? Und wenn ja, wie soll ich das machen? [...] Menschen sind darauf programmiert, dass sie Lustgefühle haben wollen. Lust ist schön, und Unlust ist schlecht. An jedem Kleinkind lässt sich ablesen, wie Menschen emotional funktionieren. Das Streben nach Lust ist so klar wie, „dass das Feuer wärmt, der Schnee kalt und der Honig süß ist“. Auch Erwachsene streben nach Lustgefühlen. Doch die meisten Lustzustände – der Genuss von Sex, Essen, Alkohol und so weiter – halten nicht lange vor. [...] Als Basis eines dauerhaften Glücks taugen sie nur eingeschränkt; man sollte sie zwar unbedingt genießen, aber beileibe nicht überschätzen. Außerdem misstraut Epikur[1] allzu großen Mengen: Was im Überfluss genossen wird, verliert schnell an Wert. Ein kleines Stück Käse, langsam und sorgfältig gegessen, kann mehr Freude schenken als ein Festbankett. Um die Lebensfreude dauerhaft zu steigern, sollte man die kindliche Gier nach dem Überfluss eindämmen. Man muss also die Bedürfnisse regulieren, um der Lust Dauer zu verschaffen. Das aber geht nur mithilfe der Vernunft. Die Einsicht hilft uns dabei, zuverlässige und stabile Strategien zu entwickeln, um nicht fortwährend von schnellen Kicks abhängig zu sein.

Ein Mittel dazu ist es, die Sinne zu schärfen und die vielen kleinen Momente des Lebens ebenso auszukosten wie die großen. Ein weiteres besteht darin, Ängste abzubauen. Wenn sich auch nicht immerzu starke Lust erregen lässt, so kann man doch versuchen, die Gefühle der Unlust zu verringern: Unnötige Zukunftsängste sollte man sich ersparen, seinen Ehrgeiz sollte man zügeln, seine Luxusbedürfnisse nach Geld und Besitz einschränken. Aus alledem erwächst wenig Freude, dafür aber eine schädliche Abhängigkeit: „Auch die Unabhängigkeit von äußeren Dingen halten wir für ein großes Gut ... weil wir voll davon überzeugt sind, dass jene, die den Überfluss am meisten genießen, ihn am wenigsten brauchen und dass alles Natürliche leicht, das Sinnlose aber schwer zu beschaffen ist.“ Nicht Besitz, sondern die sozialen Beziehungen stiften nach Epikur das dauerhafteste Glück: „Von allem, was die Weisheit für die Glückseligkeit des ganzen Lebens bereitstellt, ist der Gewinn der Freundschaft das bei weitem Wichtigste.“

Folgt man Epikurs Leben, dann ist ein „Epikuräer“ ein ausgeglichener Mensch, der sein Glück aus den vielen kleinen Freuden des Lebens zieht, der seine Ängste besiegt und der gesellig und verträglich mit anderen lebt. [...] Was er lehrte, findet sich heute wieder in den Einsichten der *Positiven Psychologie*, einer vor allem in den USA verbreiteten modernen Forschungsrichtung. Vertreter der Positiven Psychologie suchen Kriterien, die erfüllt sein müssen, damit Menschen glücklich sind. Und sie entwerfen Programme, um Menschen darin zu trainieren, glücklicher zu werden. Denn Glück, da stimmen die Psychologen mit Epikur überein, kann und muss aktiv hergestellt werden. Glück entsteht nicht von allein. Es reicht nicht aus, keine Schmerzen, keinen Stress und keine Sorgen zu haben, um glücklich zu sein. Wie viele Menschen ohne große Lebensnöte sind überhaupt nicht glücklich, sondern langweilen sich nur. Mit anderen Worten: Glück ist schön, macht aber viel Arbeit. [...] Ist die Frage nach dem Glück damit geklärt? Philosophisch ist sie es vielleicht. Psychologisch dagegen ist noch viel zu entdecken.

1 Epikur, geb. 341 vor Christus auf Samos, gest. 270 vor Christus, war ein griechischer Philosoph, der sich mit den Fragen rund um ein gelingendes Leben beschäftigt hat.

So kannst du vorgehen:

1 a) Formuliere zur Streitfrage eine These. Fächere sie in Teilthemen auf, z. B. mithilfe von W-Fragen.
b) Markiere zu den Teilthemen Argumente mit Argumentationsstützen im Text von Richard D. Precht. Streiche ggf. unpassende oder wenig überzeugende Argumente.
c) Ordne Pro- und Kontra-Argumente. Gewichte deine Argumente nach ihrer Überzeugungskraft.

2 Wähle jeweils mindestens drei Argumente für These und Gegenthese aus. Erstelle eine Gliederung nach dem Sanduhr- oder Ping-Pong-Prinzip. Du kannst die Notizen nutzen.

These: Glücklichsein kann man trainieren.

Sanduhrprinzip:
Gegenthese: Glücklichsein ist vom Zufall abhängig.
- *Wo hinein ich geboren werde, habe ich nicht in der Hand → wenn ich z. B. in einer armen Familie oder in einem Kriegsgebiet zur Welt komme, ist Unglück vorprogrammiert*
- *Manche Menschen haben eine genetische Disposition zum Unglücklichsein → Depressionen z. B. können Veranlagung sein*
- *Letztlich würde man unglücklichen Menschen vorwerfen können, dass sie selbst schuld sind an ihrem Unglück → wenn jemand z. B. durch ein Flugzeugunglück die ganze Familie verliert, könnte man von ihm erwarten, dass er es trotzdem schafft, wieder glücklich zu sein*

These: Glücklichsein kann man trainieren.
- *Indem man Maß hält, kann man sein Glück fördern → indem ich z. B. den leckeren Käse in Maßen genieße und nicht in mich hineinstopfe*
- *Indem ich Ängste abbaue, erspare ich mir große „Gefühle der Unlust" (Z. 20) → so sollte man z. B. unnötige Zukunftsängste beiseiteschieben*
- *Indem ich mich von Äußerlichkeiten unabhängig mache, erspare ich mir frustrierende Erlebnisse und sorge für ein Leben in Zufriedenheit → ich brauche keinen Luxus und erfreue mich an den „vielen kleinen Freuden des Lebens" (Z. 30)*
- *Freundschaften bedeuten wahres Lebensglück → soziale Beziehungen sind materiellem Besitz vorzuziehen.*

Ping-Pong-Prinzip:
- *Man lernt, Maß zu halten → man kommt mit Wenigem zurecht und wird schneller glücklich*
- *Manche Menschen kommen mit einer genetisch bedingten Depression zur Welt → ihnen hilft ein Training, wie von Precht (in Anlehnung an Epikur) vorgeschlagen, nichts*
- *Ich kann Ängste abbauen und so Unlustgefühle vermeiden → so z. B., indem ich mich nicht immer in einer „Sorgenschleife" bewege*
- *Manche Menschen werden in Krisengebiete hineingeboren → der Rat, dass man Glücklichsein üben könne, muss angesichts traumatischer Lebensumstände zynisch klingen*
- *Ich mache mich von Äußerlichkeiten einfach unabhängig → Dinge, die ich nicht ändern kann, lasse ich z. B. einfach stehen und freue mich einfach an den kleinen Dingen*
- *Traumata, ob körperlich oder psychisch, lassen sich manchmal nicht verdrängen → so kann ich z. B. von jemandem, der einen nahen Angehörigen verloren hat, nicht erwarten, dass er das ignoriert*

3 Verfasse mithilfe deiner Gliederung eine Pro-und-Kontra-Erörterung. Orientiere dich an dem Aufbau.

Einleitung: Interesse wecken, ins Thema einführen, Streitfrage und These nennen
Hauptteil: Argumente entfalten und auf Verknüpfung und Überleitung achten
Schluss: Standpunkt zusammenfassen, Forderung formulieren oder Ausblick auf Künftiges geben, einen Kompromissvorschlag anbieten oder die Einleitung aufgreifen

4 Auf Materialbasis einen argumentierenden Text schreiben

Auf Materialbasis einen argumentierenden Text planen

Schülerbuch S. 93 **KOMPETENZBOX**

Ein **Kommentar** ist ein argumentierender Text, in dem der eigene Standpunkt nachvollziehbar und mit Sachkenntnis begründet wird. Gegenargumente werden in knapper Form aufgegriffen und entkräftet.

Aufgabenstellung erfassen: Anlass und Ziel des Textes, Adressatenkreis, Streitfrage, These und Gegenthese, Teilthemen, Vorgaben zur Gestaltung des Textes

Materialien auswerten: Überblick über den Inhalt der Materialien verschaffen, Argumente und Argumentationsstützen in den Materialien mit verschiedenen Farben markieren, den eigenen Standpunkt festlegen, wichtige Argumente und Argumentationsstützen zu Teilthemen notieren

Gliederung erstellen:
- **Einstieg:** interessanten Einstieg finden (z. B. Frage, Zitat, Beispiel), Problemstellung klären, eigenen Standpunkt finden
- **Hauptteil:** Reihenfolge der Teilthemen festlegen, Argumente entsprechend ihrer Gewichtung anordnen, Gegenargumente entkräften
- **Schluss:** je nach Aufgabenstellung Zusammenfassung, Aufforderung, Schlussfolgerung, Ausblick auf weitere Entwicklung

○ **1** Lies den Arbeitsauftrag. Notiere den Anlass für den zu schreibenden Text, das Thema, inhaltliche Aspekte, den Adressatenkreis und die geforderte Textsorte.

> An deiner Schule möchte die Schulleitung aufgrund mehrerer Cyber-Mobbing-Vorfälle ein Handyverbot für die Schülerinnen und Schüler auf dem gesamten Schulgelände einführen. Du schreibst zu dem angekündigten Verbot einen Kommentar für die Schulhomepage, der sich mit dem Thema (Cyber-)Mobbing, den Folgen sowie den Möglichkeiten, diesem Problem angemessen zu begegnen, auseinandersetzt, ohne dass ein Handyverbot ausgesprochen werden muss.

Anlass: ______________________________

Thema: ______________________________

____

Adressatenkreis: ______________________________

____

Textsorte: ______________________________

inhaltliche Aspekte: ______________________________

____

____

◒ **2** Verschaffe dir einen Überblick über die Materialien M1–M4 und notiere, in welchem Material du Informationen zu den genannten Teilthemen findest.

A Dass Mobbing und Cybermobbing in der Schule wichtige Themen sind, die angepackt werden müssen, steht außer Frage. ____

B Ein Handyverbot ist nicht alternativlos. ____

C Cybermobbing findet nicht nur in der Schule statt. ____

D Mobbing gewinnt durch die digitalen Medien an Bedeutung. ____

E Cybermobbing betrifft vor allem junge Erwachsene. ____

F Schulen können verschiedene Konzepte erarbeiten, um (Cyber-)Mobbing zu begegnen. ____

G Schülerinnen und Schüler können in der Schule zum sorgfältigen Umgang mit sozialen Medien angeleitet werden. ____

3 Lies den Erfahrungsbericht über Mobbing genau. Setze die angefangenen Aussagen fort.

M1 Abschiedsbrief auf dem Bildschirm

Als die Mutter ins Zimmer von Sophie kam, war der Bildschirmschoner am Desktop nicht aktiv. Die Fünfzehnjährige war nicht da. Schon wollte die Mutter das Zimmer wieder verlassen, als ihr Blick den Bildschirm streifte. Was sie erst nur flüchtig wahrgenommen hatte, dann aber genauer las, war ein Abschiedsbrief ihrer Tochter. Er machte ihr klar, dass Sophie schon über Jahre in ihrer Schule Opfer des hässlichsten Mobbings in sozialen Medien war. Die Mutter spürte rasende Angst, dass sich Sophie etwas antun könnte.
Es ist von glücklichen Umständen begleitet, wenn, wie in diesem Fall, durch schnelles Handeln, das Schlimmste verhindert werden kann. Durch die Hilfe ihrer Familie gelang es Sophie, in einer anderen Schule Fuß zu fassen. Dort macht sich niemand mehr lustig darüber, was sie anzieht, was sie isst, wie sie spricht ... keine bedrängenden Videos von Schubsereien auf dem Schulhof oder vom Frühlingslauf. Aber nur zu oft verhindert die Scham, dass sich Mobbingopfer aus diesem Kreislauf selbst befreien können.

A *Mobbing in der Schule ist kein neues Thema, sondern schon* ____

____

____

B *Seit es die digitalen Medien gibt, hat* ____

____

C *Die Folgen des sogenannten Cybermobbings sind* ____

____

D *Videoplattformen wie z. B. Youtube* ____

____

E *Der Erfahrungsbericht zeigt anschaulich, dass* ____

____

F *Es steht außer Frage, dass* ____

____

M2 Was ist Cybermobbing?

Cybermobbing ist das wiederholte, meist öffentliche Belästigen und Beleidigen, das Bloßstellen und Fertigmachen anderer im Internet per Smartphone. Es wird an Schulen immer mehr zum Problem, wobei es an Berufsschulen häufiger anzutreffen ist als an Gesamtschulen und Gymnasien. Oft geht es mit klassischem Mobbing Hand in Hand – und schwappt zwischen realer und virtueller Welt hin und her. Für betroffene Schüler ist Cybermobbing alles andere als harmlos. Es belastet psychisch und kann ernste gesundheitliche Schäden verursachen. Die digitalen Lästerattacken spielen sich überwiegend unter Gleichaltrigen ab, über einen längeren Zeitraum. Für die Betroffenen heißt das: keine Pause. Auch nicht zu Hause, im Kinderzimmer. Ununterbrochen, 24 Stunden lang, zeigt das Smartphone neue Beleidigungen an, die nicht am Schultor Halt machen, sondern ungehindert in die Privatsphäre eindringen.

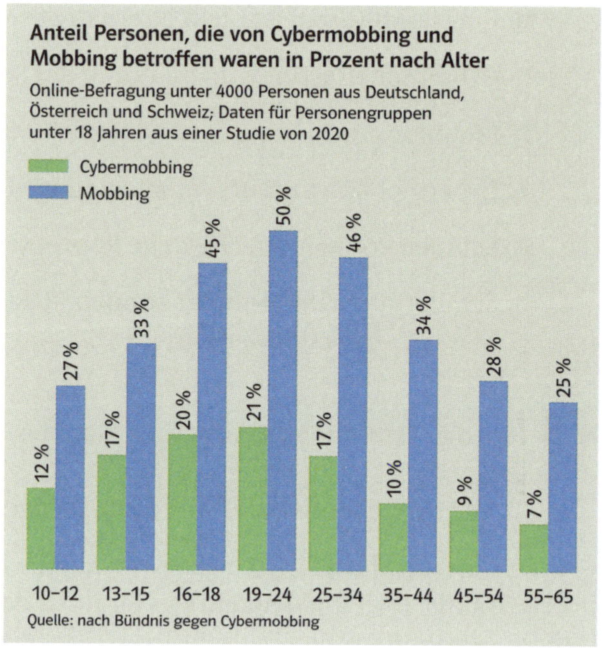

Online-Befragung unter 4000 Personen aus Deutschland, Österreich und Schweiz; Daten für Personengruppen unter 18 Jahren aus einer Studie von 2020

Quelle: https://weisser-ring.de/sites/default/files/wr_broschure _cybermobbing_lehrer_eltern_rzdigital_091019.pdf (Zugriff 29.03.2023, gek.)

● **4** Lies die Definition von Cybermobbing und untersuche das Balkendiagramm. Fasse den Inhalt beider Materialien zusammen. Du kannst die Vorgaben nutzen.

Cybermobbing wird definiert als ...

Das quantitative Verhältnis von Mobbing zu Cybermobbing ...

Mobbing findet vor allem in den Altersstufen ...

Die gesundheitlichen Folgen des (Cyber-)Mobbings ...

____

____

____

____

____

____

◒ **5** Überlege, wie du M2 für deine Argumentation nutzen kannst. Setze die angefangenen Aussagen fort.

A *Ein wichtiges Merkmal von Cybermobbing ist, dass...*
B *Daher ist einleuchtend, dass sich Cybermobbing durch ein Handyverbot in der Schule ...*
C *Die empirischen Daten aus der Onlinebefragung zeigen darüber hinaus, dass ...*
D *Es handelt sich also um ein generelles Problem, für das ein Handyverbot in der Schule ...*
E *(Cyber-)Mobbing sollte für die Schule ein wichtiges Thema sein, da es in den Altersstufen ...*

M3 Christine Haas: Zwischen Mobbing und Medienkompetenz (2018, Ausschnitt)

Monika Raabe, Schulleiterin an einer Gesamtschule in Köln-Mülheim, hat in ihrer Lehrerkarriere viele Fälle von Cybermobbing erlebt. Einmal fotografierten Schüler einen anderen unter der Toilettentür hindurch und luden das Foto im Internet hoch. Andere richteten im Netz eine sogenannte Hate-Seite ein, auf der Stimmung gemacht wurde gegen einzelne Klassenkameraden. Und seitdem es Whatsapp gibt, ist es ihr öfter untergekommen, dass sich die Jugendlichen darüber zu Schlägereien in Schulnähe verabreden. „Es wird viel Blödsinn mit den Geräten gemacht“, sagt Raabe.

Anlass für Handyverbot in Schule

Als Raabe vor sieben Jahren ihre Stelle an der neu gegründeten Gesamtschule antrat, traf sie deshalb eine Entscheidung: Auf dem Schulgelände sollte ein Handyverbot gelten. Davon ausgenommen ist nur der Raum der Oberstufenschüler, denen man die Nutzung nicht verbieten könne. Bei den unteren Jahrgängen ist sie strikt: „Wenn die Schüler das Gerät nutzen, wird es eingesammelt und bleibt den Rest des Tages bei mir.“ Im Schnitt komme das zweimal pro Tag vor. Aus ihrer Schreibtischschublade holt Raabe einen Stapel Zettel hervor: „Auf diesen Listen wird eingetragen, wer wann erwischt wurde. Steht jemand häufiger darauf, dann rufen wir auch zu Hause an“, erklärt die Schulleiterin. „Das ist keine wahnsinnige Abschreckung, aber man kann das Blödsinnmachen schon erschweren.“

konkrete Umsetzung des ______________
____

Erfolg fraglich

In Werne gab es bereits ähnliche Probleme wie in Köln; einzelne Kinder wurden etwa aus Klassenchats ausgeschlossen, erst kürzlich machte ein Junge eine illegale Tonaufnahme im Unterricht. Trotzdem wird es kein Verbot geben. „Das würde nur dazu führen, dass die Schüler noch mehr Dinge mit den Geräten machen, die uns nicht lieb sind“, glaubt Schulleitungsmitglied Elisabeth Greber. „Wir würden es uns auch zu einfach machen, wenn wir uns aus dieser Entwicklung komplett raushalten. Wir dürfen die Kinder damit nicht alleine lassen.“

ähnliche Probleme, aber ______________
____

Begründung

Das sieht auch Philippe Wampfler so. Er ist selbst Lehrer, Dozent an der Universität Zürich und publiziert zum Thema Lernen im digitalen Wandel. „Kinder und Jugendliche sind im Netz Einflüssen ausgesetzt, die sie verletzten können – unabhängig davon, ob digitale Medien in der Schule genutzt werden“, sagt er. „Doch die Schule hat die Aufgabe, sie fit für die Umwelt zu machen, in der sie sich bewegen – also auch für das Netz.“

wissenschaftliche Stütze spricht gegen ______________

Aufgabe der ________

Zu Beginn der fünften Klasse gibt es am Anne-Frank-Gymnasium zwei iPad-Projekttage; ähnliche Einheiten werden im Laufe des Schuljahres wiederholt. Hier lernen die Kinder neben der Technik auch Internetregeln kennen, etwa zur Verwendung von Bildern. Später gibt es dann immer wieder Kontrollen. Über den Server der Schule ist es möglich, dass die Lehrer auf die Tablets zugreifen und einzelne Apps freischalten oder sperren. Auch die Eltern werden dazu aufgefordert, die Geräte zu prüfen. Elisabeth Greber weiß allerdings, dass sie in einer komfortablen Situation ist: „Die Eltern in Werne kümmern sich sehr gut um ihre Kinder und sind leicht mit ins Boot zu holen.“

Möglichkeiten für ______________
____

Mitarbeit der ________

Quelle: Zeit Online) Unter: https://www.zeit.de/gesellschaft/schule/2018-05/handys-tablets-schule-verbot-internet-regeln (Zugriff 29.03.2023, gek.)

6 Lies den Textausschnitt M3 (S. 33) genau und markiere Textstellen, die für das Verfassen deines Kommentars hilfreich sein können. Ergänze die Notizen am Rand.

7 Formuliere mithilfe der Vorgaben Argumente gegen ein Handyverbot aus und ordne sie nach ihrer Überzeugungskraft, indem du sie nummerierst (*1* = sehr überzeugend, *4* = wenig überzeugend).

I 14

- Verbot nicht sehr abschreckend (heimliche Nutzung)
- Jugendliche werden mit Problem alleingelassen (Fortsetzung des Cybermobbings im Privaten)
- Auseinandersetzung mit den Gefahren des Internets (Umgang muss gelernt werden)
- Aufgabe der Schule (Lehren technischer Fähigkeiten, aber auch sozialer Verantwortung, Internetregeln)

M4 Afanasia Zwick: „Digitale Helden" helfen bei Hass-Kommentaren (2014, Ausschnitt)

Max hat sich ausbilden lassen: zum „Digitalen Helden". Vor zwei Jahren hat er sich dafür freiwillig gemeldet und von Medienpädagogen gelernt, wie man zum Beispiel seine Profilseite bei Facebook so einrichtet, dass nicht alle Infos und Bilder für jeden sichtbar sind. Denn genau das sei der Fehler der meisten, die zu Mobbing-Opfern werden. […]

„Es war zu dem Zeitpunkt, als ich mich geoutet habe. Dann hab ich halt irgendwann mal was gepostet, ein Bild, auf dem stand: „schwul sein ist ok". Und dann haben viele negativ drauf reagiert und haben mich sogar anonym gehatet von wegen: „Ja, kannst dich umbringen."

Dass sich die 18-jährige Schülerin, die anonym bleiben möchte, schon mit 16 als lesbisch geoutet hat, findet sie heute selbst außergewöhnlich. […]

Tagelang war sie ratlos, hat niemandem davon erzählt, ist nachts immer wieder an ihren PC und hat geschaut, ob weitere gehässige Kommentare dazugekommen sind.

„Ich weiß noch, ich hab angefangen zu zittern. Ich wurde nervös, weil ich nicht wusste, was soll ich jetzt schreiben oder soll ich es einfach ignorieren? Da fühlt man sich echt hilflos […]" Schließlich hat sie auf keinen der abfälligen Kommentare reagiert und die jeweiligen Personen geblockt.

Völlig richtig, sagt Max: „Das ist die perfekte Reaktion: Einfach nicht darauf reagieren, denn dann verlieren die Personen, die einen haten, die einen mobben, einfach das Interesse daran."

[…] Als Digitaler Held hat er viel mit Tätern gesprochen. Sie hätten oft niemanden, der ihnen erklärt, wie verletzend ihr Verhalten ist – doch gerade das sei wichtig im Kampf gegen Cybermobbing: „Dass der Täter dann auch von sich aus in gewisser Weise dem Opfer helfen kann, indem er sich entschuldigt, es zu einem Dialog zwischen den zwei Personen kommt. Und sich dann der Schüler, das Opfer, sehr viel besser fühlt in der ganzen Schulgemeinschaft, weil er weiß, derjenige, der das alles erst losgetreten hat, der ist zu mir gekommen und hat gesagt: Entschuldigung, das war so nicht gemeint."

Ein Teil ihrer Ausbildung ist Datenschutz. Acht Monate lang lernen sie in Workshops und mithilfe einer Online-Lernplattform zum Beispiel, wie man sichere Passwörter erstellt oder Konflikte löst, erklärt Gregory Grund, Medienpädagoge und Mitbegründer der Initiative.

[…] Insgesamt 36 hessische Schulen bilden inzwischen ihre Schüler zu „Digitalen Helden" aus.

Quelle: https://www.deutschlandfunk.de/cybermobbing-digitale-helden-helfen-bei-hass-kommentaren-100.html (Zugriff 28.04.2023, gek.)

8 Lies den Text M4 und fasse die Hauptaussage mit eigenen Worten zusammen.

I 15

Auf Materialbasis einen argumentierenden Text schreiben

Schülerbuch S. 97 **KOMPETENZBOX**

Inhalt und Aufbau
- **Einleitung:** Bezugnahme auf die Streitfrage bzw. These, eigene Meinung verdeutlichen
- **Hauptteil:** Argumente mit Argumentationsstützen für den eigenen Standpunkt in nachvollziehbarer Reihenfolge anordnen, Argumente verknüpfen und entfalten, Gegenargumente entkräften
- **Schluss:** Zusammenfassung, Schlussfolgerung, Ausblick auf die Zukunft oder Appell

Sprachliche Gestaltung
- meinungsäußernde sprachliche Mittel verwenden
- Tempusform: Präsens (bei Vorzeitigkeit: Perfekt)
- geeignete Satzverknüpfungen (z. B. Konjunktionen und Adverbien) nutzen
- verständlich schreiben (z. B. Schachtelsätze vermeiden)

◒ **1** Überarbeite die begonnene Einleitung für einen Kommentar zur Frage „Hilft ein Handyverbot gegen Cybermobbing?". Bestimme die markierten Fehler und verbessere sie.

I 16

Klar, Mobbing ist nicht okay, aber das gibt es ja schon immer. Außenseiter werden gemobbt, weil sie z. B. eine andere Sprache sprechen, alte Klamotten anhaben oder überhaupt anders aussehen als normal. Und Die digitalen Medien haben diese Sache noch verschärft, keiner kann sich mehr davor schützen. Beispielsweise auf Youtube findet man dann Filmchen, wie einer stolpert oder popelt, und schon hat man den Salat. Nur: Ein Handyverbot ändert daran nichts. Mobbing und Cybermobbing finden trotzdem statt und Schule muss da was machen.

○ **2** Dieser Schluss eines Kommentars ist gelungen. Notiere in der Randspalte die einzelnen Schritte.

Gerade das positive Beispiel der „Digitalen Helden" zeigt, dass es	Bezug auf ________
sinnvolle und wirksame Alternativen zu einem Handyverbot gibt.	________
Anstelle restriktiver Maßnahmen werden die Lernenden fit für den	Zusammenfassung der ________
digitalen Alltag gemacht und lernen sich gegenseitig zu schützen.	________
Daher spreche ich mich gegen ein Handyverbot an unserer Schule	Bekräftigung der ________
und für sinnvolle Konzepte wie das der „Digitalen Helden" aus.	Nennung ________

● **3** Verfasse einen Kommentar zur Aufgabenstellung auf Seite 30. Nutze deine Vorarbeiten.

○ **4** Verwende die Checkliste für die Überarbeitung deines Kommentars.

Habe ich ...	✓
... adressatengerecht geschrieben?	☐
... auf den Anlass meines Kommentars Bezug genommen?	☐
... wichtige Gegenargumente entkräftet?	☐
... die eigene Position deutlich gemacht?	☐
... meine Argumente durch Fakten und Beispiele gestützt?	☐
... eine gute Überleitung zu meinem Schluss geschrieben?	☐

An eurer Schule sind Vorfälle von „Bodyshaming" vorgekommen. Eine Arbeitsgruppe möchte sich daher für mehr Toleranz und Diversität und gegen „Lookismus" starkmachen.
Verfasse im Namen dieser Arbeitsgruppe einen Kommentar, der gegen Lookismus und für mehr Diversität argumentiert und im Blog auf der Schulhomepage zur Vorstellung eurer Arbeit veröffentlicht werden soll. Werte die Materialien aus und nimm Bezug auf die Probleme und Folgen dieser Form der Ausgrenzung. Stelle Alternativen vor.

M1

Essstörungen bei Teenagern und schönheitschirurgische Eingriffe bereits bei Schülerinnen und Schülern nehmen zu. Hintergrund ist, dass Menschen wegen ihres äußeren Erscheinungsbildes, das nicht ins gesellschaftliche Ideal passt, Ausgrenzung und Herabwürdigung erleben. Eine solche Abwertung aufgrund von Aussehen nennt man „Lookismus" – diese Diskriminierungsform ist weit verbreitet.

Quelle: Amadeo-Antonio-Stiftung

M2

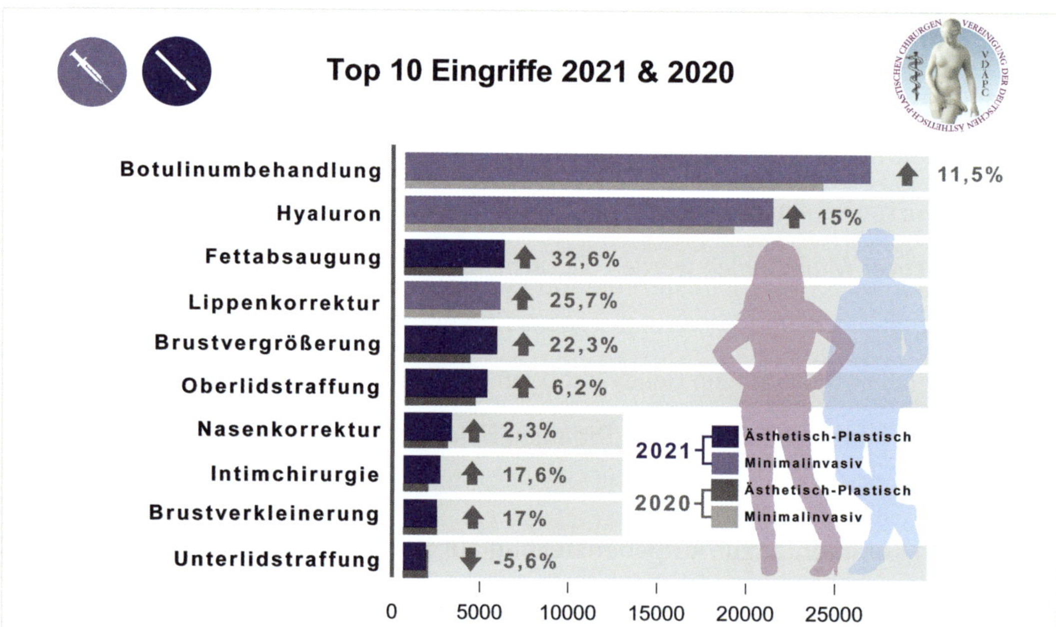

Quelle: Vereinigung der deutschen ästhetisch-plastischen Chirurgen

Schönheits-OPs nehmen zu – mehr Männer unterm Skalpell (2019)

Selbstoptimierung ist im Trend, auch optisch. Waren es früher die Mager-Models aus den Zeitschriften, so kommen die Ideale heute aus dem Internet: Frau trägt hohe Augenbrauen und volle Lippen, Mann mag es jugendlich straff. Immer öfter wird chirurgisch nachgeholfen.

München (dpa) – Immer mehr Menschen legen sich in der Hoffnung unters Messer, nach einer OP besser auszusehen. Die Zahl der Schönheitsoperationen und ästhetischen Eingriffe stieg im vergangenen Jahr um gut neun Prozent, wie eine Ärztebefragung der Vereinigung der Deutschen Ästhetisch-Plastischen Chirurgen (VDÄPC) ergab. Vor allem Männer über 50 gehen demnach häufiger zum Chirurgen.

„Wir haben eine Verdoppelung der operativen Eingriffe bei den Männern“, sagte VDÄPC-Präsident Dennis von Heimburg am Freitag bei einem Treffen der Gesellschaft in München. Dazu zählen Dinge wie Oberlidstraffung, Fettabsaugung, Nasenkorrektur, Gesichtslifting, Bauch- und Oberschenkelstraffung.

Einen großen Anteil an der Zunahme haben zudem Brustoperationen bei Frauen. Oft gehe es nicht um größere Brüste, sondern eine andere Form, hieß es. Frauen unterzögen sich zudem öfter Faltenbehandlungen.

Ganz vorne auf der Liste stehen vor allem bei den Jüngeren auch Lippenkorrekturen – nach Vorbildern aus Internet und sozialen Medien.

Gefragt sind der VDÄPC zufolge derzeit auch hochstehende Augenbrauen.

„Es ist immer die gleiche Augenbrauenform, immer die gleiche Lippenschminke“, sagte Kongresspräsident Hisham Fansa. Die Realität spiegelten die als Vorbild genommenen Fotos oft nicht wider: Es gebe zum Beispiel Programme, die automatisch die Augenbrauen höher stellten. Viele brächten Vorlagen mit in die Praxis, Bilder von Prominenten oder bearbeitete Selfies. Bei unter 18-Jährigen nähmen die Ärzte grundsätzlich keine Eingriffe der Optik halber vor.

Ein Trend, der in Amerika bereits zu Todesfällen führte, hat sich in Deutschland demnach – bisher – nicht durchgesetzt: Beim sogenannten Brazilian Butt Lifting wird Fett aus anderen Körperteilen in den Po gespritzt. Vorbild sind Prominente wie Kim Kardashian, die mit ausladenden Hinterteilen ein neues Schönheitsideal setzten. „Das ist in Südamerika und Südeuropa sehr angesagt“, sagte Fansa. „Die Todesrate ist mit 1 : 3000 unsäglich hoch.“

Quelle: dpa Deutsche Presse-Agentur GmbH

M3 Sofie Eifertinger – die Kitz-Schauspielerin im Interview von FOGS online (9. Juni 2022)

Seit Dezember 2021 ist Sofie Eifertinger in der Rolle der Lisi Madlmeyer in der Netflix-Serie Kitz zu sehen. Neben ihrer Karriere als Schauspielerin absolviert sie den Masterstudiengang „Gender, Intersektionalität und Politik“ an der Freien Universität Berlin.

Wie bist du zum Schauspiel gekommen?

Unser Schauspiellehrer hat mich einer befreundeten Casterin vorgestellt, die mir meine ersten Castings organisiert hat. Beim zweiten Versuch hatte ich Erfolg. Ich bekam die Rolle und es folgten weitere Einladungen zu Castings. Nach dem Abi und einer Ausbildung bin ich für mein Politikstudium nach Berlin gezogen. Parallel drehe ich weiterhin, immer wenn ich etwas Besonderes in einer Rolle sehe. Ich möchte das Gefühl haben, dass ich an einer Rolle wachsen kann, dass sie mich auch persönlich erweitert.

Wie entwickelt sich die Branche?

Die Entwicklung der Streamer ist meiner Meinung nach ein zweischneidiges Schwert. Positiv sehe ich, dass sie die Branche aufrütteln. Ein wichtiger Aspekt ist die Vielfalt vor und hinter der Kamera. Es gibt ein Konzept, das sich *Lookism* nennt. Das beschreibt unsere sehr tief verankerte Programmierung, Menschen nach dem Aussehen zu bewerten und auch auf Grundlage ihrer Attraktivität Rückschlüsse auf ihren Charakter zu ziehen. Dieses Phänomen wird aktuell von unserer Filmbranche reproduziert. Wir zeigen den hässlichen Mörder und das schöne Opfer. Wir spielen mit Alter, Herkunft, mit Geschlecht und weisen diesen Personen dann gewissen Charaktereigenschaften zu, die eigentlich gar nicht damit verbunden sind.

Ich würde mir wünschen, dass wir in Filmen eine größere Diversität abbilden. Alles erzählt etwas: Die Wahl der Schuhe, ob diese offen sind, oder geschlossen. Welche Farben trägt die Person? Wie genderfluid oder binär bin ich gekleidet? Die Kleidung kreiert die Figur mit. Das gleiche gilt auch fürs Maskenbild. Es erzählt sehr viel, ob eine Person sich schminkt oder nicht. Wie stark sie sich schminkt. Alles erlaubt Rückschlüsse auf die Persönlichkeit. Das ist ein spannender, kreativer Prozess.

Wie sieht es mit Konkurrenz aus?

Auf Castings gibt es Konkurrenz, denn jede Rolle kann nun mal nur einmal besetzt werden. Danach geht es darum, dass man gemeinsam eine Geschichte trägt und dann sollte es keine Rolle mehr spielen, ob man die Hauptrolle oder eine Nebenrolle spielt. Ich liebe es, die Hauptrolle zu spielen, aber ich bin nicht traurig, wenn ich eine kleine Rolle spiele, denn jede Figur ist wichtig für den Erfolg des Films. Ich sehe aus wie viele andere deutsche Schauspielerinnen: Blond, blauäugig. Was mich von anderen unterscheidet ist meine Energie, mein Charakter. Jeder Mensch ist total individuell. Deshalb kann mir niemand etwas wegnehmen, weil nur ich ich bin. Der Druck steigt natürlich, wenn sehr stark von meinen Engagements abhängig bin. Deshalb schaffe ich mir mit meinem Studium ein zweites Standbein. Das lockert den Konkurrenzdruck für mich sehr stark auf.

Quelle: https://fogsmagazin.com/sofie-eifertinger-interview/ (Zugriff 20.04.2023, gek.)

M4 Lookismus (2022, Ausschnitt)

[...] Lookismus ist ein Denken, das den Wert eines Menschen daran misst, ob dieser attraktiv auf andere wirkt – oder nicht. Lookismus geschieht unbewusst, das macht es schwierig, ihn zu erkennen, diskriminiert aber häufig andere. Das ist zum Beispiel der Fall, wenn kleine Menschen nur aufgrund ihres Aussehens als schwach eingeschätzt werden, blonde Frauen als dumm oder dick mit dem Attribut faul verbunden wird. Menschen, die dem Ideal eines attraktiven Menschen nicht entsprechen, werden schon früh benachteiligt. Diese Ablehnung und Diskriminierung verinnerlichen sie, ihr Selbstwertgefühl wird geschwächt. Neben der Abwertung von außen werten sie sich somit auch selber ab. Was kann man gegen Lookismus und das eigene Schubladendenken tun? Wie gehen Menschen, die aufgrund ihres Aussehens Vorurteilen ausgesetzt sind, damit um? Und welche Lösungsstrategien haben sie (für sich) gefunden? [...]

Traurig aber wahr: Bei Frauen wirkt sich der Body-Mass-Index negativ auf das Gehalt aus. Das ist das Verhältnis von Körpergröße und Gewicht. Je höher er ist, desto mehr Übergewicht. Um Diskriminierungen möglichst von vornherein zu verhindern, fordern Expert:innen zum Beispiel Bewerbungsverfahren ohne Fotos, damit die Qualifikationen zählen und nicht das Aussehen. Weitere Möglichkeit: standardisierte Fragebögen oder ein „blind interview", zum Beispiel per Online-Chat. Generell wirken bei Bevorzugung oder Diskriminierung meist mehrere Faktoren zusammen, zum Beispiel Herkunft und Hautfarbe. Je mehr den Menschen dieses Zusammenspiel von Faktoren der Diskriminierung bewusst ist, umso eher lassen sich Benachteiligungen von vornherein vermeiden. [...]

Tommy Haferkorn hatte kaum Freunde, machte sich ständig Gedanken, was die anderen von ihm halten – weil er 185 Kilo wog. Tommy trainiert nun jeden Tag im Fitnessstudio. Er hat bereits 65 Kilo abgenommen, um nicht mehr so vielen unangenehmen Blicken ausgesetzt zu sein. [...]

Die Body-Positivity-Bewegung kämpft gegen gängige Schönheitsideale. Inzwischen setzen viele Marken auch auf Diversität und Persönlichkeit. Auf Instagram finden neue Vorbilder ihre Plattform. So wie Canel. Sie präsentiert mit Stolz ihre Monobraue und Körperbehaarung. Doch das war nicht immer so. Als Jugendliche war Canel ständig dem Stress ausgesetzt, dass sie zu viele Haare hatte – da, wo „man" sie „nicht haben soll". Denn die Gesellschaft hat hierzulande beschlossen, dass Haare bei Frauen nur auf dem Kopf üppig wachsen dürfen. [...]

Toleranz lässt sich üben. Zum Beispiel, indem du auf Menschen zugehst, gegenüber denen du Vorurteile hast. Aufmerksam zu sein gegenüber der „Stimme in deinem Kopf", die abwertende Bemerkungen über andere macht wegen ihres Aussehens. Denn oft ist diese Stimme auch dir gegenüber streng und intolerant. Wer sich zu dick fühlt, kann mitunter wütend auf Schlanke sein – weil sie etwas haben, was man selbst so sehr möchte. Und wer wirklich zufrieden ist mit sich – und das ausstrahlt – der wird sich automatisch leichter tun, auch bei anderen mehr auf die Ausstrahlung zu achten als aufs Äußere.

Quelle: https://www.br.de/nachrichten/wissen/klimawandel-bedroht-permafrost-den-klebstoff-der-alpen,Rrv7vg7 (Zugriff 20.04.2023, gek.)

So kannst du vorgehen:

1 a) Erfasse die Aufgabe und fächere sie mithilfe der Materialien in Teilthemen auf. Hierbei können dir W-Fragen helfen.

b) Sammle zu den Teilthemen aus den vorhandenen Materialien Argumente und Argumentationsstützen (Stoffsammlung) für deinen Kommentar. Berücksichtige mögliche Gegenargumente, indem du sie entkräftest.

c) Streiche unwichtige oder unpassende Argumente und ergänze Argumentationsstützen durch eigene Beispiele oder Erfahrungen.

d) Entscheide dich für eine Gliederung: Wie willst du in den Kommentar einsteigen? Wie ordnest du die einzelnen Argumente an? Wie soll dein Schluss aussehen (Fazit, Appell)?

2 Die These für deinen Kommentar lautet: Null Toleranz gegenüber Lookismus an unserer Schule – für mehr Diversität!
Du kannst für die Gliederung die Notizen nutzen:

Einleitung
- *Anlass: Lookismus = eine inzwischen weit verbreitete Form der Ausgrenzung, auch an unserer Schule → verhindert Vielfalt (M1)*
- *attraktiv sein will jeder → was aber, wenn man nicht dem gängigen Schönheitsideal entspricht?*
- *Arbeitsgruppe möchte gegen Lookismus vorgehen, indem Toleranz gefördert wird*

Hauptteil
- *Lookismus entsteht durch unbewusstes Schubladendenken → Benachteiligung angeblich unattraktiver Menschen und Schwächung ihres Selbstwertgefühls → inakzeptabel (M3, M4)*
- *als unattraktiv geltende Erscheinungsbilder wie z. B. andere Hautfarbe, ein hoher Body-Mass-Index oder Körperbehaarung → Ausgrenzung und Abwertung der Betroffenen (M1, M4)*
- *gleichzeitig Etablierung eines gesellschaftlichen Schönheitsideals → immer weniger Menschen entsprechen diesem Ideal → Mehrfachdiskriminierung (M1, M2)*
- *„tief verankerte Programmierung" → Menschen nach ihrem Aussehen bewerten → Rückschlüsse vom Aussehen auf den Charakter ziehen, ohne sich dessen bewusst zu sein → unzulässiges Urteilen über Menschen (M3)*
- *Folgen dieser Diskriminierungsform: immer mehr Jugendliche lassen ihr äußeres Erscheinungsbild mithilfe chirurgischer Eingriffe manipulieren → die Gefahren solcher Eingriffe werden unterschätzt (M2)*
- *Gegenargument: „Über Attraktivität lässt sich nicht streiten" → Aber: Die Stimme im eigenen Kopf, die andere abwertet, macht auch vor einem selbst nicht halt → man sortiert sich damit selbst aus (M4)*
- *Body-Positivity-Bewegung: gegen Lookismus und falsche Schönheitsideale → für mehr Diversität: Jeder Körper ist schön (M1, M3)*
- *individuelle Persönlichkeit wahrnehmen („mir kann niemand etwas wegnehmen") → Toleranz kann man einüben (M3)*

Schluss
- *jeder Mensch ist Individuum – „Ich bin ich" → jeder Körper ist einzigartig und in Ordnung, so wie er ist (M1, M3)*
- *die intolerante Stimme im eigenen Kopf erkennen → „jede Figur ist wichtig" – nicht nur im Film; erster Schritt: aufmerksam werden auf die Schere im Kopf (M3, M4)*
- *dafür will Arbeitsgruppe eintreten*

3 Verfasse einen Kommentar. Überarbeite deinen Text im Anschluss.

5 Erzählende Texte untersuchen, interpretieren und gestalten

Erzählende Texte untersuchen und interpretieren

Schülerbuch S. 112 **KOMPETENZBOX**

Bei der Untersuchung eines erzählenden Textes ist es wichtig, den Zusammenhang zwischen **Inhalt**, **Form** und **Sprache** herzustellen.

Inhalt und Figuren
- äußere und innere Handlung
- Konflikt oder Problem
- Figurengestaltung und -beziehungen
- Handlungsort und Handlungszeit

Aufbau, Form und Sprache
- **Aufbau:** ein Handlungsstrang oder mehrere Handlungsstränge, Rahmenhandlung und Binnenhandlung, Rückblick, Vorgriff
- **Erzählweise:** Erzählform (Ich-Form, Er-/Sie-Form), Erzählperspektive (Innen- oder Außensicht), Erzählverhalten (personal, auktorial, neutral), Erzählhaltung (die Einstellung der Erzählerin/des Erzählers zur Handlung und zu den Figuren, z. B. neutral, anteilnehmend, ironisch); besondere sprachliche Mittel, Wortwahl

Folgende Fragen helfen dir bei der **Deutung**:
- Was ist das Thema des Textes?
- Wie lassen sich zentrale Konflikte und ihre Entwicklung deuten?
- Wie lässt sich die Gestaltung der zentralen Figuren und ihrer Beziehungen deuten?
- Haben die Handlungszeit und der Handlungsort Einfluss auf die Figuren und die Konflikte?
- Welche Wirkung haben die sprachlichen Mittel und die Erzählweise?

Erich Fried: Der junge Baum (1975)

Er wollte dem Baum nicht wehtun, aber er wollte etwas mehr Tageslicht in seinem Zimmer haben, nicht nur dieses satte, aber schattige Grün. Zweige oder gar Äste abzusägen, das wäre grausam gewesen, besonders jetzt im Sommer. Mit solchen Amputationen musste man schon bis zum Spätherbst oder Winter warten, und dann vergaß man es gewöhnlich, denn dann waren die Blätter ab, und die kahlen Zweige und Äste nahmen ohnehin kein Licht weg.

Endlich beschloss er, dem jungen Baum jeden Tag ein Blatt abzureißen. Das war nicht brutal, das würde dem Baum nicht wehtun. Das erste Mal gelang es, aber das war Anfängerglück. Beim zweiten Mal hatte er nur das halbe Blatt in der Hand, beim dritten nur einen Zipfel, und außerdem hatte er einen grünen Fleck am Ärmel. Das war ihm zuviel. Er wollte dem Baum bestimmt nicht wehtun, aber zum Narren halten lassen wollte er sich auch nicht. Also beschloss er, erst einmal zu üben, ehe er sich auf das eine Blatt pro Tag beschränkte. Etwa nach dem fünfzehnten oder zwanzigsten Blatt hatte er die Handbewegung richtig heraus. Fest anfassen, aber nicht zu fest und vor allem nicht mit den Fingernägeln das Blatt zerschneiden, sonst machte man sich grün und hatte nur das abgezwackte Blattstück zwischen den Fingern. Also fest zupacken, dann mit einem plötzlichen Ruck abreißen und zugleich eine Vierteldrehung mit der Hand vollführen. Dann klappte es immer.

Es war befriedigend, etwas so gut zu können, manchmal befriedigender als die Arbeit an dem Schreibtisch, der immer noch im grünlichen Schatten lag. Ein Blatt pro Tag war auch wirklich nicht genug. Wenn ihm die Arbeit langweilig wurde oder wenn die Mittagspause wieder auf sich warten ließ, stand er auf, ging zur Tür hinaus, riss ein Blatt ab, manchmal auch mehrere, um nicht aus der Übung zu kommen, und kehrte dann erfrischt an den Schreibtisch zurück. Der grüne Schatten lichtete sich.

Jetzt ist schon der Strauch neben der Gartenpforte an der Reihe.

◒ **1** Lies den Text und notiere am Rand, worum es in den vier Abschnitten geht. Formuliere das Thema sowie eine erste Deutungshypothese.

Thema: ______________________________

Deutungshypothese: ______________________________

◒ **2** Markiere Textstellen, die den Protagonisten charakterisieren, und beurteile sein Handeln.

○ **3** Kreuze an, welche Erzählform und welches Erzählverhalten in der Geschichte vorliegen.

- ☐ Er-/Sie-Form: Der Erzähler hält sich im Hintergrund des Geschehens.
- ☐ Ich-Form: Der Erzähler ist selbst Gegenstand des Erzählens (als erzählendes und als erlebendes Ich).
- ☐ auktoriales Erzählverhalten: Der Erzähler leitet den Leser mehr oder weniger spürbar durch die Geschichte.
- ☐ personales Erzählverhalten: Der Erzähler blickt mit den Augen einer oder mehrerer Figuren in die Welt und weiß in diesem Augenblick so viel, wie diese selbst.
- ☐ neutrales Erzählverhalten: Der Erzähler erweckt den Anschein höchster Objektivität, indem er völlig hinter der Handlung zurücktritt.

○ **4** Belege deine Entscheidung in Aufgabe 3 mit einer treffenden Textpassage. Unterstreiche sie.

I17

6 Nenne mindestens vier typische Merkmale von Kurzgeschichten, die auch auf diesen Text zutreffen.

____

____

____

7 Notiere deine Gedanken zum Zusammenhang zwischen Titel und Inhalt der Geschichte.

____

____

____

____

8 Benenne die Wirkung der folgenden sprachlichen Gestaltungsmittel im Text.

A überwiegend parataktische Strukturen und einfache Wortwahl: *zeugen von einfachen Denkstrukturen des Mannes*

B Tempuswechsel im letzten Satz: ____

C Personifikationen: ____

D nicht näher spezifizierte Hauptfigur (er, man): ____

9 Prüfe in den Beispielen die inhaltliche Richtigkeit, den Satzbau und die Wortwahl und berichtige, wenn nötig. Begründe zudem die Kommasetzung.

A *Im ersten Satz der Kurzgeschichte wird klar, dass der Protagonist ein naturliebender Mensch ist.*

B *Erich Fried braucht für seine Arbeit mehr Licht am Schreibtisch und beschließt, Äste des Baumes abzusägen, der vor seinem Fenster steht.*

C *Er entscheidet sich, dem Baum alle Blätter abzureißen, weil er wünscht sich mehr Schatten.*

D *Der auktoriale Erzähler zeigt uns einen Menschen, der erfolgreich seiner Arbeit am Schreibtisch nachgeht.*

E *Am Schluss der Erzählung ist völlig klar, dass er nun besser arbeiten kann.*

10 Wähle eine der beiden folgenden Aufgaben.

a) Verfasse den Hauptteil einer Interpretation der Kurzgeschichte von Erich Fried (S. 40 f.). Gehe dabei besonders auf die sprachliche Gestaltung ein. Nutze deine Vorarbeiten.
b) Erzähle die Geschichte aus der Perspektive des Baums, indem du ihn als Ich-Erzähler sprechen lässt.

11 Überarbeite deinen Text hinsichtlich Rechtschreibung, Grammatik und Zeichensetzung.

Parabeln untersuchen

Schülerbuch S. 125 **KOMPETENZBOX**

Eine Parabel ist ein erzählender, gleichnishafter Text, der eine abstrakte Vorstellung oder Aussage bildhaft darstellt.
Parabeln enthalten eine Bild- und eine Sachebene:

Bildebene: die Darstellungsebene	**Sachebene: die Deutungsebene**
– das tatsächlich Erzählte – die konkrete Handlung, das Geschehen	– der übertragene Sinn – die abstrakte Vorstellung oder Aussage – eine mögliche Lehre

Zusammenhang von Bild- und Sachebene entschlüsseln

Meist gibt es keine direkten Hinweise zwischen Bild- und Sachebene, sondern die Lesenden stellen die Verknüpfung von Bild- und Sachebene selbst her.

Günter Kunert: Ernte (1979)

Achtung: alte Rechtschreibung

Die Dummheit wächst auf den Bäumen. Fruchtgleich, apfelgroß, rund und saftig. Ist sie reif, fällt sie einfach ab. Obwohl – es gibt Gärtner, die sie ernten und dem Verbrauch zuführen: „Heute ganz frische Dummheit zu verkaufen!“ Wie da die Leute sich drängen – unglaublich, doch wahr. Ihr letztes Geld kramen sie aus Hosen- und Jackentaschen, aus schrumpfenden Börsen: „Mir ein Pfund, mir zwei, geben Sie mir einen Korb voll!“ Strahlenden Gesichts ziehen sie davon, die Dummheit unter dem Arm, sorgfältig gehütet, denn wer weiß, ob sie nicht eines Tages durch Mißernte knapp wird, was zur unabsehbaren Folge hätte, daß stattdessen jeder zur Vernunft greifen müßte, die noch keinem bekommen ist.

○ **1** Notiere deine Assoziationen zum Bild.

____

◒ **2** Beurteile die vom Autor genutzte Bildebene für den gemeinten Aspekt Dummheit.

◒ **3** Ordne die Aussagen auf der Bildebene den passenden Deutungen auf der Sachebene zu.

18

Bildebene	Sachebene
A *Dummheit wächst auf Bäumen*	**1** *jemand, der sie kultiviert*
B *fruchtgleich, apfelgroß, rund und saftig*	**2** *Es gibt viele Bäume, also auch viel Dummheit.*
C *fällt einfach ab*	**3** *bewusster Umgang mit Dummheit sowie Angebot als Ware, aus der sich Gewinn schlagen lässt*
D *Gärtner*	**4** *verführerisch*
E *Ernte und Verkauf*	**5** *Paradoxes Geschehen, denn die Handlung der Käufer ist scheinbar unsinnig: Warum zahlen sie für etwas, das sie umsonst haben können?*
F *Menschen, die sich darum drängen, sie zu kaufen, und sich freuen über den Erwerb*	**6** *Man kommt leicht ran.*

4 Lies noch einmal den zweiten Abschnitt der Parabel und erläutere mit eigenen Worten, worauf die Freude über die erworbene Dummheit beruht.

____

____

5 Der auktoriale Er-Erzähler ist nicht distanziert. Markiere Textstellen, die das belegen.

I 19

6 Positioniere dich zur im letzten Satz getroffenen Aussage, dass Vernunft noch keinem bekommen sei. Gib geeignete Beispiele an.

7 Setze in den Schülertext in die Lücken richtig ein: *das* oder *dass*?

I 20

_____ Thema, _____ ein Autor in einer Parabel verpackt, treffend zu erfassen, ist nicht immer einfach. _____ liegt vor allem daran, _____ die Sprache oft sehr verdichtet ist. Außerdem ist es nötig, _____ zuerst die Bildebene genau betrachtet und die mögliche Bedeutung des jeweiligen Bildes erkannt wird, _____ der Autor gewählt hat. So kann z. B. _____ Bild einer Frucht für deren Schmackhaftigkeit ebenso stehen wie für _____ Stillen von Appetit oder sogar Hunger, aber auch für Fruchtbarkeit und Überleben oder – wie beim Apfel – für Verführung zur Erkenntnis. Ist _____ geschafft, gilt es, von der Bildebene zu abstrahieren auf die Sachebene, also auf _____ tatsächlich Gemeinte. Es ist klar, _____ die beste Voraussetzung dafür _____ genaue Lesen ist.

Franz Kafka: Kleine Fabel (1920)

„Ach“, sagte die Maus, „die Welt wird enger mit jedem Tag. Zuerst war sie so breit, dass ich Angst hatte, ich lief weiter und war glücklich, dass ich endlich rechts und links in der Ferne Mauern sah, aber diese langen Mauern eilen so schnell aufeinander zu, dass ich schon im letzten Zimmer bin, und dort im Winkel steht die Falle, in die ich laufe.“ – „Du musst nur die Laufrichtung ändern“, sagte die Katze und fraß sie.

8 Franz Kafka schrieb sehr viele Parabeln, in denen er Aussagen über das Leben trifft. Diesem Text gab er den Titel „Kleine Fabel“. Begründe seine Titelwahl und erläutere, weshalb es sich aber eher um eine Parabel handelt.

9 Untersuche den Text genauer und beantworte die Fragen.

a) Wie viele Sätze hat der Text und welche Zeitform wird verwendet? Was fällt dir auf?
b) Welche Wirkung erzielt Kafka damit für seinen Text?
c) Welche Erzählform und Erzählverhalten liegen vor?

____

____

____

____

Parabeln interpretieren

Schülerbuch S. 119 **KOMPETENZBOX**

Schreiben
Meist sind in der Aufgabenstellung Untersuchungsaspekte vorgegeben, die du berücksichtigen musst. Orientiere dich beim Schreiben an folgendem Aufbau:
- **Einleitung** (TATT, Entstehungs- oder Veröffentlichungsjahr)
- kurze **Inhaltsangabe**
- **untersuchen** und **interpretieren** nach vorgegebenen Aspekten (z. B. Handlungsverlauf, Konflikte, Figuren, Figurenkonstellationen, Erzählweise)
- zentrale Aussagen durch **Textbelege** stützen

Frank Kafka: Die Brücke (1916/1917 entstanden, 1931 veröffentlicht)

(A) Ich war steif und kalt, ich war eine Brücke, über einem Abgrund lag ich. Diesseits waren die Fußspitzen, jenseits die Hände eingebohrt, in bröckelndem Lehm habe ich mich festgebissen. Die Schöße meines Rockes wehten zu meinen Seiten. In der Tiefe lärmte der eisige Forellenbach. Kein Tourist verirrte sich zu dieser unwegsamen Höhe, die Brücke war in den Karten noch nicht eingezeichnet. – So lag ich und wartete; ich musste warten. Ohne einzustürzen kann keine einmal errichtete Brücke aufhören, Brücke zu sein.

(B) Einmal gegen Abend war es – war es der erste, war es der tausendste, ich weiß nicht, – meine Gedanken gingen immer in einem Wirrwarr und immer in der Runde. Gegen Abend im Sommer, dunkler rauschte der Bach, da hörte ich einen Mannesschritt! Zu mir, zu mir. – Strecke dich, Brücke, setze dich in Stand, geländerloser Balken, halte den dir Anvertrauten. Die Unsicherheit seines Schrittes gleiche unmerklich aus, schwankt er aber, dann gib dich zu erkennen und wie ein Berggott schleudere ihn ins Land.

(C) Er kam, mit der Eisenspitze seines Stockes beklopfte er mich, dann hob er mit ihr meine Rockschöße und ordnete sie auf mir. In mein buschiges Haar fuhr er mit der Spitze und ließ sie, wahrscheinlich wild umherblickend, lange drin liegen. Dann aber – gerade träumte ich ihm nach über Berg und Tal – sprang er mit beiden Füßen mir mitten auf den Leib. Ich erschauerte in wildem Schmerz, gänzlich unwissend. Wer war es? Ein Kind? Ein Traum? Ein Wegelagerer? Ein Selbstmörder? Ein Versucher? Ein Vernichter? Und ich drehte mich um, ihn zu sehen. – Brücke dreht sich um! Ich war noch nicht umgedreht, da stürzte ich schon, ich stürzte, und schon war ich zerrissen und aufgespießt von den zugespitzten Kieseln, die mich immer so friedlich aus dem rasenden Wasser angestarrt hatten.

○ **1** Notiere deine Gedanken zum Begriff „Brücke“, den Kafka als Titel für seine Parabel gewählt hat.

2 Lies den Text und formuliere deine ersten Leseeindrücke sowie Zusammenhänge zwischen Titel und Text.

3 Auffällig an dieser Parabel ist die unmittelbare Verschränkung von Bild- und Sachebene, also von Beschriebenem und Gemeintem. Der Protagonist ist Mensch (Dargestelltes) und Brücke (Deutung) zugleich. Markiere Textstellen, wo das offensichtlich wird.

4 Fasse mit deinen eigenen Worten zusammen, worüber sich der Protagonist Gedanken macht, während er auf einen Reisenden wartet. Folge dabei den drei Abschnitten A, B und C und beachte die von Kafka genutzten sprachlichen Mittel. Du kannst so beginnen:

(A) Obwohl seine Lage sehr schwierig und gefährdet ist, will er zuverlässig standhalten – wie man es von einer ordentlichen Brücke ...

5 Entscheide dich für eine der drei Deutungshypothesen. Begründe deine Wahl.

☐ **A** *Die Brücke dient Franz Kafka als Bild für einen einsamen Menschen, der sich auf die Begegnung mit einem anderen Menschen freut. Als seine Erwartungen nicht erfüllt werden, rächt er sich, indem er den, der ihn schlecht behandelt, abstürzen lässt.*

☐ **B** *Die Brücke steht für einen Menschen, der unbedingt eine wichtige Funktion ausüben will, weil er damit Ansehen erwerben möchte. Als er dieses Ansehen nicht erhält und auch noch gemobbt wird, wird es ihm zu viel und er vernichtet den, dem er eigentlich dienen sollte.*

☐ **C** *Das Bild der Brücke suggeriert vor allem Stabilität und Zuverlässigkeit. Diese ist jedoch im Text von Franz Kafka von Anfang an zweifelhaft, sodass es nicht verwundert, dass niemand diese vom Autor so menschenähnlich beschriebene Brücke kennt und nutzt. Das tragische Ende für die Brücke und ihren einzigen Benutzer verstärkt den Gedanken, dass es sich hier um die Beschreibung einer unglücklichen Beziehung zwischen zwei Menschen sowie eine Situation von Überforderung handelt.*

6 In allen drei Deutungshypothesen finden sich treffende Aspekte für eine Deutung der Parabel. Markiere sie.

121

7 Verfasse eine Einleitung für eine Interpretation der Parabel „Die Brücke“. Formuliere deine Deutungshypothese und gib auch den Inhalt kurz wieder.

So beginnt Franz Kafka (1883–1924) einen Text mit dem Titel „Brief an den Vater“ (entstanden 1919).

Liebster Vater,

Du hast mich letzthin einmal gefragt, warum ich behaupte, ich hätte Furcht vor Dir. Ich wusste Dir, wie gewöhnlich, nichts zu antworten, zum Teil eben aus der Furcht, die ich vor Dir habe, zum Teil deshalb, weil zur Begründung dieser Furcht zu viele Einzelheiten gehören, als dass ich sie im Reden halbwegs zusammenhalten könnte. Und wenn ich hier versuche, Dir schriftlich zu antworten, so wird es doch nur sehr unvollständig sein, weil auch im Schreiben die Furcht und ihre Folgen mich Dir gegenüber behindern und weil die Größe des Stoffs über mein Gedächtnis und meinen Verstand weit hinausgeht.

○ **8** Gib mit deinen Worten das Anliegen des Briefes wieder.

____

____

◒ **9** Lies die folgende Passage und beschreibe, was der Briefschreiber hier thematisiert. Benenne das auffälligste Stilmittel.

[...] Es ist so, wie wenn einer fünf niedrige Treppenstufen hinaufzusteigen hat und ein zweiter nur eine Treppenstufe, die aber, wenigstens für ihn, so hoch ist, wie jene fünf zusammen; der erste wird nicht nur die fünf bewältigen, sondern noch hunderte und tausende weitere, er wird ein großes und sehr anstrengendes Leben geführt haben, aber keine der Stufen, die er erstiegen hat, wird für ihn eine solche Bedeutung gehabt haben, wie für den zweiten jene eine, erste, hohe, für alle seine Kräfte unmöglich zu ersteigende Stufe, zu der er nicht hinauf- und über die er natürlich auch nicht hinauskommt. [...]

● **10** Stelle schriftlich eine Verbindung zwischen dem Beginn des Briefs und dem Stufengleichnis her.

● **11** Informiere dich im Internet über die Biografie Franz Kafkas und begründe davon ausgehend die spezielle Lebenssicht, die aus seinen Texten spricht.

Am 3.7.1883 wird Franz Kafka in Prag geboren als erstes Kind seiner jüdischen Eltern Hermann Kafka und dessen Frau Julie, geb. Löwy. Nach Volksschule und Gymnasium mit Abschluss Abitur beginnt er ein Jura-Studium an der Prager Deutschen Universität. Er hört auch Vorlesungen in Kunstgeschichte, Philosophie und Germanistik. 1902 begegnet er Max Brod, der ebenfalls Jura studiert – Beginn der lebenslangen Freundschaft. Dieser sorgt nach Kafkas Tod für das Erscheinen seiner unveröffentlichten Texte. 1908 – erste Veröffentlichung kleiner Prosastücke sowie Eintritt in die ›Arbeiter-Unfall-Versicherungs-Anstalt für das Königreich Böhmen in Prag‹: lebenslanger Konflikt zwischen dem Beruf in der Versicherung als Broterwerb dem Vater zuliebe und seinem eigenen Drang, Dichter zu sein. 1911–1915 finden Reisen und viele Sanatoriums-Aufenthalte statt aufgrund seiner schwachen Gesundheit (Tuberkulose); es entstehen „Das Urteil“, „Die Verwandlung“, „Der Prozess“, „In der Strafkolonie“. 1915–1923 Bekanntschaft mit verschiedenen Frauen: Felice Bauer, die er, wegen Bedenken seines Vaters nicht heiratet; Julie Wohryzek, mit der er sich verlobt, die Verlobung aber wegen des Einspruchs seiner Eltern löst; Milena Jesenska, mit der ihn ein intensiver Briefwechsel verbindet; Dora Diamant, seine Mitbewohnerin. Am 3.6.1924 stirbt Kafka an Kehlkopftuberkulose.

● **12** Wähle einen Text von Franz Kafka (S. 44, 45 oder 47) aus und interpretiere ihn. Beziehe dein biografisches Wissen über den Autor mit ein.

ABSCHLUSSTRAINING Erzählende Texte untersuchen und interpretieren

Interpretiere den folgenden Text. Die Wahl der Protagonisten ist typisch für ein spezielles Genre der Epik, die Parabel. Beziehe die Besonderheiten dieser literarischen Form in deine Ausführungen ein. Verfasse ausgehend von deiner Interpretation den „Monolog einer Schulter".

Günter Kunert: Monolog eines Beins (1979)

Achtung: alte Rechtschreibung

Man hat mich in härene[1], kratzige Wolle gekleidet und dann in einen Stiefel gezwängt, der mein Blut stocken lässt. Sodann müssen wir, mein Bruder und ich, im Zimmer auf und ab gehen, dicht nebeneinander vor einem Spiegel einhalten, uns drehen und wenden, wobei man uns mustert, ob wir auch allen Ansprüchen genügen. Mein Bruder, der ein sehr religiös veranlagtes Bein ist, dient ergeben dem, den er trägt, und hält diesen für ein höheres Wesen. Manchmal frage ich mich selber, wer unseren Herrn über uns gesetzt haben mag und ob das immer so bleiben wird für uns Beine.
Einmal haben wir ihm den Dienst versagt; er fiel hin und lag plötzlich da, auf einer Ebene mit uns, eine gestürzte Größe. Trotzdem war eine Verständigung nicht möglich; im gleichen Dreck sich wälzend, verfluchte er uns derart, dass wir peinlich klar erkannten: Es gibt keine Gemeinschaft zwischen ihm und uns, nur das Verhältnis von Herr zu Knecht, das ausschließlich einer auflöst: der Tod.

[1] aus groben Fasern oder Tierhaar bestehend; hier: grob wie bei einem Büßergewand

So kannst du vorgehen:

○ **1** Lies den Text genau und ermittle die Protagonisten der Bildebene.

● **2** Lege eine Tabelle an, in der du die Übertragung der Bilder festhältst.

Bildebene	Sachebene

◒ **3** Charakterisiere die drei Protagonisten und ihr Verhältnis zueinander. Nutze dafür auch direkte oder indirekte Zitate.

Obwohl die beiden Protagonisten in ein und derselben Situation stecken, ...

◒ **4** Formuliere das Thema der Parabel sowie eine Deutungshypothese.

Das Thema der Parabel sind unsinnige Hierarchien, die

Der Autor zeigt mit seiner Parabel, dass ein von Zwängen geprägtes Herr-Knecht-Verhältnis

5 Notiere mindestens drei sprachliche Mittel, die der Autor in seiner Parabel nutzt, sowie deren Wirkung für den Text.

6 Prüfe die folgenden Formulierungen und berichtige sie.

A *Der Autor spricht aus der Perspektive eines Beins.*

B *Der Ich-Erzähler zeigt ein neutrales Erzählverhalten.*

C *Es gibt einen Konflikt zwischen den beiden Protagonisten und ihrem Herrn, der über sie gesetzt ist.*

D *Der eine Protagonist ist einer, der, wenn sein Herr etwas von ihm will, gleich bereit ist, das zu tun, weil sein Bruder das nicht macht.*

7 Erstelle einen Schreibplan für deine Interpretation. Berücksichtige dabei die vorgegebenen Aspekte.

TATT | Deutungshypothese | Inhaltsangabe | Bildebene | Sachebene | Textbelege

8 Orientiere dich für deinen Paralleltext „Monolog einer Schulter" am Text von Günter Kunert. Beachte jedoch, dass die Schultern sich an anderer Stelle des Körpers befinden (daran Arme, darüber Hals und Kopf) und demzufolge auch andere Funktionen haben und anders agieren. Du kannst so beginnen:

Man hat mich zwar in seidene, luftige Hemden gekleidet, aber dann in allerlei Jacken gezwängt, die meinen Spielraum schrumpfen ließen. Sodann müssen wir, meine Schwester und ich, ...

6 Gedichte untersuchen, interpretieren und gestalten

Gedichte untersuchen

Schülerbuch S. 167 **KOMPETENZBOX**

Bei der Untersuchung eines Gedichts ist es wichtig, den **Zusammenhang zwischen Inhalt, Form und Sprache** herzustellen. Weitere Informationen wie die Biografie der Autorin/des Autors oder historische Informationen können bei der Deutung des Gedichts hinzugezogen werden.

Inhalt
- Titel
- Stimmung
- Thema
- lyrische Sprecherin/lyrischer Sprecher
- Inhalt der Strophen
- (wiederkehrende) Motive

Sprache
- auffällige Wortwahl
- sprachliche Bilder und Wortfiguren, z. B. *Personifikation, Vergleich, Metapher, Symbol, Neologismus, Hyperbel*

Form
- äußere Form, z. B. *Strophenanzahl, Versanzahl, Verslänge, Enjambement (Zeilensprung)*
- Klangfiguren, z. B. *Reim, Metrum, Rhythmus, Alliteration, Anapher*
- Satzfiguren, z. B. *Parallelismus, Inversion*

Gedichte können hinsichtlich **ausgewählter Aspekte verglichen** werden.
Mögliche Aspekte können sein: Thema, formale Besonderheiten, Motiv, sprachliche Bilder.

Hans Magnus Enzensberger: Rädelsführer (1964)

Etwas woran man sich halten kann,
zum Beispiel Stacheldraht,
Etwas Unvergängliches,
meinetwegen auf Stelzen.
Ja wer das hätte,
eine Stütze.

Oder wenigstens im Kopf
eine heile Welt,
sagen wir: drei Pfund Zement.

Was wollt ihr, ich bin geständig.
Unter meinen Haaren
will es nicht hart werden.
Unter der Wolle getarnt
mein konspirativer Apparat:
Todfeind all dessen,
was uns heilig zu sein hat
und basta.

Zehn hoch zehn Zellen:
Wenn das nicht Hochverrat ist!

Zu meiner Verteidigung
Habe ich nichts zu sagen.

Ursprünglich führte der **Rädelsführer** eine Landsknechtsabteilung in Kreisformation (Rädlein) und später einen herrenlosen Trupp an. Heute ist der Anführer einer Gruppe, die gesetzeswidrige Handlungen unternimmt, bzw. der Anführer einer Verschwörung, eines Aufruhrs, Komplotts gemeint. Der Ausdruck wird ausschließlich in negativem Zusammenhang verwendet.

○ **1** Lies die beiden Zusammenfassungen zu dem Gedicht von Enzensberger und begründe, welche du für gelungener hältst.

A *In dem Gedicht geht es um einen lyrischen Sprecher, der als „Rädelsführer" (Titel) behandelt wird und sich verteidigen soll. Das kann er aber nicht (vgl. V. 20 f.).*

B *Das lyrische Ich setzt sich in dem Gedicht „Rädelsführer" mit dem Vorwurf des „Hochverrat[s]" (V. 19) auseinander, möchte sich gegen die als „ihr" (V. 10) unbenannt bleibenden, scheinbaren Ankläger gar nicht wehren bzw. verteidigen.*

2 Erkläre und deute die sprachlichen Bilder.

„Stacheldraht“ (V. 2) „Stelzen“ (V. 4) „Stütze“ (V. 6) „Betonkopf“ (vgl. V. 7–9)

„konspirativer Apparat“ (V. 14) „Todfeind“ (V. 15) „heilig [...] sein“ (V. 16) „basta“ (V. 17)

„zehn hoch zehn Zellen“ (V. 18) „Hochverrat“ (V. 19)

3 Ergänze in der Tabelle mögliche Feststellungen, Fragen, Anschuldigungen des lyrischen Ihr bzw. der Anklage sowie die Antworten und Überlegungen des lyrischen Sprechers darauf. Untersuche die Mittel, die das lyrische Ich nutzt, und deren Wirkung.

lyrisches Ihr/Anklage	lyrischer Sprecher	sprachliches Mittel
1. Strophe:	*Äußert das, was die anderen als fehlend beklagen, als Wunsch, ohne zu sagen, was dann wäre, lässt also die Wertung offen.*	
2. Strophe: *Was stört dich, welche Probleme hast du? Es ist doch alles in Ordnung!*		*Zement im Kopf/Betonkopf: Metapher → Härte und Starre, glanzloses Material → Unbeweglichkeit, Dummheit, Denken ist nicht möglich*
3. Strophe:	*Gibt seine Schuld zu:* *beweglich zu bleiben, zu denken*	
4. Strophe:	*Formuliert eine Gefährlichkeit seines Denkens, da er sich gegen Unantastbarkeit wendet.*	
5. Strophe:		*Mengenangabe als Symbol der Gehirnzellen, Ironie, scheinbare Tatsache und damit infrage stellen*
6. Strophe: *Frage nach Verteidigung*		*Indikativ → Tatsache*

○ **4** Wer sagt „basta“ (V. 17)? Notiere deine Überlegungen und begründe.

____

____

____

◒ **5** Charakterisiere mithilfe der Aussagen des lyrischen Ichs die Ankläger. Beziehe dazu den Titel und die Worterklärung ein.

◒ **6** Beschreibe die Wirkung der Alliteration in Vers 18.

____

____

____

____

◒ **7** Ergänze den Lückentext zum Zusammenhang von Form und Inhalt des Gedichts. Nutze die Vorgaben.

122

keine feste Form | Schlagabtausch | Paarstrophen | Fazit | nicht an Regeln | unterschiedlicher | Ausbrechen aus Regeln und Vorgaben | Inversionen und Ellipsen

Die freirhythmische, reimlose Form des Gedichts enthält sechs Strophen mit _______________ Versanzahl, nur die beiden letzten sind jeweils _______________. Bezogen auf den Inhalt unterstützt diese äußere Form die Aussage, dass sich der lyrische Sprecher _______________ anpassen, in _______________ pressen lassen möchte. Die letzten beiden Strophen mit gleicher Bauweise stellen hierbei eine Art letzten _______________, ein _______________ dar. Auffällig ist auch die Syntax, hier wird oft mit _______________ gearbeitet, was wiederum das _______________ verdeutlicht.

● **8** Formuliere die Aussage des Gedichts. Überlege dafür, warum das lyrische Ich in die Wir-Form wechselt und sich nicht verteidigen möchte.

● **9** Vergleiche die Aussage des Gedichts mit der Bewertung des Dichters aus einem Nachruf auf ihn und überlege, inwieweit sich Gemeinsamkeiten zwischen Dichter und lyrischem Ich festmachen lassen.

„Ich habe Enzensberger erlebt als großen, freien Denker“, erinnert sich die Fotografin Herlinde Koelbl. „Und ich denke, das ist etwas so Wichtiges in einem Land, ganz grundsätzlich, dass jemand frei denkt, vielleicht abenteuerlich denkt und in dem Sinne durch seinen Geist die Gesellschaft belebt.“

____

____

Gedichte interpretieren

Schülerbuch S. 175 **KOMPETENZBOX**

Schreiben
Orientiere dich beim Schreiben an folgendem Aufbau:
- **Einleitung** (TATT, Entstehungs- oder Veröffentlichungsjahr)
- Sprechsituation, lyrische Sprecherin/lyrischer Sprecher, Stimmung
- kurze **Inhaltsangabe** der einzelnen Strophen
- **untersuchen** und **interpretieren** nach vorgegebenen Aspekten, dabei Zusammenhang von Inhalt, Form und Sprache verdeutlichen
- zentrale Aussagen durch **Textbelege** stützen

Ursula Krechel: Umsturz (1977)

Von heut an stell ich meine alten Schuhe
nicht mehr ordentlich neben die Fußnoten
häng den Kopf beim Denken
nicht mehr an den Haken
freß keine Kreide. Hier die Fußstapfen
im Schnee von gestern, vergeßt sie
ich hust nicht mehr mit Schalldämpfer
hab keinen Bock
meine Tinte mit Magermilch zu verwässern
ich hock nicht mehr im Nest, versteck
die Flatterflügel, damit ihr glauben könnt
ihr habt sie mir gestutzt. Den leeren Käfig
stellt mal ins historische Museum
Abteilung Mensch weiblich.

Achtung: alte Rechtschreibung

Rainer Malkowski: Für mich (1975)

Es ist mir bekannt,
dass alles schon einmal beschrieben wurde:
die Liebe, der Hass, der Zorn und die Trauer.
Es ist mir bekannt.
Es ist mir bekannt,
dass jedes Wort unzählige Herren hat:
Tote und Lebende, Ehrliche und Lügner.
Es ist mir bekannt.
Aber ich weiß auch,
dass niemand mir abnimmt, mich zu erleben.
Also gestatte ich keinem,
für mich zu sprechen.

1 Lies die Einleitung zu einer vergleichenden Gedichtinterpretation der Gedichte „Umsturz" und „Für mich" und kläre die Bedeutung der Korrekturen am Rand.

A „lug" = ______________________, **C** „A" = ______________________, **E** „lf" = ______________________,

B „Gr" = ______________________, **D** „S" = ______________________, **F** „R" = ______________________

Der Titel „Umsturz" assoziiert zunächst eine gewaltsame Beseitigung bestehender staatlicher
oder gesellschaftlicher Ordnung, eine Herstellung anderer Verhältnisse ist das Ziel. Nach dem
ersten Lesen des Gedichts stellt man fest, dass der Titel zunächst unpassend erscheint, denn das
Gedicht wirkt trotzig und anklagend, aber einen Aufruf zu einem gewaltsamen Umsturz sucht
man vergeblich. Zwar erhebt das lyrische Ich den Anspruch auf eine gewisse Veränderung und
legt dar, wie es diese erreichen möchte, aber es bleibt hierbei ganz bei sich, was typisch für die
Literatur der 70er-Jahre ist, die als Neue Innerlichkeit individuelle Schicksale, persönliche lug
Erfahrungen und die Suche nach der eigenen Identität thematisiert, sich damit klar gegen die S
politische Literatur der vorangegangenen Jahre abgrenzt und dadurch Neue Subjektivität genannt
wird, zudem hinterfragen mal in dieser Zeit viele Schriftstellerinnen, so auch Ursula Krechel, in A
ihren Werken die traditionelle Rollenverteilung und die Rollenbilder von Frau und Mann, fordert Gr
mehr Selbstbestimmung und Gleichberechtigung, nutzen in der Lyrik vor allem eine einfache,
emotionale, oft auch Umgangssprache eingesetzt, verzichten auf Mittel der äußeren Form, um Gr
mehr Authentizität zu erreichen. Das passt alles auf das Gedicht von Rainer Malkowski. Im lf
Folgenden werde ich beide Gedichte analysieren, interpretieren und desweiteren vergleichen. R

○ 2 Begründe, warum „Im Folgenden“ (Aufgabe 1, Z. 14 f.) großgeschrieben wird.

◒ 3 Verbessere die vermerkten sprachlichen Fehler in Aufgabe 1 (S. 53).

◒ 4 Erläutere die vermerkten inhaltlichen Fehler in Aufgabe 1 (S. 53).

◒ 5 Gestalte den Satzbau und damit die Textgliederung der Einleitung in Aufgabe 1 (S. 53) übersichtlicher, indem du den durch die Wellenlinie gekennzeichneten zu langen Satz in sinnvolle, gedanklich strukturierte Einzelsätze umformst.

○ 6 Vervollständige die Bewertung der Schülereinleitung in Aufgabe 1, indem du die Lücken füllst. Nutze die Vorgaben.

aufzwingen | TATT | Interpretation | Hauptteil | eines Rollenbildes | zweite | ersten Eindruck | Ich | wichtigen | erste Gedicht | Deutungshypothese | Basissatz

Man könnte mit thematisch gebundenen Gedanken zum Gedicht einsteigen. Das ist nicht der Titel, sondern bei diesem Gedicht die Veränderung ________________, was andere einem ________________. Es fehlt der ________________-Satz. Die Ausführungen zur Literatur der 70er-Jahre sollten für die ________________ genutzt werden, gehören also in den ________________. Wenn zwei Gedichte verglichen werden sollen, ist darauf zu achten, dass immer das ________________ vollständig interpretiert wird und das ________________ unter ________________ Aspekten hinzugezogen wird. Auch in der Einleitung sollte man zu beiden Gedichten den ________________ und den ________________ aufschreiben. Am Ende der Einleitung fehlt die ________________. Dabei sollte auf die ________________-Form verzichtet werden.

7 Untersuche, wie im Gedicht „Umsturz“ (S. 53) das lyrische Ich die Veränderung herbeiführen möchte und welche sprachlichen Mittel dafür genutzt werden. Führe Textbelege als korrekte Zitate an und integriere sie in deine Sätze. Du kannst deine Notizen so beginnen:

alte Schuhe nicht ordentlich neben Fußnoten stellen → Die „alten Schuhe“ (V. 1) könnten metaphorisch für die Normen und Werte stehen, die das lyrische Ich bis gestern wie Schuhe durch das Leben getragen haben, die also einen Schutz beim Laufen bzw. im Leben vor Verletzungen boten. Dass sie „[v]on heut an“ (V. 1) „[un]ordentlich“ (V. 2) neben „Fußnoten“ (V. 2), die Belege, Anmerkungen, Erklärungen, Kommentare symbolisieren, stehen, zeigt, dass nicht alles verworfen, von der bisherigen Ordnung aber abgerückt wird.

8 Markiere im Gedicht „Umsturz“ (S. 53) die Verse, in denen das lyrische Ich ein lyrisches Ihr anspricht. Notiere deine Überlegungen dazu, wer mit der Pluralform „ihr“ gemeint sein könnte.

9 Formuliere die Deutung deiner markierten Verse (Aufgabe 8) unter Einbeziehung von Textbelegen. Ordne die sprachlichen Mittel zu.

Symbol | umgangssprachliche Wendung | Metapher | Bereich der Vogelmetaphorik | Redensart | Aufforderung

10 Deute schriftlich die sprachlichen und formalen Beobachtungen auf den Wortkarten.

Nutzung von Imperativen (V. 6, 13) | Umgangssprache | Verzicht auf eine gebundene und gegliederte äußere Form

11 Formuliere mit eigenen Worten die Aussage des Gedichts „Umsturz“ (S. 53), indem du auch reflektierst, wogegen hier rebelliert wird. Beziehe den Titel in deine Überlegungen ein.

12 Stelle vergleichend das Gedicht „Für mich“ von Rainer Malkowski (S. 53) unter den Aspekten *lyrischer Sprecher*, *äußere Form* und verwendete *sprachliche Mittel* gegenüber.

Das lyrische Ich bei Malkowski kann keiner Geschlechterrolle zugeordnet werden, es kann sich also jeder …

13 Verfasse in Anlehnung an „Umsturz“ von Ursula Krechel (S. 53) selbst ein Gedicht, in dem du gegen Erwartungen an ein festes Rollenbild rebellierst. Das kann z. B. die Rolle des gehorsamen Kindes, des fleißigen Schülers, des Ausnahmetalents beim Sport oder in der Musik sein, die Rolle eines optimalen Menschen, der allen gerecht wird.

ABSCHLUSSTRAINING Gedichte untersuchen und interpretieren

Untersuche und interpretiere das Gedicht „Fall ins Wort“ von Erich Fried.
- Formuliere eine Einleitung, in der du das Thema nennst und den Inhalt kurz zusammenfasst.
- Nenne und deute sprachliche Mittel und erläutere, wie sie den Inhalt des Gedichts unterstützen.
- Verdeutliche dein Verständnis der sprachlichen Gestaltung durch ein Parallelgedicht.

Erich Fried: Fall ins Wort (1985)

Fall ins Wort
das Wort ist brüchig geworden
Fall ins Wort
der Fall ist fällig geworden
Fall ins Wort
wo das Wort dir einfällt
Fall ein
ein naher Feind
ein Vogel ins Feld

Wo das Wort
dir gefällt
wo das Wort
fehlt
wo das Wort
einen Fehler hat
wo es verdorrt
dort
fall ins Wort

Die Welt
fällt ein
Ihr Fallen
fällt
das Wort
Fall ihm ins Wort
fall ein
du fällst sonst
in jedem Fall

So kannst du vorgehen:

1 Lies die Zusammenfassung des Inhalts. Formuliere die blau markierten Stellen genauer und verbessere den Ausdruck der grün markierten Textstellen sowie den Satzbau der unterstrichenen Sätze.

Ein lyrischer Sprecher fordert ein lyrisches Du dreimal auf, ins Wort zu fallen, allerdings wird nicht gesagt wem. Er gibt noch Hinweise, wie man einfallen soll und wann bzw. an welchen Stellen. Es wird festgestellt, dass die Welt untergeht. Auch das Wort geht unter. Denn die Welt zerstört es. Die Aufforderung vom Anfang wird wiederholt und mit einer Drohung verbunden, dass man sonst selbst untergeht.

2 Untersuche den Beginn des Hauptteils einer Interpretation zum Gedicht „Fall ins Wort“.
- Markiere die Analyseergebnisse und die deutenden Passagen in verschiedenen Farben und leite daraus ab, wie die Anteile gewichtet und Analyse und Deutung verbunden werden sollten.
- Prüfe, ob alle Aussagen mit passenden Textstellen belegt werden.

Das Gedicht gliedert sich in drei Strophen mit zuerst acht, dann jeweils neun Versen unterschiedlicher Länge. Dreimal wird der Imperativ „Fall ins Wort“ (V. 1, 3, 6) in der ersten Strophe anaphorisch verwendet, wodurch eine Eindringlichkeit entsteht, die fast beschwörend wirkt. Vers 2 und 4 geben als Hauptsatz eine Begründung an, die auch mit „denn“ eingeleitet sein könnte. Weil die Einleitung fehlt, wirken die Aussagen härter, unvermittelter und werden damit wichtiger. Unterstützt wird dies durch den parallelen Satzbau, wenn sich auch inhaltlich die Begründung steigert. Zu einem Wortbruch, der Nichterfüllung eines gegebenen Versprechens (vgl. V. 2), ist in Vers 4 noch der Zeitpunkt einer Notwendigkeit gegeben („fällig geworden“, V. 4). Der „Fall“ (V. 4) bezieht sich auf Vers 2 und stellt damit eine Verbindung her. Der dritten Aufforderung folgend wird in Vers 6 eine Bedingung genannt, der Widerspruch muss einem „einf[allen]“ (V. 6), man muss sich also an das gegebene Wort erinnern oder eine Idee für eine Veränderung haben. Die letzten beiden Verse bieten eine Variation des Verbs, nunmehr wird aus der Wendung „ins Wort fallen“, also jemanden unterbrechen, das Verb „einfallen“, was hier in einer anderen Bedeutung als in Vers 6 gebraucht wird: Es bedeutet ein unerwünschtes oder gewaltsames Eindringen, hier verdeutlicht durch zwei vergleichsartige Assoziationen, die für Gefahr und Zerstörung stehen (vgl. V. 8), wodurch sich die Aussage in ihrer Dringlichkeit steigert …

3 Setze den begonnenen Hauptteil der Interpretation (S. 56) fort, indem du die beiden übrigen Strophen analysierst und interpretierst.

4 Leite aus den folgenden Aufzeichnungen Überlegungen zur Sprechsituation ab.

lyrisches Du = Leser? / anderer lyrischer Sprecher?

lyrischer Sprecher = unbenannt, eine Art innerer Monolog

Mut → Verantwortung übernehmen
Bedingung → Notwendigkeit erkennen

5 Nenne die sprachliche Besonderheit des Gedichts und beziehe sie auf die Gedichtaussage.

124 **6** Für den Schlussteil einer Interpretation werden Überlegungen zur Aktualität des Themas angestellt und weiterführende Gedanken entwickelt. Kreuze an, welche Aussagen auf das Gedicht zutreffen, und schreibe einen Schluss.

- **A** Eine Aktualität ist eigentlich nicht mehr gegeben, da die Probleme der Welt so komplex sind, dass ein einzelner Mensch sie nicht lösen kann. ☐
- **B** Die Probleme in der Welt nehmen ständig zu, z. B. der Klimawandel. Somit ist es wichtig, seine Stimme zu erheben und auf Missstände aufmerksam zu machen, sein eigenes Verhalten zu verändern, also verantwortlich zu handeln. ☐
- **C** Wenn jeder glaubt, dass es nichts bringt, wird sich nichts verändern. Jeder kann einen Beitrag leisten, viele kleine Schritte führen auch zum Ziel. ☐
- **D** Es ist mitunter gar nicht möglich, ins Wort zu fallen, und wenn man es macht, wird man oft nicht gehört. Jemandem ins Wort zu fallen, ist außerdem unhöflich. ☐

7 Gestalte ausgehend von deinen Erkenntnissen zur sprachlichen Gestaltung ein Parallelgedicht, mit dem du zu einer Handlung aufforderst oder einen Missstand in den Fokus rückst. Doppeldeutige Verben, Verben mit Präfixen und deren Wortfelder oder Redewendungen können dir dabei helfen. Du kannst aus den Vorgaben auswählen.

durchschauen | aufheben | einstellen | zurücktreten | auflösen | entspringen

7 Ein Drama untersuchen und interpretieren

Eine Dramenszene untersuchen

Schülerbuch S. 203 **KOMPETENZBOX**

Handlung und Figuren untersuchen

Handlung
- Einordnung der Szene in den Dramenzusammenhang
- Sinnabschnitte der Szene
- innere und äußere Konflikte

Figuren
- Bedeutung der Figuren im gesamten Stück (Hauptfiguren, Nebenfiguren)
- Eigenschaften, Einstellungen und Verhaltensweisen
- Verhältnis der Figuren zueinander

Form und Sprache untersuchen
- Monologe und Dialoge
- Redeanteile der einzelnen Figuren
- Besonderheiten beim Satzbau und bei der Wortwahl der Figuren
- Art und Länge der Regieanweisungen
- Sprechhhandlungen

Folgende Fragen helfen dir bei der **Deutung**:
- Welche Besonderheiten der Figuren werden in der Szene deutlich?
- Welche Motive und Ziele haben die Figuren? Erreichen sie ihre Ziele?
- Welche Konflikte zeigen sich in der Szene? Spitzt sich ein Konflikt zu?
- Wie werden die Figuren und ihre Beziehung durch ihre Sprachverwendung charakterisiert?
- Welche Bedeutung hat die Szene für die gesamte Handlung des Dramas?

Friedrich Schiller: Die Räuber (II. Akt, 1. Szene, Anfang)

Franz von Moor *nachdenkend in seinem Zimmer.*
Es dauert mir zu lange – der Doktor will, er sei im Umkehren – das Leben eines Alten ist doch eine Ewigkeit! – Und nun wär freie, ebene Bahn bis auf diesen ärgerlichen zähen Klumpen Fleisch, der mir, gleich dem unterirdischen Zauberhund in den Geistermärchen, den Weg zu meinen Schätzen verrammelt.
Müssen denn aber meine Entwürfe sich unter das eiserne Joch des Mechanismus beugen? – Soll sich mein hochfliegender Geist an den Schneckengang der Materie ketten lassen? – Ein Licht ausgeblasen, das ohnehin nur mit den letzten Öltropfen noch wuchert – mehr ist's nicht – Und doch möcht ich das nicht gern selbst getan haben um der Leute willen. Ich möchte ihn nicht gern getötet, aber abgelebt. Ich möcht es machen wie der gescheite Arzt, nur umgekehrt. – Nicht der Natur durch einen Querstreich den Weg verrannt, sondern sie in ihrem eigenen Gange befördert. Und wir vermögen doch wirklich die Bedingungen des Lebens zu verlängern, warum sollten wir sie nicht auch verkürzen können? Philosophen und Mediziner lehren mich, wie treffend die Stimmungen des Geists mit den Bewegungen der Maschine zusammenlauten. Gichtrische Empfindungen werden jederzeit von einer Dissonanz der mechanischen Schwingungen begleitet – Leidenschaften misshandeln die Lebenskraft – der überladene Geist drückt sein Gehäuse zu Boden – Wie denn nun? – Wer es verstünde, dem Tod diesen ungebahnten Weg in das Schloss des Lebens zu ebenen! – den Körper vom Geist aus zu verderben – ha! ein Originalwerk! – wer das zustand brächte! – Ein Werk ohnegleichen! – Sinne nach, Moor! – Das wär eine Kunst, die's verdiente, dich zum Erfinder zu haben. Hat man doch die Giftmischerei beinahe in den Rang einer ordentlichen Wissenschaft erhoben und die Natur durch Experimente gezwungen, ihre Schranken anzugeben, dass man nunmehr des Herzens Schläge jahrlang vorausrechnet und zu dem Pulse spricht, bis hieher und nicht weiter! – Wer sollte nicht auch hier seine Flügel versuchen?
Und wie ich nun werde zu Werk gehen müssen, diese süße, friedliche Eintracht der Seele mit

ihrem Leibe zu stören? Welche Gattung von Empfindnissen ich werde wählen müssen? Welche wohl den Flor des Lebens am grimmigsten anfeinden? Zorn? – dieser heißhungrige Wolf frisst sich zu schnell satt – Sorge? – dieser Wurm nagt mir zu langsam – Gram? – diese Natter schleicht mir zu träge – Furcht? – die Hoffnung lässt sich nicht umgreifen – was? sind das all die Henker des Menschen? – Ist das Arsenal des Todes so bald erschöpft? – *Tiefsinnend.* Wie? – Nun? – Was? Nein! – Ha! *Auffahrend.* Schreck! – Was kann der Schreck nicht? – Was kann Vernunft, Religion wider dieses Giganten eiskalte Umarmung? – Und doch? – Wenn er auch diesem Sturm stünde? – Wenn er? – O so komme du mir zu Hülfe Jammer, und du Reue, höllische Eumenide, grabende Schlange, die ihren Fraß wiederkäut und ihren eigenen Koth wiederfrisst; ewige Zerstörerinnen und ewige Schöpferinnen eures Giftes, und du, heulende Selbstverklagung, die du dein eigen Haus verwüstest und deine eigene Mutter verwundest – Und kommt auch ihr mir zu Hülfe wohltätige Grazien selbst, sanft lächelnde Vergangenheit, und du mit dem überquellenden Füllhorn, blühende Zukunft, haltet ihm in euren Spiegeln die Freuden des Himmels vor, wenn euer fliehender Fuß seinen geizigen Armen entgleitet – So fall ich Streich auf Streich, Sturm auf Sturm dieses zerbrechliche Leben an, bis den Furientrupp zuletzt schließt – die Verzweiflung! Triumph! Triumph! – Der Plan ist fertig – schwer und kunstvoll wie keiner – zuverlässig – sicher – denn *spöttisch* des Zergliederers Messer findet ja keine Spuren von Wunde oder korrosivischem Gift. *Entschlossen.* Wohlan denn!

Hermann tritt auf. Ha! Deus ex machina! Hermann!

○ **1** Lies den Szenenausschnitt und notiere, welche Figuren direkt oder indirekt eine Rolle spielen, und wo die Szene spielt.

◒ **2** Kreuze an, was in dem Szenenausschnitt passiert. Gib Textstellen an, an denen du das erkannt hast.

124

- ☐ Franz spricht mit Hermann.
- ☐ Franz spricht mit sich selbst.
- ☐ Franz spricht mit dem Doktor seines Vaters.
- ☐ Franz plant seinen Vater umzubringen, indem er ihn vergiftet.
- ☐ Franz plant seinen Vater zu töten, indem er ihn mit einem vergifteten Messer ersticht.
- ☐ Franz plant seinen Vater umzubringen, indem er ihn zu Tode erschreckt.

◒ **3** Erläutere, was Franz meint, wenn er sagt, er wolle „den Körper vom Geist aus […] verderben" (Z. 33 f.).

4 Beantworte die Fragen zum Inhalt des Szenenausschnitts (S. 58 f.) und belege deine Antworten mit Textstellen.

a) Welche Eigenschaften der Figur Franz Moor werden in dem Szenenausschnitt deutlich?

b) Welche Motive und Ziele hat Franz Moor in dieser Szene?

c) Welche Konflikte zeigen sich in der Szene?

5 Untersuche die Sprache und die sprachlichen Mittel im Text.

a) Halte fest, was dir nach erneutem Lesen sprachlich auffällt.

b) Im Text gibt es viele Ausrufezeichen und Gedankenstriche. Erläutere, welchen Zweck sie erfüllen und welche Wirkung damit erzeugt wird.

c) Wodurch wird in dem Szenenausschnitt verdeutlicht, dass Franz im Laufe seines Monologs eine innere Entwicklung durchmacht? Markiere entsprechende Textstellen.

I26

d) Um welche sprachlichen Mittel handelt es sich bei den blau markierten Textstellen? Kreuze an und erkläre, wofür die sprachlichen Bilder jeweils stehen.

☐ Vergleiche ☐ Metaphern ☐ Symbole

I27

e) Franz verachtet die Natur. Unterstreiche Textstellen, die diese Grundhaltung belegen.

f) Fasse zusammen, wie Franz Moor insgesamt durch seine Sprache charakterisiert wird.

Eine Dramenszene interpretieren

Schülerbuch S. 206 **KOMPETENZBOX**

Planen
- Szene mehrfach lesen, auch Regieanweisungen beachten, erste Eindrücke notieren
- die Aufgabenstellung beachten (Untersuchungsschwerpunkte)
- Szene in den Dramenzusammenhang einordnen
- Szene in Sinnabschnitte gliedern, Notizen für die Zusammenfassung des Inhalts anfertigen
- Thema formulieren
- Figuren untersuchen: Eigenschaften, Einstellungen, Verhaltensweisen, Konflikte, Beziehung der Figuren, Figurenkonstellation, sprachliche Besonderheiten der Figurenrede
- Dialoggestaltung untersuchen: Redeanteile, Motive und Gesprächsziele der zentralen Figuren, Ergebnisse des Gesprächs, Auffälligkeiten bei Satzbau und Wortwahl

Schreiben
Oft sind in der Aufgabenstellung Untersuchungsschwerpunkte vorgegeben, die du berücksichtigen musst. Orientiere dich beim Schreiben an folgendem Aufbau:
- **Einleitung** (TATT, Jahr der Uraufführung oder Veröffentlichungsjahr)
- kurze **Inhaltsangabe** und **Einordnung** der Szene in den Dramenzusammenhang
- Hauptteil: Untersuchungsschwerpunkte beachten
- Fazit der Interpretation, z. B. Bedeutung für den weiteren Handlungsverlauf
- zentrale Aussagen durch **Textbelege** stützen

Friedrich Schiller: Die Räuber (II. Akt, 1. Szene, Ende)

Franz *Entschlossen.* Wohlan denn! *Hermann tritt auf.* Ha! Deus ex machina! Hermann!

Hermann. Zu Euren Diensten, gnädiger Junker!

Franz *gibt ihm die Hand.* Die du keinem Undankbaren erweisest.

Hermann. Ich hab Proben davon.

Franz. Du sollst mehr haben mit nächstem – mit nächstem, Hermann! – Ich habe dir etwas zu sagen, Hermann.

Hermann. Ich höre mit tausend Ohren.

Franz. Ich kenne dich, du bist ein entschlossner Kerl – Soldatenherz – Haar auf der Zunge! – Mein Vater hat dich sehr beleidigt, Hermann!

Hermann. Der Teufel hole mich, wenn ich's vergesse!

Franz. Das ist der Ton eines Mannes! Rache geziemt einer männlichen Brust. Du gefällst mir, Hermann. Nimm diesen Beutel, Hermann. Er sollte schwerer sein, wenn ich erst Herr wäre.

Hermann. Das ist ja mein ewiger Wunsch, gnädiger Junker, ich dank Euch.

Franz. Wirklich, Hermann? wünschest du wirklich, ich wäre Herr? – aber mein Vater hat das Mark eines Löwen, und ich bin der jüngere Sohn.

Hermann. Ich wollt, Ihr wärt der ältere Sohn und Euer Vater hätte das Mark eines schwindsüchtigen Mädchens.

Franz. Ha! wie dich der ältere Sohn dann belohnen wollte! wie er dich aus diesem unedlen Staub, der sich so wenig mit deinem Geist und Adel verträgt, ans Licht emporheben wollte! – Dann solltest du, ganz wie du da bist, mit Gold überzogen werden und mit vier Pferden durch die Straßen dahinrasseln, wahrhaftig, das solltest du! – aber ich vergesse, wovon ich dir sagen wollte! – hast du das Fräulein von Edelreich schon vergessen, Hermann?

Maxim Gorki Theater Berlin, 2012; Paul Schroeder (Franz)

Hermann. Wetter Element! was erinnert Ihr mich an das?

Franz. Mein Bruder hat sie dir weggefischt.

Hermann. Er soll dafür büßen!

Franz. Sie gab dir einen Korb. Ich glaube gar, er warf dich die Treppen hinunter.

Hermann. Ich will ihn dafür in die Hölle stoßen.

Franz. Er sagte: man raune sich einander ins Ohr, du seist zwischen dem Rindfleisch und Merrettich gemacht worden, und dein Vater habe dich nie ansehen können, ohne an die Brust zu schlagen und zu seufzen: Gott sei mir Sünder gnädig!

Hermann *wild.* Blitz, Donner und Hagel, seid still!

Franz. Er riet dir, deinen Adelbrief im Aufstreich zu verkaufen und deine Strümpfe damit flicken zu lassen.

Hermann. Alle Teufel! ich will ihm die Augen mit den Nägeln auskratzen.

Franz. Was? du wirst böse? was kannst du böse auf ihn sein? was kannst du ihm Böses tun? Was kann so eine Ratze gegen einen Löwen? Dein Zorn versüßt ihm seinen Triumph nur. Du kannst nichts tun, als deine Zähne zusammenschlagen und deine Wut an trocknem Brote auslassen.

Hermann *stampft auf den Boden.* Ich will ihn zu Staub zerreiben.

Franz *klopft ihm auf die Achsel.* Pfui, Hermann, du bist ein Kavalier. Du musst den Schimpf nicht auf dir sitzen lassen. Du musst das Fräulein nicht fahren lassen, nein das musst du um alle Welt nicht tun, Hermann! Hagel und Wetter! Ich würde das Äußerste versuchen, wenn ich an deiner Stelle wäre.

Hermann. Ich ruhe nicht, bis ich ihn und ihn unterm Boden hab.

Franz. Nicht so stürmisch, Hermann! Komm näher – du sollst Amalia haben!

Hermann. Das muss ich, trutz dem Teufel! das muss ich!

Franz. Du sollst sie haben, sag ich dir, und das von meiner Hand. Komm näher, sag ich – du weißt vielleicht nicht, dass Karl so gut als enterbt ist?

Hermann *näher kommend.* Unbegreiflich! das erste Wort, das ich höre.

Franz. Sei ruhig und höre weiter! du sollst ein andermal mehr davon hören – ja, ich sage dir, seit elf Monaten so gut als verbannt. Aber schon bereut der Alte den voreiligen Schritt, den er doch, *lachend* will ich hoffen, nicht selbst getan hat. Auch liegt ihm die Edelreich täglich hart an mit ihren Vorwürfen und Klagen. Über kurz oder lang wird er ihn in allen vier Enden der Welt aufsuchen lassen, und gute Nacht, Hermann! wenn er ihn findet. Du kannst ihm ganz demütig die Kutsche halten, wenn er mit ihr in die Kirche zur Trauung fährt.

Hermann. Ich will ihn am Kruzifix erwürgen!

Franz. Der Vater wird ihm bald die Herrschaft abtreten und in Ruhe auf seinen Schlössern leben. Itzt hat der stolze Strudelkopf den Zügel in Händen, Itzt lacht er seiner Hasser und Neider – und ich, der ich dich zu einem wichtigen großen Manne machen wollte, ich selbst, Hermann, werde tief gebückt vor seiner Türschwelle –

Hermann *in Hitze.* Nein, so wahr ich Hermann heiße, das sollt Ihr nicht! wenn noch ein Fünkchen Verstand in diesem Gehirne glostet! das sollt Ihr nicht!

Franz. Wirst du das hindern? auch dich, mein lieber Hermann, wird er seine Geißel fühlen lassen, wird dir ins Angesicht speien, wenn du ihm auf der Straße begegnest, und wehe dir dann, wenn du die Achsel zuckst oder das Maul krümmst – siehe, so steht's mit deiner Anwerbung ums Fräulein, mit deinen Aussichten, mit deinen Entwürfen.

Hermann. Sagt mir! was soll ich tun?

Franz. Höre dann, Hermann! dass du siehst, wie ich mir dein Schicksal zu Herzen nehme als ein redlicher Freund – geh – kleide dich um – mach dich ganz unkenntlich, lass dich beim Alten melden, gib vor, du kämest geraden Wegs aus Böhmen, hättest mit meinem Bruder dem Treffen bei Prag beigewohnt – hättest ihn auf der Walstatt den Geist aufgeben sehen –

Hermann. Wird man mir glauben?

Franz. Hoho! dafür lass mich sorgen! Nimm dieses Paket. Hier findest du deine Kommission ausführlich. Und Dokumente dazu, die den Zweifel selbst glaubig machen sollen – mach itzt nur, dass du fortkommst, und ungesehen! spring durch die Hintertüre in den Hof, von da über die Gartenmauer – die Katastrophe dieser Tragikomödie überlass mir!

Hermann. Und die wird sein: Vivat der Neue Herr, Franziskus von Moor!

Franz *streichelt ihm die Backen.* Wie schlau du bist! – denn siehst du, auf diese Art erreichen wir alle Zwecke zumal und bald. Amalia gibt ihre Hoffnung auf ihn auf. Der Alte misst sich den Tod seines Sohnes bei, und – er kränkelt – ein schwankendes Gebäude braucht des Erdbebens nicht, um übern Haufen zu fallen – er wird die Nachricht nicht überleben – dann bin ich sein einiger Sohn – Amalia hat ihre Stützen verloren und ist ein Spiel meines Willens – da kannst du leicht denken – kurz, alles geht nach Wunsch – aber du musst dein Wort nicht zurücknehmen.

Hermann. Was sagt Ihr? *Frohlockend.* Eh soll die Kugel in ihren Lauf zurückkehren und in dem Eingeweid ihres Schützen wüten – rechnet auf mich! Lasst nur mich machen – Adieu!

Franz *ihm nachrufend.* Die Ernte ist dein, lieber Hermann! – *Allein.* Wenn der Ochse den Kornwagen in die Scheune gezogen hat, so muss er mit Heu vorlieb nehmen. Dir eine Stallmagd, und keine Amalia! *Geht ab.*

1 Lies den Szenenausschnitt, halte deine ersten Eindrücke fest und fasse den Inhalt des Ausschnitts mit eigenen Worten zusammen. Benenne das Thema.

2 Untersuche die Figurenkonstellation und stelle sie mithilfe einer Skizze dar. Beachte dabei die Fragen: Welche Figuren treten auf, von welchen wird nur gesprochen? Welche Rolle haben diese für das Drama? Wie stehen sie zueinander?

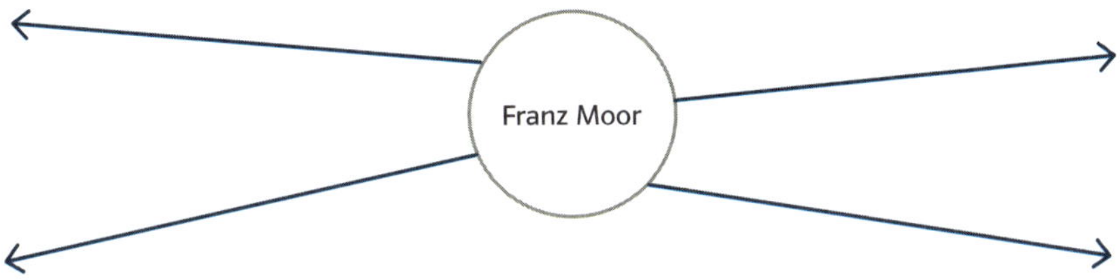

3 Übernimm die Tabelle und ordne die Szene in das Drama ein, indem du die Stichpunkte ergänzt.

Vorgeschichte	weiterer Handlungsverlauf	Bedeutung der Szene für Drama
– *Franz erhält Abfuhr von Amalia* – *davor ...*	– *Franz stellt Hermann Amalia in Aussicht* – *versucht jedoch wenig später ...*	– *Franz gelingt es, ...*

4 Stelle eine Deutungshypothese zum Szenenausschnitt (S. 61 f.) auf.

128

5 Lies die beiden Einleitungen einer schriftlichen Interpretation der Dramenszene (S. 61 f.). Kreuze an, welche du für gelungener hältst. Markiere inhaltliche Schwächen grün und sprachliche rot. Verfasse ausgehend von deiner Überarbeitung eine eigene Einleitung.

☐ *Schillers erste Szene handelt von Franz Moor und seinem Freund Hermann. Gemeinsam sprechen und planen sie, wie sie den Vater von Franz umbringen können. Die Szene spielt zu Beginn des Buches. Franz spinnt seine Intrige bereits mit Erfolg, da er mit einem gefälschten Brief schon die Enterbung von Karl erreicht hatte.*

☐ *In dem vorliegenden Szenenausschnitt der ersten Szene des zweiten Akts aus Schillers Drama „Die Räuber", uraufgeführt 1782, geht es darum, dass Franz Moor, eine der Hauptfiguren des Dramas, die Ermordung seines alten Vaters plant. Er nutzt dazu seinen Diener Hermann aus, dem er sowohl gesellschaftlich als auch intellektuell überlegen ist, und den er geschickt aufhetzt und manipuliert.*

6 Prüfe, welche Fehler beim Zitieren gemacht wurden, und schreibe die Auszüge aus dem Hauptteil einer Interpretation korrigiert auf.

A *Franz stachelt Hermann an, indem er ihn daran erinnert, dass sein Vater „dich sehr beleidigt (hat)".*

B *Er behauptet zudem, sein Bruder hat Hermann Amalia „weggefischt".*

C *Hermann willigt ein und hofft, sich mithilfe von Franz am alten Moor für dessen Beleidigung ihm gegenüber rächen zu können (Z. 20 f.).*

D *Dass Franz es nicht ernst meint, sieht man daran, dass er gar nicht vorhat, ihm Amalia zu überlassen, sondern ihm eine Stallmagd wünscht*

E *Hermann fragt Franz, was er tun sollte.*

7 Setze in dem Text über „Die Räuber" alle fehlenden Kommas. Markiere Informationen, die du für deine Interpretation nutzen kannst.

129

Schillers erstes Drama

Achtung: Fehlertext

„Die Räuber" ist der Titel des ersten veröffentlichten Dramas von Friedrich Schiller das in der Epoche der Aufklärung entstand und der Strömung Sturm und Drang in der deutschen Literatur zuzurechnen ist. Bevor es 1782 in Mannheim uraufgeführt wurde hatte es Schiller 1781 zunächst als Lesedrama anonym veröffentlicht. Das Drama sorgte für nationales Aufsehen und Schiller wurde dadurch mit einem Mal berühmt. Das Stück schildert die Konkurrenz zweier Brüder: Karl Moor auf der einen Seite der von seinem Vater geliebte intelligente freiheitsliebende spätere Räuber und der ungeliebte Bruder Franz auf der anderen Seite herzlos kalt und berechnend. Franz der von Natur aus hässlich ist wurde in seiner Kindheit vernachlässigt und hat als Zweitgeborener kein Anrecht auf das Erbe.

Der Lieblingssohn Karl dagegen führt in Leipzig ein recht leichtsinniges und ungezügeltes Studentenleben bevor er Besserung gelobt und seinem Vater einen Brief schreibt in dem er seinen Wunsch um Vergebung zum Ausdruck bringt.

8 Interpretiere den Szenenausschnitt (S. 61 f.) schriftlich. Nutze deine Vorarbeiten.

ABSCHLUSSTRAINING Eine Dramenszene untersuchen und interpretieren

Interpretiere den Ausschnitt aus der 2. Szene des II. Akts.
- Formuliere eine Einleitung und fasse den Inhalt der Szene kurz zusammen.
- Untersuche die Figurengestaltung und die Gesprächsführung.
- Ordne die Szene in den Dramenzusammenhang ein und beurteile ihre Bedeutung für den weiteren Handlungsverlauf.

Friedrich Schiller: Die Räuber (II. Akt, 2. Szene, Ausschnitt)

Der Alte Moor sitzt schlafend im Sessel in seinem Schafzimmer und träumt von seinem Sohn Karl. Als Amalia ihn weckt, schauen sich beide Jugendbilder an und erinnern sich an ihn. Da tritt der Hausknecht Daniel ins Zimmer und meldet die Ankunft eines Boten. Der verkleidete Hermann wird von Franz hereingeführt.

Franz. Hermann verkappt. Daniel.

Franz. Hier ist der Mann. Schröckliche Botschaften, sagt er, warten auf Euch. Könnt Ihr sie hören?

Der alte Moor. Ich kenne nur eine. Tritt her, mein Freund, und schone mein nicht! Reicht ihm einen Becher Wein!

Hermann *mit veränderter Stimme.* Gnädiger Herr! lasst es einen armen Mann nicht entgelten, wenn er wider Willen Euer Herz durchbohrt. Ich bin ein Fremdling in diesem Lande, aber Euch kenne ich sehr gut, Ihr seid der Vater Karls von Moor.

Der alte Moor. Woher weißt du das?

Hermann. Ich kannte Euren Sohn –

Amalia *auffahrend.* Er lebt? lebt? Du kennst ihn? wo ist er? wo, wo? *Will hinwegrennen.*

Der alte Moor. Du weißt von meinem Sohn?

Hermann. Er studierte in Leipzig. Von da zog er, ich weiß nicht wie weit, herum. Er durchschwärmte Deutschland in die Runde und, wie er mir sagte, mit unbedecktem Haupt, barfuß, und erbettelte sein Brot vor den Türen. Fünf Monate drauf brach der leidige Krieg zwischen Preußen und Österreich wieder aus, und da er auf der Welt nichts mehr zu hoffen hatte, zog ihn der Hall von Friederichs siegreicher Trommel nach Böhmen. Erlaubt mir, sagte er zum großen Schwerin, dass ich den Tod sterbe auf dem Bette der Helden, ich hab keinen Vater mehr!

Der alte Moor. Sieh mich nicht an, Amalia!

Hermann. Man gab ihm eine Fahne. Er flog den preußischen Siegesflug mit. Wir kamen zusammen unter ein Zelt zu liegen. Er sprach viel von seinem alten Vater und von bessern vergangenen Tagen – und von vereitelten Hoffnungen – uns standen die Tränen in den Augen.

Der alte Moor *verhüllt sein Haupt in das Kissen.* Stille, o stille!

Hermann. Acht Tage drauf war das heiße Treffen bei Prag – ich darf Euch sagen, Euer Sohn hat sich gehalten wie ein wackerer Kriegsmann. Er tat Wunder vor den Augen der Armee. Fünf Regimenter mussten neben ihm wechseln, er stand. Feuerkugeln fielen rechts und links, Euer Sohn stand. Eine Kugel zerschmetterte ihm die rechte Hand, Euer Sohn nahm die Fahne in die Linke und stand –

Amalia *in Entzückung.* Hektor, Hektor! hört Ihrs? Er stand –

Hermann. Ich traf ihn am Abend der Schlacht niedergesunken unter Kugelgepfeife, mit der Linken hielt er das stürzende Blut, die Rechte hatte er in die Erde gegraben. Bruder! rief er mir entgegen, es lief ein Gemurmel durch die Glieder, der General sei vor einer Stunde gefallen – er ist gefallen, sagt ich, und du? – Nun, wer ein braver Soldat ist, rief er und ließ die linke Hand los, der folge seinem General wie ich! Bald darauf hauchte er seine große Seele dem Helden zu.

Franz *wild auf Hermann losgehend.* Dass der Tod deine verfluchte Zunge versiegle! Bist du hieher kommen, unserem Vater den Todesstoß zu geben? – Vater! Amalia! Vater!

Hermann. Es war der letzte Wille meines sterbenden Kameraden. Nimm dies Schwert, röchelte er, du wirst's meinem alten Vater überliefern, das Blut seines Sohnes klebt daran, er ist gerochen, er mag sich weiden. Sag ihm, sein Fluch hätte mich gejagt in Kampf und Tod, ich sei gefallen in Verzweiflung! Sein letzter Seufzer war Amalia!

Amalia *wie aus einem Todesschlummer aufgejagt.* Sein letzter Seufzer, Amalia!

Der alte Moor *grässlich schreiend, sich die Haare ausraufend.* Mein Fluch ihn gejagt in den Tod! gefallen in Verzweiflung!

Franz *umherirrend im Zimmer.* Oh! was habt Ihr gemacht, Vater? Mein Karl, mein Bruder!

Hermann. Hier ist das Schwert, und hier ist auch ein Porträt, das er zu gleicher Zeit aus dem Busen zog! Es gleicht diesem Fräulein auf ein Haar. Dies soll meinem Bruder Franz, sagte er, – ich weiß nicht, was er damit sagen wollte.

Franz *wie erstaunt.* Mir? Amalias Porträt? Mir, Karl, Amalia? Mir?

Amalia *heftig auf Hermann losgehend.* Feiler, bestochener Betrüger! *Fasst ihn hart an.*

Hermann. Das bin ich nicht, gnädiges Fräulein. Sehet selbst, ob's nicht Euer Bild ist – Ihr mögt's ihm wohl selbst gegeben haben.

Franz. Bei Gott! Amalia, das deine! Es ist wahrlich das deine!

Amalia *gibt ihm das Bild zurück.* Mein, mein! O Himmel und Erde!

Der alte Moor *schreiend, sein Gesicht zerfleischend.* Wehe, wehe! mein Fluch ihn gejagt in den Tod! gefallen in Verzweiflung!

Franz. Und er gedachte meiner in der letzten schweren Stunde des Scheidens, meiner! Englische Seele – da schon das schwarze Panier des Todes über ihm rauschte – meiner! –

Der alte Moor *lallend.* Mein Fluch ihn gejagt in den Tod, gefallen mein Sohn in Verzweiflung!

Hermann. Den Jammer steh ich nicht aus. Lebt wohl, alter Herr! *Leise zu Franz.* Warum habt Ihr auch das gemacht, Junker? *Geht schnell ab.*

Amalia *aufspringend, ihm nach.* Bleib! bleib! Was waren seine letzten Worte?

Hermann *zurückrufend.* Sein letzter Seufzer war Amalia! *Ab.*

Amalia. Sein letzter Seufzer war Amalia! – Nein, du bist kein Betrüger! So ist es wahr – wahr – er ist tot! – tot! – *Hin und her taumelnd, bis sie umsinkt.* tot – Karl ist tot –

Franz. Was seh ich? Was steht da auf dem Schwert? geschrieben mit Blut – Amalia!

Amalia. Von ihm?

Franz. Seh ich recht, oder träum ich? Siehe da mit blutiger Schrift: Franz, verlass meine Amalia nicht! Sieh doch! sieh doch! Und auf der andern Seite: Amalia, deinen Eid zerbrach der allgewaltige Tod! Siehst du nun, siehst du nun? Er schrieb's mit erstarrender Hand, schrieb's mit dem warmen Blut seines Herzens, schrieb's an der Ewigkeit feierlichem Rande! sein fliehender Geist verzog, Franz und Amalia noch zusammenzuknüpfen.

Amalia. Heiliger Gott! es ist seine Hand. – Er hat mich nie geliebt! *Schnell ab.*

So kannst du vorgehen:

○ **1** Verfasse die Einleitung für deine Interpretation.

a) Notiere die verlangten Angaben zu der vorliegenden Szene.

Titel: ______________ **Akt:** ______ **Szene:** ______

Textsorte/Gattung: ______________ **Autor:** ______________

Thema: ______________________________

auftretende Figuren: ______________________________

b) Fasse den Inhalt der Szene knapp zusammen, indem du den Lückentext ergänzt.

Hermann wird von einem ______________ gemeldet. Vater Moor verkraftet die übermittelte Nachricht vom ______________ nicht. Er fühlt sich ______________ an dessen Tod, der ihm glaubwürdig bezeugt wird. Es scheint am Ende des Ausschnitts so, als habe Franz auch ______________ täuschen und von Karls Tod überzeugen können.

c) Ordne die Szene in den Dramenzusammenhang ein.

Was passiert zuvor? ______________________________

____

____

____

Was passiert danach? ______________________________

____

____

____

____

____

____

2 Untersuche die Gestaltung der Figuren und die Gesprächsführung.

a) Ergänze die Tabelle zur Figurenbeziehung. Gib auch Textbelege an.

	Amalia	der alte Moor	Franz	Hermann
zu Karl	*liebt ihn wirklich (Z. 47, 109 f.), ist ergriffen von seinem Schicksal, am Ende enttäuscht von ihm (Z. 125)*			
zu Amalia				
zum alten Moor	*fürsorglich, mitfühlend*			
zu Franz	*misstrauisch (Z. 115)*			
zu Hermann (Bote)	*distanziert, feindselig (Z. 84 f.)*			

b) Untersuche das Gesprächsverhalten in der Szene anhand folgender Fragen: Welche Figuren dominieren jeweils Teile des Gesprächs? Wer hat die meisten Redeanteile? Wie ist das Gespräch insgesamt aufgebaut? An welchen Stellen werden Aussagen wiederholt und warum? Belege deine Antworten mit passenden Textstellen.

3 Formuliere mithilfe deiner Vorarbeiten einen zusammenhängenden Text. Denke auch an Textbelege und verwende unterschiedliche Zitierweisen.

8 Satzzeichen setzen

EINGANGSTEST Zeichensetzung

Punkte 5

○ **1** Kreuze an, ob die Aussagen richtig oder falsch sind.

130

	richtig	falsch
Relativsätze sind Nebensätze.		
Wenn vor „das" ein Komma steht, muss es immer mit Doppel-s geschrieben werden.		
Nachträgliche Erläuterungen trennt man durch Kommas vom übrigen Satz ab.		
Adverbiale Bestimmungen werden immer durch Kommas vom übrigen Satz abgetrennt.		
Der Temporalsatz ist ein Adverbialsatz.		

Punkte 12

◒ **2** Notiere unten die Buchstaben, bei denen im Text ein Komma stehen muss, und begründe.

131

Ernährung spielt sowohl bei Jugendlichen (A) als auch bei Erwachsenen eine zunehmend wichtige Rolle. Dabei machen sich immer mehr junge Menschen bei der Vielzahl an hochverarbeiteten Lebensmitteln (B) so ihre Gedanken über das (C) was sie verzehren. Ob Gentechnik (D) E-Nummern oder die Kennzeichnung für Lebensmittelzusatzstoffe: Die Zeiten des bedenkenlosen Verzehrs von Keksen und Cola (E) Pommes und Pizza scheinen vorbei zu sein. Sobald man den Kartoffelchip zum Mund führt (F) lauern Zucker und versteckte Fette (G) in der Salami verbergen sich ungesättigte Fettsäuren (H) und laut WHO erhöht Wurst sogar das Risiko einer Krebserkrankung. Natürlich liefert Fleisch dem Körper wichtige Nährstoffe wie Eiweiß (I) Eisen und Vitamine (J) dennoch sollte man beim Verzehr von Fleisch eher zurückhaltend sein. Gerade Wurst gehört zu den sogenannten Convenience-Produkten (K) zu denen selbstverständlich auch sämtliche Fertiggerichte zählen. In Verruf geraten sind auch all die gesüßten Erfrischungsgetränke (L) deren hoher Zuckergehalt allein schon gesundheitsschädigend ist. Alle diese Lebensmittel werden für zahlreiche Erkrankungen verantwortlich gemacht (M) so z. B. Diabetes Mellitus Typ 2 (N) Adipositas und Demenz (O) und haben die Bezeichnung „Lebensmittel" eigentlich nicht verdient.

Punkte 4

● **3** Entscheide, ob die unterstrichenen Sätze Nebensätze sind, und gib, wenn ja, in Klammern an, um welche Art Nebensatz es sich jeweils handelt (Relativsatz, Art des Adverbialsatzes).

132

A Eigentlich wollte der Ernährungswissenschaftler in Zukunft auf Fleisch verzichten, aber dann wurde er zum Schnitzelessen eingeladen. (________________)

B Nachdem er es mit Genuss verzehrt hatte, (________________) plagte ihn das schlechte Gewissen, sodass er als Nachtisch eine Ananas, drei Orangen und zwei Bananen aß. (________________)

C Am nächsten Tag hatte er wieder das Verlangen nach einem Schnitzel, das er sich per Lieferdienst bringen ließ. (________________)

AUSWERTUNG

0–9 Punkte
Arbeite die Seiten 69–78 genau durch!

10–15 Punkte
Sieh dir die Kompetenzboxen genau an!

16–21 Punkte
Prima!

gesamt

Mit Kommas Satzstrukturen verdeutlichen

Schülerbuch S. 335 **KOMPETENZBOX**

Regel 1 (Grundregel)
Kommas stehen in **Satzgefügen**. Sie trennen den Hauptsatz vom Nebensatz oder Nebensätze untereinander ab.

Die Ernährung ist auch dann gesund, wenn hin und wieder genascht wird. Damit man sich gut ernährt, muss die Nahrung ausgewogen sein, sodass von allem etwas angeboten wird.

1 Setze die fehlenden Kommas. Markiere alle Hauptsätze blau und die Nebensätze rot.

133

A Vegane Ernährung ist eine strenge Form der vegetarischen Ernährung bei der ausschließlich pflanzliche Lebensmittel verzehrt werden.

B Veganer lehnen sogar Honig ab wenn bei dessen Herstellung tierische Bestandteile zum Einsatz gekommen sind.

C Es ist nicht genau bekannt wie viele Menschen sich in Deutschland vegan ernähren, aber es dürften zwischen 0,1 und 1 % sein.

D Man geht davon aus dass das Risiko eines Nährstoffmangels bei veganer Ernährung erhöht ist denn verschiedene Vitamine z. B. kann der menschliche Organismus nicht selbst herstellen sodass sie von außen zugeführt werden müssen.

E Menschen die sich vegan ernähren möchten sollten sich daher regelmäßig ärztlich untersuchen lassen damit es erst gar nicht zu einem kritischen Nährstoffmangel kommt.

F Auch wenn grundsätzlich nichts gegen diese Form der Ernährung spricht sollten Stillende, Säuglinge, Kinder und Jugendliche laut DGE auf eine vegane Ernährung verzichten.

2 Verbinde jeweils die zwei Sätze zu einem Satzgefüge. Bilde dabei den Adverbialsatz, der in Klammern angegeben ist.

A Lange Zeit waren Fette als Dickmacher verschrien. Heute weiß man, dass der Körper sie genauso braucht wie Kohlenhydrate, Eiweiß oder Vitamine. (Temporalsatz)

B Fett ist ein wichtiger Nährstoff. Es übernimmt zahlreiche Funktionen im Körper. (Kausalsatz)

C Fett ist außerdem ein Geschmacksträger. Eine Gemüsesuppe mit einem Klecks Sahne schmeckt gleich viel besser. (Konsekutivsatz)

3 Prüfe, ob in dem Satz Kommas fehlen, und begründe deine Antwort.

Bei gleichzeitiger Lieferung von reichlich Energie enthält Fett als Energieträger mit neun Kilokalorien pro Gramm mehr als doppelt so viele Kalorien wie Kohlehydrate oder Eiweiß.

Schülerbuch S. 335 **KOMPETENZBOX**

Regel 1A (Ergänzungsregel)
Wenn **Infinitivgruppen mit *zu*** einem Nebensatz ähnlich sind, werden sie durch Komma vom übrigen Satz getrennt.

Bei dem Versuch, einen entlaufenen Bullen einzufangen, wurde ein Feuerwehrmann verletzt.
Der Bulle brach aus einer Schlachterei aus, um dem Tod zu entkommen.

Aber nicht: *Er schien zu träumen.*

1 Versuche die Infinitivgruppen in Nebensätze umzuformen, bevor du entscheidest, ob ein Komma gesetzt werden muss oder nicht.

A Früher kam es den Menschen beim Essen hauptsächlich auf den Geschmack an anstatt sich auf gesunde Ernährung zu konzentrieren.

____

____

B Viele Menschen entscheiden sich heute dafür gesund zu essen.

____

C Mit einer Studie wurde versucht herauszufinden, wie stark Hightech Einzug in den Bereich Essen hält.

____

D Dabei haben einige Nahrungsergänzungsmittel den Ruf zu einem gesunden Lebensstil beizutragen.

____

2 Markiere im Text die Signalwörter, die eine Infinitivgruppe mit *zu* einleiten können, und setze die Kommas.
134

Um Essen zu produzieren sind inzwischen innovative Technologien gefragt. Als Beispiele wären Fleisch-Burger-Imitate aus Pflanzenfasern und Hackfleisch aus dem Labor zu nennen. Doch man kommt auch auf seine Kosten ohne zu Fleischersatz greifen zu müssen. Beim Würzen sollte man zu Superfood wie Chiasamen, Ingwer oder Kurkuma greifen anstatt zu viel zu salzen. Wer dennoch nicht auf Fleisch verzichten will, dem bleibt nichts anderes übrig als weiterhin zum Metzger zu gehen.

3 Markiere im Text die Signalwörter im Hauptsatz, von denen die Infinitivgruppen mit *zu* abhängen, und setze die fehlenden Kommas.
135

Gerade jüngere Leute mögen es inzwischen sich ihre Smoothies selbst herzustellen. Man muss natürlich daran denken ausreichend Obst und Gemüse einzukaufen. Und so kommt man dazu sich ein erfrischendes Sommergetränk selbst herzustellen: Achte darauf möglichst frische Ware zu kaufen, und mixe sie mit Milch oder Saft. Rechne damit noch mehr Appetit auf Smoothies zu bekommen, und freue dich darüber Smoothies für dich entdeckt zu haben!

Schülerbuch S. 335 **KOMPETENZBOX**

Regel 2
Nachträgliche Erläuterungen, zum Beispiel Appositionen und Zusätze, trennt man durch Komma vom übrigen Satz ab.

Nachhaltigkeit, ein aktuelles Thema, spielt auch bei Lebensmitteln eine immer größere Rolle.
Der Preis ist oft etwas höher, vor allem bei fair gehandelten Produkten.

○ **1** Markiere alle nachträglichen Erläuterungen im Text und setze die fehlenden Kommas.

136

Essen wird immer mehr zum Lifestyle-Produkt und zwar mit zunehmender Industrialisierung der Gesellschaft. Viele Menschen inzwischen bereits Kinder und Jugendliche versuchen aus den Produkten einen persönlichen Mehrwert zu ziehen wie etwa ein gutes Gewissen bei fair gehandelter Schokolade. Zu der Lifestyle-Bewegung gehört auch der Veganismus wie im Fall der Youtuberin Marie vom Kanal Snukieful. Das alles ist mit höheren Zielen verbunden nämlich z. B. mit Nachhaltigkeit. Inzwischen sind viele Menschen dafür sensibilisiert einige aber auch zu bequem oder zu geizig.

◒ **2** Setze in den Text die nachträglichen Erläuterungen an passender Stelle ein. Vergiss die Kommas nicht.

137

- vermeintlich länger in der Sonne gereift
- und damit verbunden die Aussicht auf Schnäppchen
- frisch und aus der Region
- internes oder externes
- Professorin für Agrarmarketing
- vorwiegend von differenzierten Zielgruppen
- in großer Zahl und in diversen Produktbereichen
- profitorientiert

Monika Gerschau ____________________ glaubt, dass günstige Preise ____________________ ____________________ im Lebensmittelbereich kontraproduktiv wirken. Händler ____________________ arbeiten ganz gezielt mit solchen Lockmitteln. So bleibt der einheimische Spargel ____________________ oft im Regal liegen und es landen stattdessen Produkte von anderen Kontinenten im Einkaufswagen. Eine Analyse des Kaufverhaltens ____________________ könnte nützliche Erkenntnisse liefern. So greifen Verbraucher z. B. gerne zu Äpfeln aus fernen Ländern ____________________ während sie die aus der Region liegen lassen. Ein gutes Marketing ____________________ ist für Händler von entscheidender Bedeutung. Gütesiegel ____________________ werden schließlich gern zu Werbezwecken eingesetzt.

● **3** Markiere im Text die Appositionen gelb und die Zusätze grün. Setze die fehlenden Kommas.

138

Lebensmittel-Gütesiegel wie etwa das Bio-Siegel gibt es schon seit einigen Jahrzehnten. Bei der Vergabe solcher Label und Prüfzeichen oft unterschiedlicher Herkunft müssen bestimmte gesetzliche Auflagen erfüllt sein. Siegel beispielsweise für Weidemilch oder gentechnikfreie Produkte liegen im Trend und spielen bei der Produktauswahl vor allem durch kritische Verbraucher eine Rolle. Sie rufen nämlich bei den Konsumenten bewussten Käufern Qualitätserwartungen hervor. Das deutsche Bio-Siegel ein sechseckiges Zeichen garantiert z. B. die Einhaltung der europäischen Öko-Verordnung.

Schülerbuch S.335 **KOMPETENZBOX**

Regel 3 und Regel 3A

Regel 3: Aufzählungen in Form von Wörtern oder Wortgruppen sowie Satzreihen trennt man durch Komma voneinander ab.

Lebensmittel werden oft industriell mit Konservierungsstoffen, Zuckern, Geschmacksverstärkern angereichert, in der Zutatenliste werden diese als Fremdwörter aufgeführt.

Regel 3A (Ergänzungsregel): Kein Komma steht bei Aufzählungen und Satzreihen, die mit den Konjunktionen *und, sowie, sowohl … als auch, weder … noch, entweder … oder, oder* verbunden sind.

Sowohl Fruktose als auch Laktose gehören zu den Zuckerarten. Von Zucker gibt es viele Formen und er wird oft nicht erkannt.

1 Bilde aus dem Wortmaterial Sätze. Entscheide, in welchen Fällen du ein Komma setzen musst und in welchen nicht.

A Antioxidationsmittel | Emulgatoren | Farbstoffe | und Verdickungsmittel | den Lebensmitteln | werden | zugesetzt

____

B als auch Konservierungsstoffe | und Zuckeraustauschstoffe | sowohl Geschmacksverstärker | Geschmack | sorgen für | und Haltbarkeit

____

____

C noch | man kann | verharmlosen | weder | wegdenken | die Zusatzstoffe

____

D Allergien auslösen | können | sowie Krankheiten | manche von ihnen | wie Asthma | begünstigen | und Neurodermitis

____

2 Setze im Text alle fehlenden Kommas.

139

Bei eingeschweißten und in Kartons verpackten Lebensmitteln kann man immerhin die Inhaltsstoffe sowie die E-Nummern auf der Verpackung nachlesen. Beim Bäcker im Dönerladen oder in der Imbissstube ist das schon etwas komplizierter. Seit 2014 müssen aber auch Bäckereien Metzger Imbissbuden Restaurants oder Eisdielen solche Informationen für den Verbraucher parat haben. Dabei sind nicht alle E-Nummer schlecht: Etwa die Hälfte der Zusatzstoffe gelten als unbedenklich ca. vierzig E-Nummern sind sogar für Bio-Lebensmittel zugelassen. Trotzdem solltest du auf bestimmte Stoffe verzichten über sie kannst du dich informieren. Dazu gehören z. B. der künstliche Farbstoff Tartrazin (E102) und der gelbe Farbstoff Chinolingelb (E104). Beide werden für Erkrankungen wie Asthma Neurodermitis diverse Allergien und sogar Krebs verantwortlich gemacht.

○ **3** Kreuze an, was in den Sätzen aufgezählt wird: Wörter, Wortgruppen oder Sätze. In einem Fall sind zwei Kreuze zu setzen.

140

	Wörter	Wortgruppen	Satzreihe
A Die E-Nummer E104 ist lediglich für Götterspeise, Brausepulver, Kaugummi, Räucherfisch und Obstweine zugelassen.			
B Es wird vermutet, dass Chinolingelb sowohl Krebs auslösen als auch Allergien verursachen sowie die Aufmerksamkeit von Kindern beeinträchtigen kann.			
C Der Farbstoff E110 färbt Produkte wie Weingummi und Käse gelborange und führte in Tierversuchen zu Nierentumoren.			
D Weder kann der rote Farbstoff E122 unbedenklich verzehrt werden, noch kann man den Farbstoff E123 empfehlen.			
E Beide Farbstoffe sind gesundheitsschädigend, letzterer ist in den USA wegen Krebsverdachts sogar verboten.			

Schülerbuch S.335 **KOMPETENZBOX**

Wenn du **Regel 1, 2 oder 3 nicht anwenden kannst**, dann wird **kein Komma** gesetzt.

Während des Anrichtens ist Kreativität gefragt.

Außerdem gilt: Regel 1 und Regel 2 schlagen Regel 3A.

Es ist ein Gericht, das einfach zuzubereiten ist, und es schmeckt auch noch.

◐ **1** In dem Text sind alle Kommas richtig gesetzt. Schreibe jeweils in Klammern die Nummer der entsprechenden Kommaregel: *1* = Satzgefüge, *2* = nachträgliche Erläuterung, *3* = Aufzählung.

141

Für ein Grundrezept Buddha Bowl brauchst du z. B. Süßkartoffeln, Kichererbsen, Möhren, Rote Bete, Quinoa, Räuchertofu, (___) den du mittlerweile auch im Discounter erhältst, (___) und Mango. Sowohl Olivenöl, (___) am besten kaltgepresstes, (___) als auch Honig runden den Geschmack ab. Du bereitest alles vor, (___) indem du die Kräuter und eine Lauchzwiebel wäschst und abtropfen lässt. Die Kräuter hackst du grob, (___) die Laubzwiebel schneidest du in feine Ringe und, (___) nachdem du die Schale abgezogen hast, (___) hackst du eine Knoblauchzehe fein. Nun musst du Kichererbsen kalt abspülen, (___) Süßkartoffeln schälen und halbieren sowie in Scheiben schneiden. Beides wird mit Olivenöl, Salz, Currypulver und Knoblauch mariniert und im Ofen, (___) der vorgeheizt ist, (___) knusprig gebacken. Nun schälst und raspelst du Rote Bete und Möhren, halbierst noch einige Kirschtomaten, (___) wenn du welche hast, und kochst Quinoa, (___) ein gesundes Pseudogetreide, (___) nach Packungsanweisung. Du bereitest sowohl die Mango vor, (___) indem du sie in Spalten schneidest, (___) als auch eine Bio-Limette, (___) deren Schale du abreibst und die du dann auspresst.

2 Setze die Kommas und unterstreiche alle Nebensätze.

142

A Avocados deren Fruchtfleisch sehr mild schmeckt kannst du halbieren und mit einem Löffel aushöhlen.

B Du schneidest das Fruchtfleisch in Scheiben und beträufelst es mit Limettensaft.

C Für das Dressing kannst du sowohl Cashewkerne als auch Honig und Olivenöl Limettensaft der übriggeblieben ist sowie Knoblauch verwenden.

D Den Tofu schneidest du nachdem du ihn in Sesam gewälzt und gesalzen hast in Würfel und brätst ihn in Olivenöl.

E Jetzt musst du nur noch die Quinoa sowie alle Zutaten auf vier Schüsseln verteilen und wenn alles mit dem Cashew-Dressing beträufelt ist servieren.

3 In den folgenden zusammengesetzten Sätzen fehlen die Kommas. Markiere die Hauptsätze blau und die Nebensätze rot. Umkreise die Konjunktionen und Relativpronomen, die einen Nebensatz einleiten. Setze alle fehlenden Kommas.

Benimmregeln im Restaurant und Tischmanieren gehören zum Lifestyle mittlerweile dazu denn sie garantieren erst den wahren Genuss. Es beginnt bereits beim Betreten des Restaurants: Heute ist es völlig normal dass die Frau vorangeht aber viele Frauen wissen es dennoch zu schätzen wenn ihr Begleiter die Tür zum Restaurant aufhält. Falls ein Mitarbeiter des Hauses die Gäste zum Tisch führt geht die Frau immer vor ihrem Begleiter. Gibt es niemanden im Hause der die Gäste begrüßt dann geht der Herr als erster. Bevor man am Tisch Platz nimmt hilft der Mann zuerst seiner Begleiterin aus dem Mantel und bringt ihn zur Garderobe an der er auch seinen eigenen ablegt. In gehobeneren Restaurants ist es nicht üblich dass Gäste sich selbst den Tisch wählen. Manchmal findet man am Eingang des Restaurants ein Schild das entsprechende Hinweise bereithält. Falls dieses fehlt sollte man zunächst abwarten bis eine Platzierung erfolgt. Ein wichtiges Thema ist auch die Sitzhaltung bei Tisch an der man bereits vieles ablesen kann. Man sollte aufrecht entspannt und etwa eine Handbreit vom Tisch entfernt sitzen und die Arme sollten sich beim Essen eng am Körper befinden während die Hände nur bis zu den Handgelenken auf den Tisch zu legen sind. Mit den Unterarmen darf man sich leicht abstützen doch wenn man das Besteck hält dürfen selbst die Handgelenke nicht mehr den Tisch berühren.

4 Überarbeite den Text. Zehn Kommas sind falsch gesetzt oder vergessen worden. Streiche die fünf falsch gesetzten Kommas und trage die fehlenden Kommas nach.

Obwohl die Anrede „Herr Ober“, nach wie vor oft verwendet wird ist sie keine korrekte Berufsbezeichnung, sondern lediglich eine Abkürzung. Während sie dennoch höflich und respektvoll klingt trifft dies auf die Anrede „Fräulein“ beim besten Willen, nicht zu. Diese Titulierung, die zudem äußerst altmodisch ist hat auch im Restaurant, nichts mehr zu suchen. Empfehlenswert ist es, die Restaurantfachkräfte mit ihrem Namen anzusprechen sofern man diesen mithilfe eines Namensschildes, in Erfahrung bringen kann. Es ist inzwischen auch durchaus üblich, dass sich die Restaurantfachleute mit ihrem Namen vorstellen. Sind die Namen unbekannt dann macht man durch ein dezentes Handzeichen, auf sich aufmerksam.

5 Kreuze die Sätze an, in denen Kommas fehlen, und ergänze die Kommas.

143

A Dass es so etwas wie einen Benimmkatalog für das Essen geben soll leuchtet Tim nicht ein. ☐

B Er ist der Ansicht, dass man schmatzen darf wenn das Essen schmeckt. ☐

C Jule und Rabea dagegen finden Tischmanieren für den Besuch eines öffentlichen Restaurants oder auch in der Mensa gut. ☐

D Sie finden nichts schlimmer als Menschen beim Essen zuzuschauen, die schmatzen und das Essen in sich hineinschaufeln. ☐

E Wenn dann noch jemand mit vollem Mund spricht und ihm dabei Essen aus dem Mund fällt ist das für Jule schlicht unerträglich. ☐

F Tim kann das zwar nachvollziehen, aber eine Unterhaltung während des Essens entspricht, wenn er ehrlich ist seiner Vorstellung von einer gelungenen gemeinsamen Mahlzeit. ☐

G Da kann es auch schon einmal vorkommen, dass man mit vollem Mund spricht oder auch schmatzt. ☐

6 Vervollständige die Merksätze zur Kommasetzung.

A *Nebensätze werden durch* ____________________

B *Konjunktionen wie* ____________________

ersetzen das Komma.

C *Nebenordnende Konjunktionen wie* ____________________

leiten Hauptsätze ein, die durch ein Komma getrennt werden.

D *Sind Infinitivgruppen einem Nebensatz ähnlich, dann* ____________________

7 Begründe in den Sätzen die Kommasetzung, indem du in Klammern dahinter jeweils den richtigen Buchstaben schreibst: *A* = Apposition, *B* = Zusatz, *C* = Aufzählung, *D* = Nebensatz.

144

Das Messer wird stets in der rechten Hand gehalten, (___) auch bei Linkshändern. Der Löffel darf bei der Handhabung eine waagerechte Linie nicht verlassen, (___) ist ein wenig nach unten geneigt und nicht randvoll gefüllt, (___) ebenso wie die Gabel. Nach Knigge, (___) einem deutschen Schriftsteller und Aufklärer, (___) liegt links neben dem Teller die Gabel, (___) auf der rechten Seite das Messer, (___) und zwar mit der Messerschneide nach innen, (___) und rechts neben dem Messer der Löffel. Gekreuztes Besteck auf dem Teller signalisiert dem Kellner, (___) dass man eine zusätzliche Portion, einen Nachschlag, (___) noch gut vertragen könnte.

8 Setze die Vorgaben an passender Stelle in die Lücken ein. Entscheide, ob es sich um Appositionen und Zusätze oder um adverbiale Bestimmungen handelt, und setze entsprechend die Kommas.

145

nach dem Abwischen des Mundes während des Essens | zu einem Rechteck gefaltet | zwecks Verdeckung der Flecken | zur Vermeidung von Speise- und Fetträndern an den Gläsern | und zwar mit der benutzten Seite nach unten

A Die Serviette ______________________________ wird vor dem Essen auf den Schoß gelegt.

B Die Serviette dient in der Regel dazu, sich ______________________________ ______________ die Lippen vor dem Trinken abzutupfen.

C Man legt die Serviette ______________________________ wieder zurück auf den Schoß ______________________________

D Die Serviette wird ______________________________ nach der Mahlzeit entgegen ihrem Originalkniff gefaltet und links neben den Teller gelegt.

9 Markiere in dem Schülertext die Kommafehler. Begründe jeweils, warum ein Komma gesetzt bzw. warum es gestrichen werden muss, indem du den entsprechenden Buchstaben an den Rand schreibst: *A* = Apposition, *B* = Zusatz, *C* = Satzgefüge, *D* = Konjunktion ersetzt Komma, *E* = keine Kommaregel anwendbar, *F* = Infinitivgruppe ähnlich Nebensatz, *G* = Satzreihe, *H* = Aufzählung.

Gabel und Löffel werden immer zum Mund geführt, und niemals umgekehrt! Eine weitere Unsitte ist es durch Pusten die Suppe abzukühlen. Hierbei werden nicht nur unangenehme Geräusche produziert sondern auch der Tischnachbar kann durch die entstehenden Windböen und Suppenduschen, durchaus belästigt werden. Zu den schlimmsten Geräuschen gehört allerdings das Schlürfen eine beliebte Unsitte bei Tisch. Unter gar keinen Umständen, und mit keinerlei Entschuldigung darf gerülpst geschlürft geschmatzt werden jedenfalls nicht in der Öffentlichkeit. Das Besteck Messer, Löffel, Gabel, darf nicht rechts und links auf dem Tellerrand, abgelegt werden da es leicht abrutschen kann, oder Speisereste und Saucen auf das Tischtuch tropfen können. Es ist ordentlich auf dem Teller abzulegen, d. h. es sollte dabei nicht in die Speisen stechen sondern es ist an den Spitzen zu kreuzen bzw. die Messerspitze ist in die Gabelmulde zu legen. Sobald man zu essen begonnen hat darf das Besteck das Tischtuch nicht mehr berühren. Wenn man sich also den Mund abtupft dann legt man das Besteck ganz auf den Teller.	

Mit Adverbialsätzen Zusammenhänge verdeutlichen

Schülerbuch S. 333 **KOMPETENZBOX**

Adverbialbestimmungen können auch **Nebensätze** sein. Sie informieren über die **näheren Umstände und Zusammenhänge** von Handlungen. Nach der **Art der Information** unterscheidet man:

- Temporalsätze (Zeitpunkt/Zeitspanne)
- Lokalsätze (Ort/Richtung)
- Modalsätze (Art und Weise)
- Kausalsätze (Grund/Ursache)
- Finalsätze (Zweck/Absicht)
- Konditionalsätze (Bedingung)
- Konsekutivsätze (Folge)
- Konzessivsätze (Einräumung/Gegengrund)

○ **1** In den folgenden Satzgefügen fehlen die Einleitewörter. Frage nach dem Umstand, um passende Konjunktionen zu finden, und setze sie in die Lücken ein.

146

Wenn ________ man über Ernährung spricht, dann kommt früher oder später das Thema „Diät" auf den Tisch: Man führt dem Körper weniger Energie, also weniger Nahrung zu, ________ er Fett abbaut. Leider besteht aber die Gefahr des Muskelabbaus, ________ der Körper während einer Diät nicht nur Fett, sondern auch Muskelmasse verliert. Dadurch ist unser Energiebedarf nach der Diät gesenkt, ________ ein Kalorienüberschuss unweigerlich wieder zu einer Gewichtszunahme führt. Dieses Phänomen ist als Jojo-Effekt bekannt, ________ das Gewicht wie ein Jojo erst nach unten und dann wieder nach oben geht.

◒ **2** Korrigiere in den Aussagen die Wortstellung und streiche überflüssige Konjunktionen. Schreibe das verbesserte Satzgefüge auf.

A **Merle:** Acht Wochen habe ich mich jetzt mit Hühnchen und Magerquark gequält, obwohl ich hatte so einen Heißhunger auf Pizza!

____

____

B **Tim:** Ich habe während meiner Diät gar nichts abgenommen, weil obwohl ich habe nur Reis gegessen.

____

C **Lukas:** Bei uns zu Hause ist dauernd Diät angesagt, weil meine Mutter kocht immer nur frisches Gemüse und verwendet kaum Fett.

____

____

D **Kathi:** Ich habe nach meiner letzten Diät als erstes einen Jumbo-Döner gegessen, weil als ich einen riesigen Appetit darauf hatte.

____

____

3 Verbinde die Sätze zu sinnvollen Satzgefügen. Nutze die Fragen nach der Art der Information und wähle die passenden Konjunktionen. Achte auf die Kommasetzung.

A Du ernährst dich gesund und treibst Sport.	→ *Trotz welcher Umstände?*	Dein Gewicht geht in die Höhe.

Obwohl du dich gesund ernährst und Sport treibst, geht dein Gewicht in die Höhe.

B Fast Food ist diesbezüglich tückisch.	______	Man weiß nie genau, wie viele Kalorien sich darin verbergen.
C Du weißt genau, was in deiner Mahlzeit steckt.	______	Du bereitest dein Essen selbst zu.
D Nüsse oder Eiweißriegel für zwischendurch kann man ersetzen.	______	Man greift auf kalorienarme Snacks wie Wassermelone oder Gemüsesticks zurück.
E Bei Stress in der Schule greift man schnell automatisch zu Schokolade.	______	Das schlechte Gewissen meldet sich hinterher.

4 147 Verbinde die Sätze mithilfe der vorgegebenen Konjunktionen sowohl zu Satzgefügen als auch Satzreihen. Markiere und bestimme die Adverbialsätze.

A Du hattest einen anstrengenden Tag in der Schule. Dein Körper verlangt nach Süßigkeiten. (sodass / daher)

______

______

B Du hast wenig Zeit. Du solltest Entspannungspausen in deinen Alltag einbauen. (obwohl / trotzdem)

______

______

C Stress ist kontraproduktiv beim Abnehmen. In Stresssituationen produziert der Körper Hormone, die Bauchfett einlagern. (weil / denn)

______

______

______

5 148 In den Satzgefügen sind die Konjunktionen falsch gewählt. Schreibe an den Rand die entsprechende Frage und notiere eine Konjunktion, die besser passt.

A Manchmal braucht man einfach etwas Zeit für sich, wenn stressbedingtes Essen vermieden werden kann. — *Mit welcher Absicht? – damit*

B Bevor du deine Ernährungsgewohnheiten ändern willst, braucht das Zeit. ______

C Die Grundlage für eine gesunde Ernährung legst du, weil du auf vollwertige Lebensmittel zurückgreifst. ______

Zeichensetzung beim Zitieren

Schülerbuch S. 26 **KOMPETENZBOX**

Mit Textzitaten kannst du deine Aussagen zu einem Text begründen und belegen.
Wörtliche Zitate stehen in Anführungszeichen. Sie werden originalgetreu, d.h. ohne Änderungen, übernommen. Zitate sollten nicht zu lang und aussagekräftig sein und in den eigenen Text integriert werden.

Wörtliches Zitieren
- in Anführungszeichen, Fundstelle in Klammern
- Auslassungen durch eckige Klammern kennzeichnen [...]
- grammatikalische Änderungen in eckigen Klammern kennzeichnen

Die Expertin wundert sich über „gesunken[en] [...] Bierkonsum".

Indirekte Wiedergabe von Aussagen
- Konjunktiv I oder Konjunktiv II oder *würde*-Umschreibung
- *dass*-Satz mit Indikativ oder Konjunktiv möglich
- Präposition „nach", „laut" oder „für" und Indikativ, Fundstelle mit vgl. (vergleiche) in Klammern

Die empfohlene Trinkmenge liege bei etwa 1–3 Litern am Tag (vgl. Z. 7 f.)

Zusammenfassen von Abschnitten (paraphrasieren)
- Indikativ
- Fundstelle mit vgl. (vergleiche) in Klammern

Die Expertin verweist insgesamt auf mangelndes Bewusstsein für gesunde Ernährung.

1 Tim hat für sein Referat die Expertin einer Krankenkasse zum Thema Trinkgewohnheiten in Norddeutschland befragt. Im Text sind wörtlich wiedergegebene Stellen (Zitate) aus dem Interview unterstrichen.

a) Erkläre, was die eckigen Klammern in den Zitaten bedeuten.

b) Schreibe den Text ab und setze alle fehlenden Zeichen.

Referat zum Thema „Trinkgewohnheiten"

Das Trinkverhalten der Norddeutschen bei Mineral- und Leitungs-wasser ist im bundesweiten Vergleich unauffällig, meint die Expertin zu Beginn des Interviews, auch wenn sich generell regionale [...] [und] auch Generationenunterschiede, beispielsweise bei Limonadengeträn-ken und Energydrinks zeigen. Allerdings würden 37 Prozent der Be-fragten nach eigenen Angaben normalerweise nicht mehr als 1,5 Liter trinken. Dabei liege die empfohlene tägliche Trinkmenge, so die Exper-tin, aber bei 1,5 bis 2,5 Litern pro Tag. Angesprochen wurde in dem Interview auch die Entwicklung des Bierkonsums in Norddeutschland. Nirgendwo in Deutschland ist der Bierkonsum [...] so stark gesunken wie im Norden, staunt die Expertin. Dabei ergab eine Forsa-Studie von 2019, dass nur jeder Zehnte mehrmals pro Woche [...] Bier trinkt. Dieselbe Studie zeigt allerdings, dass [ebenso] fast jeder Zehnte mehrmals pro Woche [...] Energydrinks konsumiert. Die zuckerhaltigen Softdrinks erfreuen sich gerade in der jüngeren Altersgruppe großer Beliebtheit. Hier müsse man laut Expertin ein Bewusstsein dafür schaffen, was es heißt, sich gesund zu ernähren.

Die eckigen Klammern bedeuten, dass ____________________

● **2** Fasse die Empfehlungen zum Trinkverhalten schriftlich am Rand zusammen. Überlege, welche Aussagen du als wörtliches Zitat wiedergeben willst. Achte auf die indirekte Redewiedergabe.

Der Körper braucht im Durchschnitt zwischen eineinhalb und zwei Liter Flüssigkeit am Tag, die über den Tag verteilt getrunken werden sollen. Hier ist leider auf das Durstgefühl nicht immer Verlass, daher sollte man sich die Tagesration am besten morgens bereitstellen. Es wird empfohlen, vor allem vormittags zu trinken. So kann ein Glas Wasser nach dem Aufstehen helfen, dass man sich fitter fühlt. Auch kann man durch reichliches Trinken am Vormittag möglichen Kopfschmerzen am Nachmittag vorbeugen. Während des Schlafens reduziert der Körper den Wasserverbrauch zwar, dennoch können am Morgen die Reserven verbraucht sein. Dieser Vorgang wird über Hormone geregelt.

○ **3** Der Inhalt eines Interviews übers Teetrinken wurde auf verschiedene Weise wiedergegeben. Trage die Buchstaben der Sätze richtig in die Tabelle ein.

149

A Sieben gute Gründe, täglich Tee zu trinken, gebe es, meint der Redakteur von *Carpe diem*.
B „Teetrinker haben eine bessere Körperabwehr als Kaffeetrinker" – sagt er und bezieht sich dabei auf verschiedene Studien.
C Weiterhin führt er an, dass Tee sich hervorragend zur Hautpflege eignet, bei Akne hilft und sogar der Hautalterung vorbeugen kann.
D Laut *Carpe diem* wirkt Tee darüber hinaus, vor allem grüner Tee und Mate-Tee, leistungssteigernd.
E Und schwarzer Tee sei ein altes Hausmittel bei Magen-Darm-Erkrankungen.
F Es gibt sogar Teesorten, die „den Seelenfrieden besonders steigern: Chai-Tee zum Beispiel soll stimmungsaufhellend wirken."
G Einigen Ernährungsspezialisten zufolge regen Teekräuter den Stoffwechsel und die Fettverbrennung an, sodass sie auch beim Abnehmen helfen.

Wörtliches Zitat	Indirekte Rede mit Konjunktiv	Indirekte Rede mit *dass*-Satz und Indikativ	Indirekte Rede mit Präposition und Indikativ

◒ **4** In der Übernahme von Zitaten aus einem Interview mit Domitila Barros befinden sich Zeichensetzungsfehler. Berichtige sie.

Essen ist für mich ein wichtiges Thema, weil ich früher nichts hatte und so schlecht ernährt war. Bei meinem hektischen Leben ist es wichtig, dass ich dreimal am Tag am besten warm esse. Ich bin ein großer Fan von Suppen und achte darauf, dass ich Bio und Fair Trade einkaufe. Ich glaube an die Macht der Konsumenten. Mittlerweile gibt es tausende Kooperativen weltweit, in denen „meine Schwestern" arbeiten können und fair bezahlt werden.

Domitila Barros begründet die persönliche Bedeutung des Essens damit, dass sie „früher so schlecht ernährt war." Sie betont bei einem hektischen Leben" die Wichtigkeit warmer Mahlzeiten. Dass sie außerdem ein großer Fan von Suppen sei, dabei alles aber Bio und Fair Trade sein müsse, berichtet sie. Ich glaube an die Macht des Konsumenten, sagt sie. So gebe es weltweit schon zahlreiche Kooperativen, „in denen meine Schwestern arbeiten können und fair bezahlt werden."

ABSCHLUSSTEST Zeichensetzung

Punkte

1 Begründe in den Sätzen die Kommasetzung. Trage die entsprechende Regel in das Kästchen am Ende des Satzes ein. **6**

150

A Während nur zwei Prozent unseres Körpergewichts auf das Hirn entfallen, verbraucht es mehr als ein Viertel unserer gesamten Energiezufuhr. [1]

B Sowohl Christof Kessler, Neurologe und ehemaliger Direktor der Klinik für Neurologie am Universitätsklinikum Greifswald, als auch Ernährungswissenschaftler plädieren deshalb für eine ausgewogene Ernährung.

C Sie kann uns dabei unterstützen, zufrieden und glücklicher zu sein.

D Sogar kognitive Beeinträchtigungen, wie z. B. Vergesslichkeit und Wortfindungsstörungen, können durch gesunde Ernährung hinausgezögert werden.

E Eine wichtige Rolle bei der ausgewogenen Ernährung spielen Botenstoffe, Fettsäuren und Energie.

F Einer der wichtigen Botenstoffe ist Dopamin, er wird auch als Glückshormon bezeichnet.

Punkte

2 Setze in dem Text alle fehlenden Kommas. **7**

151

Ist Dopamin Mangelware kann die Stimmung kippen und Trübsal und Antriebslosigkeit können sich breitmachen. Eiweißreiche Lebensmittel wie Soja Getreide Fleisch Fisch und Hülsenfrüchte fördern die Bildung von Dopamin. Acetylcholin ist ein weiterer Botenstoff der in Lernvorgänge und die Gedächtnisleistung verwickelt ist. Bei Alzheimer der häufigsten Form von Demenz bilden die Zellen gar kein Acetylcholin mehr. Die Folge sind schwere Gedächtnisstörungen bis hin zum kompletten Verlust des Gedächtnisses.

Punkte

3 In dem Text sind die Zitate nicht ausreichend gekennzeichnet. Schreibe ihn mit richtiger Zeichensetzung auf. **6**

152

Auch Essen ohne Pestizide schützt das Hirn“, so Annette Sobersky in einem Beitrag in der Zeitschrift *Schrot und Korn*. Sie bezieht sich dabei auf das Umweltbundesamt. Denn dieses erklärt: Umweltschadstoffe können direkt auf das Gehirn einwirken. Studien sehen schon lange einen Zusammenhang zwischen Pestiziden und Alzheimer. Dies veranlasst Sobersky zu der Forderung: Jeder sollte sich bestmöglich schützen. Im ökologischen Anbau“, so Annette Sobersky weiter, werden keine chemisch-synthetischen Pestizide eingesetzt.

AUSWERTUNG

0–8 Punkte
Arbeite die Seiten 69–80 noch einmal genau durch!

9–14 Punkte
Sieh dir noch einmal die Kompetenzboxen an!

15–19 Punkte
Prima!

gesamt

9 Regeln und Strategien der Rechtschreibung anwenden

EINGANGSTEST Rechtschreibung

Punkte 10

1 Der folgende Text enthält zehn Fehler aus dem Bereich der Groß- und Kleinschreibung.

153 **a)** Berichtige die falsch geschriebenen Wörter jeweils in der Zeile darunter.

Jette liebt Kaffee zum mitnehmen. Etwas besseres kann sie sich am frühen morgen nicht vorstellen.

____

Natürlich ist sie so Umweltbewusst und benutzt Ihren Mehrwegbecher dafür. Darin bleibt der Kaffee

____

zudem viel Wärmer als in einem Pappbecher. Am Liebsten trinkt Jette ihr Heißgetränk mit viel Milch.

____

Vor Allem montags startet sie so gemütlich in die Neue Woche. Auch auf zahlreichen reisen hatte Jette

____

ihren Lieblingsbecher schon dabei.

Punkte 4

154 **b)** Bei einigen der Fehler handelt es sich um Nominalisierungen, die groß zu schreiben sind. Markiere die Signalwörter, die auf diese hinweisen.

Punkte 1

c) Erkläre, warum man *am schönsten* kleinschreibt.

____

Punkte 7

2 Entscheide, ob du getrennt oder zusammenschreiben musst.

155

A Die Klasse muss im Informatikunterricht die Computer ________________ (hoch*fahren).

B Beim Umbau des Klassenzimmers sollen jeweils zwei Schüler einen Tisch ________________ (zusammen*tragen).

C Am Ende der Stunde will die Klasse ihre Ergebnisse ________________ (zusammen*tragen).

D Florian sollte nicht immer alles so ________________ (schwarz*sehen), er kann durchaus ________________ (gut*rechnen).

E Raphael weiß, dass man Nomen ________________ (groß*schreiben) muss und dass man im Diktat nicht zu ________________ (klein*schreiben) sollte.

Punkte 3

3 Erkläre, ausgehend von dem Beispielsatz, woran du erkennst, ob du „das" oder „dass" schreiben musst.

Er weiß, dass das Essen, das es in der Mensa gibt, nicht immer gut ist.

____

____

Punkte 24

4 Bilde jeweils zwei Fremdwörter mit den vorgegebenen Präfixen bzw. Suffixen.

A anti-: ______________________ ______________________

B auto-: ______________________ ______________________

C Ex-: ______________________ ______________________

D Phi-: ______________________ ______________________

E The-: ______________________ ______________________

F -fie: ______________________ ______________________

G -itis: ______________________ ______________________

H -ie: ______________________ ______________________

I -ment: ______________________ ______________________

J -thie: ______________________ ______________________

K -tiv: ______________________ ______________________

L -ine: ______________________ ______________________

Punkte 10

5 Ergänze die *s*-Laute und kontrolliere mit der Pluralform.

156

A das Gla___ → die ________

B der Klo___ → die ________

C der Flu___ → die ________

D das Ma___ → die ________

E der Ku___ → die ________

F der Rie___e → die ________

G die Na___e → die ________

H die Rei___e → die ________

I das Flo___ → die ________

J der Fu___ → die ________

Punkte 6

6 Kreuze an, welche Aussagen richtig und welche falsch sind.

157

	richtig	falsch
A Bei der Rechtschreibprüfung am Computer werden alle Fehler erkannt.		
B Gedruckte Wörterbücher bieten verlässliche Informationen und enthalten zusätzlich einen Regelteil, der bei Unklarheiten weiterhelfen kann.		
C Digitale Wörterbücher sind sehr zuverlässig und können uneingeschränkt verwendet werden.		
D Online-Wörterbücher sollte man nur von seriösen Anbietern nutzen (z. B. von Verlagen, Forschungseinrichtungen).		
E Bei der Schreibung von *das/dass* hilft es, auf die Vokallänge zu achten.		
F Bei der Getrennt- und Zusammenschreibung hilft es, auf Betonung, Bedeutung, Erweiterungs- und Steigerungsmöglichkeit zu achten.		

AUSWERTUNG

0–33 Punkte
Arbeite die Seiten 84–93 noch einmal genau durch!

34–51 Punkte
Sieh dir noch einmal die Kompetenzboxen an!

52–65 Punkte
Prima!

gesamt

Eigene Fehlerschwerpunkte erkennen

KOMPETENZBOX

Fehlerschwerpunkte	**Beispiele**	**Hilfen und Strategien**
Groß- und Kleinschreibung	*beim Laufen* *etwas Erstaunliches* *ein tolles Ergebnis* *heute Abend*	– auf Begleiter achten – Adjektivprobe nutzen – typische Suffixe beachten – Sonderfälle einprägen
***s*-Laute**	*niesen* *genießen – Genuss*	– deutlich sprechen (stimmhaft/stimmlos) – Vokallänge beachten – Schreibung einprägen
das/dass	*Ich weiß, dass das Problem, das häufig auftritt, zu lösen ist.*	– Ersatzprobe nutzen *(dieses/welches)* – Signalwörter beachten *(wissen, sagen, denken)*
Getrennt- und Zusammenschreibung	*dem Konto gutschreiben* *gut kochen*	– Proben anwenden (Betonung, Bedeutung, Erweiterung, Steigerung) – Wörterbuch benutzen
kurze und lange Vokale	*rennen, schwimmen* *Schal, Saal, kahl*	– Haus-Garage-Modell – verwandte Wörter suchen – Schreibung einprägen – Wörterbuch benutzen
gleich und ähnlich klingende Laute	*e/ä: Henne, Hände* *eu/äu: Beute, Bäume* *f/v/ph: fern, voll, Pharao* *w/v: Vase, Wand*	– verwandte Wörter suchen – Schreibung einprägen – Wörterbuch benutzen
Wortauslaut	*b; g; d: halb, Berg, Lied* *h: Schuh* *ig/lich/isch: eklig, endlich, englisch*	– Wort verlängern – verwandte Wörter suchen – Schreibung einprägen – Wörterbuch benutzen
Flüchtigkeitsfehler	*aus gegebem Anlass* *Saztzeichen*	– Silben mitsprechen – rückwärts Korrektur lesen

1 Ordne zu, um welchen Fehlerschwerpunkt es sich bei den markierten Fehlern jeweils handelt. Berichtige die Falschschreibungen.

158

A Das Glas ist noch halp voll. *Wortauslaut*

B Ferien sind etwas tolles.

C Kelber sind junge Tiere.

D Raphael hört beim putzen gern Musik.

E Hunde können beisen.

F Ein Ball ist runt.

G Florian ist ziemlich gerisen.

H Der Fux ist mein Lieblingstier.

I Jette will nicht fröhlichsein.

J Da kann man nähmlich ausschlafen.

K Ich michse mir schnell eine Bananenmilch.

L Ale leben im Wasser.

M Gestern abend lief ein guter Film.

N Sie sind weg gelaufen.

O Das Mehr ist stets ein schönes Motiv.

P Ein Paar Winterschuhe genükt ihm.

Groß- und Kleinschreibung üben

Schülerbuch S.337 **KOMPETENZBOX**

Verben und Adjektive können im Satz als Nomen (Substantiv) gebraucht werden, sie werden **nominalisiert** (substantiviert).

Um **Nomen** (Substantive) und **Nominalisierungen** (Substantivierungen) zu erkennen, kannst du auf Folgendes achten:
- Suffix (Nachsilbe) als Signal beachten
- Begleiter als Signal nutzen
- unbestimmte Mengenangaben als Signal beachten
- Adjektivproben durchführen

1 Fülle die Tabelle aus. Kreuze an, ob es sich bei den Beispielwörtern um Nominalisierungen handelt.

	Nomensignal	nominalisiert?	ursprüngliche Wortart
alles Bitten	Indefinitpronomen	x	Verb (bitten)
im Klaren			
Erlebnis			
das Neueste			
Klugheit			
nichts Schönes			
im Wesentlichen			
Tapferkeit			
zum Tanzen			

2 Entscheide, ob du groß- oder kleinscheiben musst, und streiche die jeweils falsche Schreibung durch. Unterstreiche die Nominlisierungen.

159

Jette, Celina, Florian und Raphael gehen in die 10. Klasse eines Gymnasiums am Bodensee. Sie nehmen an einem Schüleraustausch nach Greifswald teil.

„Dieses **w/W**arten geht mir auf die Nerven", stöhnt Florian. „Ja, jetzt da wir so nette Nachrichten von unseren Gastfamilien erhalten haben, möchte ich am **l/L**iebsten sofort losfahren", pflichtet ihm Raphael bei. „Die lange Anreise mit dem Fernbus ist dagegen wirklich zum **a/A**bgewöhnen", sagt Jette. Raphael tröstet: „Ich glaube, dein **j/J**ammern ist unbegründet. Unsere Fahrt vergeht sicher in **w/W**indeseile." Celina freut sich **t/T**rotz der langen Anreise auf Greifswald. Sie ist überzeugt davon, dass es dort einfach **k/K**lasse wird. Auch Florian ist guter Dinge und freut sich auf die **v/V**ielen Unternehmungsmöglichkeiten an der Ostsee. Er schwärmt: „Beim **s/S**urfen und **t/T**auchen im Meer, werden wir sicherlich viel **s/S**pannendes und **a/A**ufregendes erleben." „Aufs **e/E**rkunden der Umgebung freue ich mich am **m/M**eisten", gesteht Jette. Sie ist voller **h/H**offnung, dass das Meer und die Landschaft sie für das lange **s/S**itzen im Bus entschädigen werden. „Verständnisprobleme werden wir mit unseren Austauschschülern jedenfalls nicht haben!", lacht Raphael. Florian wirft ein: „Und ich freue mich auf das norddeutsche **e/E**ssen".

Schülerbuch S. 338 **KOMPETENZBOX**

Zeitangaben, zum Beispiel Wochentage und Tageszeiten, kommen vor als

Nomen (Substantive)
Du erkennst sie an ihren Begleitern: *am Montag, der Morgen, jeden Freitag.*

Du kannst die Adjektivprobe nutzen: *für diesen (m/M)orgen* → *für diesen sonnigen Morgen.*

Adverbien
Du erkennst sie oft am Suffix *-s*: morgens, abends, freitags.

Du kannst die Artikelprobe nutzen: *Für (h/H)eute ist Regen angesagt.* → nicht: *Für das heute ...* → Adverb.

Nach den Adverbien *vorgestern, gestern, heute, morgen, übermorgen* schreibt man Tageszeiten groß: *gestern Abend, morgen Mittag.*

Ortsangaben wie *unten, links, geradeaus* sind meist Adverbien. Man schreibt sie klein: *(von) rechts, (nach) vorn, (bis) oben.*

Die Schülerinnen und Schüler haben vom Austauschveranstalter den geplanten Ablauf für die erste Woche erhalten. In der zweiten Woche sollen sie gemeinsam mit ihren Partnern die Schule besuchen.

	Montag	Dienstag	Mittwoch	Donnerstag	Freitag
Vormittag	Nachtfahrt, Ankunft morgens Zwischenstopp in Hamburg und Stadtrundfahrt	Schulbesuch mit den Austauschpartnern Stadtführung Greifswald	Tagesexkursion Stralsund und Rügen Museumsbesuch „Ozeaneum" und Stadtbummel Stralsund	Schnupperkurs Surfen in Greifswald	Tagestour nach Usedom Historisch-Technisches Museum Peenemünde
Nachmittag	Besichtigung Hamburg, Weiterfahrt nach Greifswald	Besichtigung Block 6 ehemaliges Kernkraftwerk Greifswald	Rundfahrt Insel Rügen, eventuell Baden im Meer	Besuch Max-Planck-Institut Greifswald	
Abend	Ankunft in Gastfamilien	Freizeit mit den Gastfamilien	Rückkehr	Sternwarte Greifswald	Freizeit mit den Gastfamilien

● **3** Beschreibe in einem zusammenhängenden Text den geplanten Ablauf der ersten Austauschwoche. Verwende dabei möglichst viele unterschiedliche Zeitangaben.

○ **4** Ergänze den Merktext über die Groß- und Kleinschreibung von Pronomen. Es zählt nur jeder zweite Buchstabe in Klammern.

Die ____________________ (bHmöwfoldivcrhwkmeaiktvscarnkrvegdae) *Sie* wird immer großgeschrieben. Dies gilt auch für die ____________________ (qPqreoenaozmpemn) *Ihnen, Ihre, Ihr* usw., die sich auf die angesprochene Person beziehen: *Wie geht es Ihnen? Bedienen Sie sich doch.* Bei den vertrauten ____________________ (yAwncreehdaejpsrtotnkoympean) *du, euch, ihr* sowie den entsprechenden Possessivpronomen *dein, euer* ist Großschreibung in Briefen möglich, sonst werden sie ____________________ (Dkrlaemifntggewsdcdhfrtiöevbxepn): *Schön, dass Du/du da bist.*

5 Am Abend vor der Abreise verfasst Raphael noch eine E-Mail an seinen Lehrer. Setze die fehlenden Anfangsbuchstaben ein.

160

Lieber Herr Stenge,

____ch muss _____ie noch etwas Dringendes fragen und ____ch hoffe, _____ie lesen meine Mail noch.

Falls _____ie _____ie zu spät lesen, auch kein Problem. Ich frage mich nur: Wie viele Gepäckstücke

dürfen _____ir eigentlich mitnehmen? Ich bin mir unsicher, ob _____ie _____ns dazu etwas gesagt

hatten, und will nicht falsch packen. Meine Mitschüler konnten _____ir nicht weiterhelfen,

denn _____ie haben wohl nicht so viel Gepäck oder ____hre Taschen sind groß genug.

Was meinen _____ie? Sind ein großer Koffer und eine Reisetasche in Ordnung?

____hre Antwort würde _____ir sehr helfen.

____hr Raphael

6 Lies den folgenden Merksatz rückwärts und schreibe ihn auf.

.legeR eniek tlig gnubierhcsnielK dnu -ßorG red elläF eginew rüf nned ,tssum negärpnie rid ud gnubierhcS nered ,retröW dnis retröwkreM

____

____

7 Kreuze an, ob groß- oder kleingeschrieben werden muss. Die Buchstaben ergeben der Reihe nach eine Lösung.

161

	groß		klein	
auf a/Abruf		S		A
e/Einige		M		C
a/Abends		M		H
unter a/Anderem		Ü		E
mit b/Bezug auf		L		E
im g/Grunde		E		R
b/Beide		Ö		R
in h/Hinsicht auf		A		S
im a/Allgemeinen		U		T
gestern a/Abend		S		E
auf dem l/Laufenden		T		I

	groß		klein	
v/Viele		S		A
im f/Folgenden		U		S
im g/Großen und g/Ganzen		S		C
am d/Dienstagabend		C		H
des w/Weiteren		H		U
die m/Meisten		L		N
heute m/Morgen		O		E
t/Teils ... t/Teils		E		R
o/Ordnungshalber		N		D
am g/Größten		D		E
ein d/Drittel Liter		E		N

Lösung: ____

KOMPETENZBOX

Adjektive in Namen und von Namen abgeleitete Adjektive

Großschreibung:
- Adjektive, die Bestandteil von Eigennamen sind: *das Schwarze Meer, der Erste Weltkrieg*
- von geografischen Namen abgeleitete Wörter auf *-er*: *die Hamburger Innenstadt, der Frankfurter Bahnhof*

Kleinschreibung:
- Adjektive, die Bestandteil in festen Wendungen, aber keine Namen sind: *grüner Tee*
- von Namen abgeleitete Adjektive auf *-isch*, die nicht Bestandteil eines Eigennamens sind: *die sächsische Küche;* ABER: *die Sächsische Schweiz*

Namen von Straßen, Plätzen und Gebäuden

Zusammenschreibung: wenn das Bestimmungswort ein eingliedriger Personenname, ein Nomen (auch zusammengesetzt) oder ein nichtdekliniertes Adjektiv ist: *Schillerstraße*
Getrenntschreibung: wenn sie ein dekliniertes Adjektiv, eine Präposition oder eine Ableitung auf *-er* von einem geografischen Namen enthalten: *Breite Straße, Bremer Straße*
mit Bindestrich: wenn das Bestimmungswort ein mehrgliedriger Personenname ist: *Heinrich-Böll-Platz*
Großschreibung: wenn es das erste Wort ist und wenn die Adjektive und Nomen zum Namen gehören: *Äußerer Ring, Am Weiher*

Die Gruppe ist unterwegs nach Greifswald, dem Zielort des Austausches. Ehe sie dort ankommt, steht aber noch ein kurzer Zwischenstopp in Hamburg auf dem Programm.

8 Ergänze die Wörter in Klammern in richtiger Groß- und Kleinschreibung.

104

Die Austauschschüler aus Süddeutschland erkunden die Großstadt im Norden mit einem (1) ______________________________ (HAMBURGISCHEN STADTRUNDFAHRTBUS). Es geht zunächst vorbei am (2) ____________________ (HAMBURGER HAFEN) und der (3) __________________________ (JAN-FEDDER-PROMENADE). Einige machen Fotos, dann fahren sie weiter zum (4) ________________ (ALTEN ELBTUNNEL). Anschließend steht ein Stopp im (5) ____________________ (HARD ROCK CAFE) auf dem Programm. Dann bestaunen die Jugendlichen noch das (6) ______________________(HAMBURGER RATHAUS) und die Speicherstadt, die mittlerweile zum (7) ______________________________________ (DEUTSCHEN UNESCO-WELTKULTURERBE) gehört. Am Nachmittag geht es zum (8) ______________________ (ALTONAER FISCHMARKT). Die Hamburgtour endet daraufhin mit einer Besichtigung der berühmten (9) ___________________________________ (HAMBURGER VERGNÜGUNGSMEILE) im Stadtteil St. Pauli. Aus dem Bus heraus erhaschen die Zehntklässler im Schanzenviertel noch einen Blick auf das autonome Kulturzentrum (9) ________________ (ROTE FLORA). Auf der anschließenden Weiterfahrt nach Greifswald können alle die vielen Eindrücke verarbeiten.

9 Raphael findet in seinem Reiseführer einige Informationen über norddeutsche Spezialitäten. Auf der Busfahrt liest er seinen Freunden daraus vor. Schreibe richtig groß oder klein.

163

Labskaus gilt als ___amburger Klassiker. Dabei handelt es sich um einen Brei aus ___epökeltem Rindfleisch, ___oter Bete und Kartoffeln. Dazu isst man Spiegelei, Gewürzgurke und Rollmops. Die ___inkenwerder Scholle ist ebenfalls eine ___orddeutsche Spezialität und wird entweder mit Speck und/oder Krabben zubereitet, teilweise auch gefüllt. Eine weiteres typisch ___amburgisches Gericht ist Aalsuppe. Unter „___ieler Sprotten“ versteht man kleine geräucherte Breitlinge, die bis auf Kopf und Schwanz komplett gegessen werden. In Greifswald sollte man unbedingt den Fisch probieren, den die ___iecker Fischer im frühen Morgengrauen aus dem Meer angeln. Zum Nachtisch isst man im Norden Deutschlands gerne ___ote Grütze oder Buchweizentorte aus der ___üneburger Heide. Diese Torte besteht aus mehreren Schichten Buchweizenteig, Sahne und Preiselbeermarmelade. „Mein Magen knurrt“, meint Florian. „Ich hoffe, wir werden von unseren Gastfamilien mit einem leckeren Abendessen begrüßt.“

10 Auch über Greifswald findet Raphael einen Eintrag in seinem Buch. Trage die Vorgaben in der richtigen Groß- und Kleinschreibung in die Lücken ein. Achte dabei auch auf Eigennamen.

164

HAMBURGER BILDHAUER | DIE DREI WEISEN | POMMERSCHEN LANDESMUSEUM | WIECKER HOLZBRÜCKE | GREIFSWALDER BODDEN | WIECKER SKULPTURENPFADS | GREIFSWALDER RATHAUS | BÜRGERHÄUSER | LANGE NIKOLAUS

Die berühmte ______________________ wird seit 1887 per Hand betätigt, wenn ein Schiff von der Dänischen Wiek auf die Ryck biegt oder auf die Bucht im ______________________ hinaus will. Die Brücke stellt bis heute die einzige Möglichkeit dar, den Fluss außerhalb der fünf Kilometer entfernten Altstadt zu überqueren.

Bei den Holzköpfen „______________________“ handelt es sich um Skulpturen des ______________________, vom ______________________ Johannes Speder geschaffen. Der ______________________, der hundert Meter hohe Turm des Doms, überragt die Bauwerke der Stadt. Hat man seine 264 Stufen erklommen, wird man mit einem tollen Ausblick über die Hansestadt belohnt.

Im ______________________ werden Bilder des in Greifswald geborenen Malers Caspar David Friedrich ausgestellt.

Am Markt befindet sich das aus dem 13. Jahrhundert stammende gotisch-barocke ______________________. Architekturhistorisch besonders bedeutend sind die beiden ______________________ Markt 11 und 13 im Stil der Backsteingotik.

Getrennt- und Zusammenschreibung üben

Schülerbuch S. 339 f. **KOMPETENZBOX**

Betonungs- und Bedeutungsprobe
Nutze die Betonung und die Bedeutung:
Betonst du beim Sprechen nur einen Bestandteil, wird das Verb zusammengeschrieben.
Sprichst du beide Bestandteile betont, schreibst du getrennt.
Entsteht eine **neue Gesamtbedeutung**, indem die Bedeutung der einzelnen Bestandteile verblasst, schreibst du zusammen.
Verbindungen mit **dem Verb *sein*** werden getrennt geschrieben. *da sein, da gewesen, zusammen sein* (ABER: *das Zusammensein*)

Adjektiv-Verb-Verbindungen
Kann man das Adjektiv **nicht** mehr **sinnvoll steigern**, schreibt man die Adjektiv-Verb-Verbindung in der Regel zusammen. *wahrnehmen, da nicht: wahrer nehmen*

Lässt sich das Adjektiv **nicht** mehr **mit sehr erweitern**, schreibt man die Adjektiv-Verb-Verbindung in der Regel zusammen. *krankschreiben, da nicht: sehr krankschreiben*

Entsteht eine **neue Gesamtbedeutung**, schreibt man zusammen. *den Verkehr lahmlegen*

Nomen-Verb-Verbindungen und Verb-Verb-Verbindungen
In der Regel werden Verbindungen aus zwei Verben sowie aus Nomen (Substantiv) und Verb als Wortgruppen aufgefasst und daher **getrennt** geschrieben. *spazieren gehen, Auto fahren*

Ist die **Bedeutung** der ursprünglichen Bestandteile **verblasst**, schreibt man zusammen.
teilnehmen ↔ (ein) Teil nehmen

Manchmal ist neben der Getrenntschreibung auch die Zusammenschreibung erlaubt.
kennen lernen, kennenlernen

1 Entscheide, ob die Wörter getrennt oder zusammengeschrieben werden müssen, und trage sie in die Tabelle ein.
165

da*sein Bus*fahren heim*reisen irre*führen leid*tun preis*geben stand*halten statt*finden teil*nehmen kund*tun brach*liegen wett*machen Fisch*essen gespannt*sein los*fahren zusammen*sein

Getrenntschreibung	Zusammenschreibung
da sein,	

2 Setze die Wörter in Klammern in richtiger Schreibung in die Lücken ein. Nutze die Betonungsprobe.
166

Das Zurechtfinden in der Hansestadt wird Jette ____________ (leicht*fallen). „Pass aber am Hafen auf", warnt sie Ole, „hier kann man ____________ (leicht* fallen)." „Ich kann dir eine spannende Route durch die Stadt ________________ (zusammen*stellen)", bietet Gesche an. Celina möchte wissen: „Wie ___________ (nahe*liegt) Greifswald eigentlich am Meer?" „Da es sich um eine Hansestadt handelt, ist es jedenfalls ____________ (nahe*liegend), dass das Meer nah ist", schmunzelt Raphael. Gesche bestätigt: „Richtig, das können wir uns alles nachher ____________________ (zusammen*ansehen)." „Lasst uns bei der Stadtrallye auch ______________ (zusammen*arbeiten)“, schlägt Peter vor. „Das machen wir. Das Haus, das ihr ______________ (gegenüber*seht), ist übriges unser Rathaus“, erklärt Gesche. Raphael sagt: „Es ist ein auffälliges Gebäude, man muss es wirklich ______________ (wahr*nehmen).“

3 Entscheide, ob die Verb-Verbindungen getrennt oder zusammengeschrieben werden müssen. Streiche die jeweils falsche Schreibung durch.

Im Rahmen der gemeinsamen Exkursion nach Stralsund besucht die Schülergruppe aus Süddeutschland auch das Ozeaneum. Sie freuen sich darauf, die Ausstellung **an zu schauen/anzuschauen** und müssen zum Glück nicht lange an der Kasse **anstehen/an stehen**. So haben sie genügend Zeit, um durch alle Räume **zuschlendern/zu schlendern**, die Aquarien **zu bestaunen/zubestaunen** und den Tieren **zu zuschauen/zuzuschauen**. Ole will seine Gäste mit Fachwissen **beeindrucken/be ein drucken** und deshalb die Bemerkung **fallenlassen/fallen lassen**, dass die fünfzig Meerwasseraquarien eine europaweit einzigartige Reise durch die Unterwasserwelt der nördlichen Meere **er möglichen/ermöglichen**. Gesche möchte ihn nicht als Besserwisser **bloßstellen/bloß stellen** und ergänzt selbst einige Fakten. Dann kann Ole mit seinem Vortrag **fort fahren/fortfahren** und **hinzufügen/hinzu fügen**, dass das größte Aquarium im Ozeaneum 2,6 Millionen Liter Wasser fasst. Eine der Hauptattraktionen des Museums sind die Humboldt-Pinguine auf der Dachterrasse, die man durch große Scheiben sogar unter Wasser **beobachten kann/beobachtenkann**. Die Gruppe genießt vom Dach aus auch den herrlichen Panoramablick auf die Stralsunder Altstadt. „Gut, dass wir **her gekommen/hergekommen** sind!“, sind sich alle einig. Im Anschluss an ihren Museumsbesuch möchten sie dann noch ein wenig in der Altstadt **bummeln gehen/bummelngehen**.

4 Setze die Vorgaben an der passenden Stelle ein. Schreibe richtig zusammen oder getrennt.

167

nach-zu-kommen | spazieren-zu-gehen | weg-zu-laufen | zu-geben | zu-kaufen | zu-rück-kam | zu-sammen-meistern | zu-sammen-stärken | zusammen-stellen | zusammen-zu-arbeiten | zu-zu-hören | zu-rück-zu-sein | vor-hatten | zu-geben

Jette überlegte kurz ______________, um für sich und ihre Freundin ein Eis ______________. Rechtzeitig zur Vorbereitung der Stadtrallye wieder ______________, war dabei natürlich Pflicht. Celina beschloss, mit Simon und Jette bei der Rallye ______________. Sie würden erste Ideen für die anderen Gruppen ______________. Simon blieb nichts anderes übrig, als ______________, was die beiden Mädchen ______________. Er wollte nicht ______________, dass auch er Lust auf ein Eis hatte. Stattdessen bat er Celina, ihm ihre bisherigen Notizen ______________. Umso erfreuter war er, als Jette mit drei Eistüten ______________. „Hey Leute, wir werden die Rallye ______________, also sollten wir uns davor auch ______________!“ Um 16 Uhr sollte die Rallye für alle Gruppen starten. Ole entschied sich, zuvor am windigen Strand ______________ und später ______________.

Gleich und ähnlich klingende Laute erkennen

KOMPETENZBOX

Problem	Hilfe	Lösung
Wie schreibt man das Wort am Ende? *Ber... – mit g oder k?*	→ Ich verlängere das Wort. *Berge*	*Berg mit g*
Wie schreibt man die Verbform vor dem *t/st*? *le...t – mit b oder p?*	→ Ich bilde die Grundform. *leben*	*lebt mit b*
Schreibt man das Wort mit *ä* oder *e*, *äu* oder *eu*? *k...mpfen – mit ä oder e?*	Ich suche verwandte Wörter mit *a/au*. *Kampf*	*kämpfen mit ä*

○ **1** Fülle die Tabelle aus. Wende, wo es möglich ist, die Verlängerungsprobe oder die Ableitungsprobe an.

	Verlängerungsprobe	Ableitungsprobe	korrekte Schreibung
*tau**b/p***	*taube Nuss*		
*Hel**d/t***			
*t**ä/e**glich*		*der Tag*	
*St**ä/e**ngel*			
*Gr**äu/eu**el*			
*en**d/t**lich*			
*erb**ä/e**rmlich*			
*ber**äu/eu**en*			
*schl**ä/e**ndern*			
*empfin**d/t**lich*			
*h**ä/e**sslich*			
*l**ä/e**stig*			

◒ **2** Löse das Kreuzworträtsel zu den ähnlichen Lauten *f/v/ph* und *v/w*. Du erhältst ein Lösungswort.

1) Synonym für Lage, Situation, Abschnitt
2) junges Pferd
3) Gegenteil von leer
4) Synonym für Glasschrank
5) Synonym für Erscheinung, Wunder
6) Zeile im Gedicht
7) ägyptischer König
8) großes Meersäugetier
9) Jette ergreift die ... und lädt Simon zu einem Eis ein.
10) Gefäß für Blumen
11) Synonym für Weltall
12) Synonym für Piano

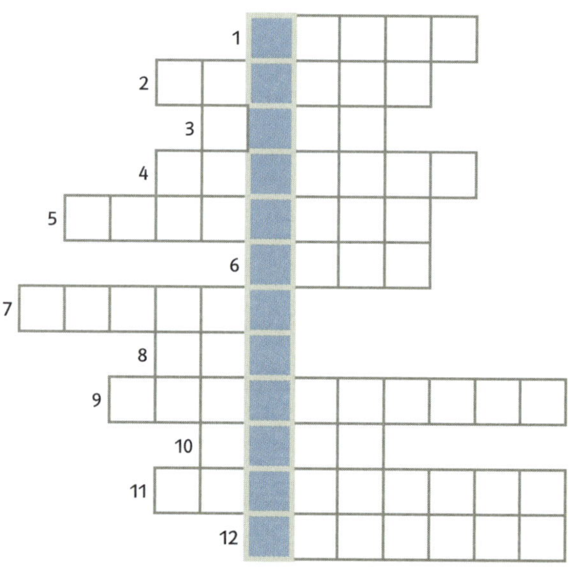

Lösung: ______________________

Die Schreibung von *das/dass* üben

Schülerbuch S. 338 **KOMPETENZBOX**

Das und *dass* leiten Nebensätze ein. Der Nebensatz wird durch Komma abgetrennt.

dass unterordnende Konjunktion

Es ist klar, dass kranken Tieren geholfen werden muss.
Dass die Hilfe durch Spenden unterstützt wird, ist wichtig.

Tipp: Die Konjunktion *dass* steht oft nach „Kopfverben“.
Das sind Verben des Sprechens, Wahrnehmens und Denkens, zum Beispiel *behaupten, sagen, träumen, hören*

das Relativpronomen

Relativsatz (Attributsatz):

Er beherbergt das Tier, das leidet! *Das Tier, das gerettet wurde, kann bleiben.*

Das verweist auf ein Nomen (Substantiv) im übergeordneten Satz.
Ein Relativsatz steht nie vorn.

1 Lies den Text. Entscheide, ob du *das* oder *dass* einsetzen musst.

168

(1) _____ Meeresmuseum, (2) _____ es in Stralsund gibt, ist bei Familien mit Kindern sehr beliebt. „(3) _____ hat sich gelohnt, (4) _____ wir das Museum besucht haben. Wir haben so viel Neues erfahren“, freut sich Jette während der Rückfahrt nach Greifswald. Sie hätte nicht gedacht, (5) _____ sie als Museumsmuffel (6) _____ jemals sagen würde. „Die Pinguinfütterung auf dem Dach samt Aussicht, (7) _____ war ein richtig guter Abschluss“, meint Raphael. Florian sagt: „(8) _____ hat mir auch gefallen. (9) _____ ist wirklich mal ein Museum, (10) _____ informativ und spannend ist.“ Sie haben erfahren, (11) _____ es zu den Besonderheiten der Ostsee gehört, (12) _____ es nur über die Verbindung zur Nordsee einen Wasseraustausch mit den salzhaltigen Weltmeeren gibt. (13) _____ die Meereserwärmung nicht mehr aufzuhalten ist, (14) _____ hatten alle befürchtet.

2 Ergänze *das* oder *dass*. Unterstreiche alle Relativsätze.

Es ist bekannt, (1) _____ Rügen eine beliebte Ostseeinsel ist. Auch die Gäste vom Bodensee verbringen einen Tag auf der Insel und besichtigen die Selliner Seebrücke, ein beliebtes Touristenziel, (2) _____ in keinem Reiseführer fehlt. Im Nationalpark Jasmund erkunden die Schüler die berühmten weißen Kreidefelsen. (3) _____ die Kreidefelsen an der Steilküste einstürzen können, ist vielen Touristen nicht bewusst. Es kommt leider immer wieder vor, (4) _____ sich Touristen zu nahe an die Klippen begeben und verunglücken. Nach der Schifffahrt folgt eine Geschichtsstunde in Prora. Prora, (5) _____ am schönsten Sandstrand der Insel liegt, sollte eine Erholungsanlage der Nationalsozialisten werden. Heute gibt es dort ein Museum. (6) _____ Kap Arkona mit seinen beiden Leuchttürmen aus Umweltschutzgründen nur zu Fuß, mit einer Pferdekutsche oder mit der Arkonabahn zu erreichen ist, finden die Schüler sinnvoll.

ABSCHLUSSTEST Rechtschreibung

1 Lies den Text und …

169

Punkte

a) … setze bei den unterstrichenen Wörtern den richtigen Anfangsbuchstaben ein, **12**

b) … streiche bei den kursiv gedruckten Wörtern die falsche Schreibung durch, **12**

c) … setze *das* oder *dass* in die Lücken ein. **6**

Am __reitagmorgen (f/F) besuchten wir das Max-Planck-Institut (MPI) in Greifswald, wo wir eine *zweistündige/zwei stündige* Führung erhalten haben. In dem 1994 gegründeten IPP-Teilinstitut Greifswald wird die *Fusions Anlage/Fusionsanlage* Wendelstein 7-X betrieben. Wendelstein 7-X ist die weltweit __rößte (g/G) Anlage vom __yp (t/T) Stellarator[1]. Ihre Aufgabe ist es, die *Kraftwerkseignung/Kraftwerks Eignung* dieses Bautyps *zu untersuchen/zuuntersuchen.* Dazu soll sie ein optimiertes Magnetfeld für den Einschluss des Plasmas __esten (t/T). Es wird von einem System aus fünfzig speziell geformten, __upraleitenden (s/S) Magnetspulen erzeugt – ______ __echnische (t/T) Kernstück der Anlage. Es wird erwartet, ______ Plasmagleichgewicht und -einschluss von vergleichbarer Qualität *seinwerden/sein werden* wie bei einem Tokamak[2] gleicher Größe. Dabei werden jedoch die *nach Teile/Nachteile* des im Tokamak-Plasma __ließenden (f/F) Stroms vermieden: Mit bis zu dreißig __inuten (m/M) langen *Plasmaentladungen/Plasma Entladungen* soll Wendelstein 7-X die wesentliche Stellaratoreigenschaft zeigen, den Dauerbetrieb. Die Jugendlichen staunen, ______ ______ technisch und physikalisch möglich ist. Sie erfahren, ______ die Hauptmontage von Wendelstein 7-X bereits 2014 *ab geschlossen/abgeschlossen* war und das __rste (e/E) Plasma am 10. Dezember 2015 erzeugt wurde.

Auf der __omepage (h/H) des MPIs kann man der Anlage einen __irtuellen (v/V) Besuch *abstatten/ab statten.* Der Rundgang im 360-Grad-Panorama führt die Besucher in die Experimenthalle, in das eigenwillig geformte Plasmagefäß und in den Strahlkanal, durch den beim __xperimentieren (e/E) die zehn Megawatt starken Mikrowellen in ______ Plasma *gelenktwerden/gelenkt werden.* Via Computermaus oder Gyrofunktion kann man den Blick in alle Winkel werfen, sich bis an kleinste Details *heranzoomen/heran zoomen*, kurze Videos starten, in denen IPP-Wissenschaftlerinnen und -Wissenschaftler ihre Arbeit erklären, oder Hintergrundinformationen *auf rufen/aufrufen.*

1 Stellarator: Anlage zum magnetischen Einschluss eines heißen Plasmas mit dem Ziel der Energiegewinnung durch Kernfusion.

2 Tokamak: kreisförmiger Typ eines Fusionsreaktors, der auf der Methode des magnetischen Plasmaeinschlusses beruht

Punkte
35

● **2** Celina hat einen Bericht über den Austausch für die Schulhomepage geschrieben und schickt ihn ihren Mitschülern zum Korrekturlesen. In ihren ersten Entwurf haben sich noch viele Fehler eingeschlichen. Streiche sie an und korrigiere sie. Schreibe den Text korrekt ab.

Unser Greifswaldaustausch

Ende Juni nahmen wir für zwei Wochen an einem Schüleraustausch nach Greifswald teil. Mit dabei waren unserer Lehrer Herr Stenge und Frau Fink. Die Fahrt war Klasse. Wir haben viel Erlebt und viel neues und interessantes erfahren. Los ging es Montags mit einem Kurz Besuch der Hansestadt Hamburg. Wir hatten zwar nur einen Tag Zeit, kammen aber schon Früh am morgen in Hamburg an und konnten den ganzen vormittag nutzen, um die Stadt kennenzulernen.
Da hat es sich gelohnt, das wir bereits Sonntagabends losgefahren waren. Fast Alle haben im Bus geschlafen, sodass wir fit durch die Stadt schlendern konnten. Nachdem Sightseeing am nachmittag trafen wir uns um 17 Uhr wieder am Bus und kamen abends in Greifswald an. Unsere Gastschüler waren total nett und haben uns freundlich empfangen. Alle freuten sich auf das Abendessen und wir vielen müde in unsere Betten.
Am Nächsten Morgen stand das kennenlernen der Gastfamilien und der Stadt Greifswald auf dem Programm. Wir erhielten eine Stattführung, besichtigten das Caspar-David-Friedrich-Zentrum und den greifswalder Dom. Nachmittags fuhren wir mit dem Bus nach Lubmin und besuchten gegen 14 Uhr block 6 der EWN GmbH Kerntechnische Anlagen.
Am Mittwoch machten wir einen Tagesausfluk nach Stralsund und auf die Insel Rügen. Hier erfuhren wir viel über das Meer, seine Bewohner und die schönheit der Insel Rügen.
Donnerstags konnten wir bei einem Schnupperkurs der Greifswalder Segelschule das surfen ausprobieren. Das Maxplanckinstitut stand Nachmittags auf unserem Programm, denn dort machten wir eine Spannende Führung. Abends besuchten wir in Greifswald die Sternwarte.
Am Freitag machten wir eine Tagestour nach Usedom. Dort besichtigten wir das Historisch-Technische Museum Peenemünde. Die Versuchsanstalt Peenemünde war im Zweiten Weltkrieg ein riesiges Forschungs Zentrum für neue Waffen. Nachmittags konnten wir an einem schönen Strand in der Ostsee Schwimmen und einen anderen Eindruck der Insel Usedom gewinnen. Kaum zurück von Usedom, hatten wir das Wochenende zur freien Verfügung mit unseren Austauschpartnern. In der zweiten Woche begleiteten wir sie in die Schule. Dann hieß es leider auch schon abschied nehmen von der Ostsee, denn wir fuhren wieder nach hause. Dass wird super, wenn im Oktober der Gegenbesuch ansteht und unsere neuen Freunde zu uns in den Süden Reisen.

geschrieben von Celina

AUSWERTUNG

0–29 Punkte	30–49 Punkte	50–65 Punkte	gesamt
Arbeite die Seiten 84–93 noch einmal genau durch!	*Sieh dir noch einmal die Kompetenzboxen an!*	*Prima!*	

TEST

Kannst du das?

Sprache untersuchen und reflektieren

Rechtschreibung

1 Entscheide bei den hervorgehobenen Wörtern, ob sie getrennt oder zusammengeschrieben werden, und unterstreiche die richtige Variante.

170

Flexible Gehirne

Was in Gehirnen von Jugendlichen vor sich geht / vorsichgeht, warum manchmal alles kopfsteht / Kopf steht und durcheinander gerät / durcheinandergerät, das wollen Wissenschaftler schon Jahrhunderte lang / jahrhundertelang heraus finden / herausfinden.

In dem Zeitraum, in dem wir uns das erste Mal / erstemal verlieben und über so wichtige Dinge wie unseren Beruf entscheiden, ist unser Gehirn sehr instabil.

Es war zu Beginn der Neunzigerjahre, als Jay Norman Giedd, ein junger Arzt in den USA, in einem modernst ausgestatteten / modernstausgestatteten Labor fest stellen / feststellen wollte, was in den Köpfen von Kindern schief lief / schieflief, die hyper aktiv / hyperaktiv oder autistisch waren. Zu diesem Zweck legte er die teil nehmenden / teilnehmenden Patienten Reihen weise / reihenweise in einen Leistungs starken / leistungsstarken Kernspintomografen, der ihre Gehirne Millimeter für Millimeter durch leuchtete / durchleuchtete. Ein Computer konnte aus den Aufnahmen Aussage kräftige / aussagekräftige drei dimensionale / dreidimensionale Bilder zusammen stellen / zusammenstellen. Die Aufnahmen verglich er mit Aufnahmen der Gehirne von gesunden Pubertierenden. So kam er zu Auf-sehen erregenden / aufsehenerregenden Forschungsergebnissen, mit denen der Wissenschaftler vorliegende Erkenntnisse – bezogen auf pubertierende Heranwachsende – weiter entwickeln / weiterentwickeln und bisherige Thesen richtig stellen / richtigstellen konnte: Diese lassen sich so zusammen fassen / zusammenfassen:

Ab dem sechsten Lebensjahr sprießen im Gehirn unzählige neue Verbindungen zwischen den Nervenzellen. Es kommt Regel recht / regelrecht zu einer Synapsenwucherung, die ihren Höhepunkt bei Mädchen mit ungefähr elf einhalb / elfeinhalb Jahren, bei Jungen etwas später erreicht. Danach beginnt das Gehirn, die Nervenbahnen wieder auszudünnen und die über lebenden / überlebenden mit einer Fett reichen / fettreichen Substanz zu isolieren. Der Gehirnforscher konnte sicher stellen / sicherstellen, dass diese Umbauarbeiten nicht nur vor der Pubertät beginnen, sondern sich deutlich bis jenseits des 20. Geburtstags hin ziehen / hinziehen.

2 Setze *das* oder *dass* richtig in die Lücken ein.

171

Hormonfeuerwerk ohne geistige Reife

Eine Studie des bekannten amerikanischen Psychologen Steinberg zeigte, ______ sich Jugendliche selbst bei so simplen Transaktionen wie Kauf- und Verkaufsentscheidungen viel mehr von Gefühlen leiten lassen als Ältere. Beinahe scheint es, als verbündeten sich in der Pubertät ______ Hormonfeuerwerk und ______ Hirn: ______ eine stürze die Teenager in emotionale Tumulte – und ______ andere ist noch nicht reif genug, um sie zu bremsen. Diese Erkenntnisse trugen vor wenigen Jahren dazu bei, ______ der US-Supreme-Court überzeugt wurde, ______ Jugendliche nicht im gleichen Maße für ihre Taten verantwortlich gemacht werden können wie Erwachsene. ______ erklärte eine Mehrheit der Richter.

Zeichensetzung

● **3** Prüfe, ob sich in den folgenden Sätzen Aufzählungen finden, und ergänze farbig die fehlenden Kommas.

172

Die Karlsschule

A Acht Jahre seines Lebens verbringt Schiller in der verhassten dunkelblauen Uniform und hadert mit dem strengen unmenschlichen Reglement in der Hohen Karlsschule zu Stuttgart.

B Zwischen langen steifen Unterrichtsstunden dem quälenden militärischen Exerzieren und der regelmäßigen religiösen Andacht bleibt den Karlsschülern kaum Luft zum Atmen.

C Dennoch schafft sich der pubertierende poetisch und philosophisch begabte Teenager Freiräume: In einer Art „Club der toten Dichter" lesen literarisch interessierte Schüler verbotene heimlich in die Schule geschmuggelte Bücher schnupfen Tabak und schlürfen Kaffee.

D Teile seines Freiheitsdramas „Die Räuber" schreibt der empfindsame sehr freiheitsliebende Schiller „illegal" bei schwachem flackernden Kerzenlicht im Schlafsaal der Karlsschule.

◒ **4** Ergänze in den folgenden Sätzen farbig die fehlenden Kommas bei Zusätzen und nachgestellten Erläuterungen.

173

A Zweimal wird Schiller wegen „Unreinlichkeit" noch mit fast 15 Jahren soll er ein Bettnässer gewesen sein mit Stockhieben und Arrest bestraft.

B 1776 die Akademie war 1775 nach Stuttgart verlegt worden kam Schiller zum Entsetzen seines Vaters in die neu eingerichtete medizinische Fakultät.

C Der Dichter Christian Friedrich Daniel Schubart zehn Jahre von 1777 bis 1787 auf der Festung Hohenasperg eingekerkert lieferte Schiller den Stoff für sein erstes Drama „Die Räuber" den Konflikt zwischen zwei ungleichen Brüdern.

D Um Schiller sammelte sich ein Kreis Gleichgesinnter, die alles lasen, was sie an Literatur des Sturm und Drangs bekommen konnten beispielsweise Werke von Wieland (1733–1813), Goethe (1749–1832), Klinger (1752–1831) oder Bürger (1747–1794).

○ **5** Kläre, ob in den folgenden Sätzen die Infinitivgruppe mit *zu* durch ein Komma abgetrennt werden muss. Setze die obligatorischen Kommas farbig.

174

A 1780 verlässt Schiller die Karlsschule als Doktor der Medizin um eine Stelle als Regimentsarzt in Stuttgart zu übernehmen.

B In ständiger Angst beim Schreiben „erwischt" zu werden, beendet er sein erstes Werk „Die Räuber" mit der Absicht das Lesedrama noch 1781 anonym zu veröffentlichen.

C Schiller erhält vom Intendanten des Mannheimer Nationaltheaters den Auftrag sein Lesedrama in eine Theateraufführung umzuschreiben.

D Ohne eine Erlaubnis des Herzogs zu besitzen unternimmt er eine Ausfahrt nach Mannheim um an der Uraufführung seines Werkes „Die Räuber" teilzunehmen, was ihm 14 Tage Haft einbringt.

Sätze bewusst gestalten

○ **6** Kreuze an, was man unter einem Attribut versteht.

175

- ☐ Wortart
- ☐ Satzglied
- ☐ Teil eines Satzgliedes
- ☐ Satzart

○ **7** Kreuze an, was durch ein Attribut näher bestimmt wird.

176

- ☐ Nomen (Substantiv)
- ☐ Verb
- ☐ Hauptsatz
- ☐ Prädikaktiv

◒ **8** Kreuze an, in welcher Form Attribute auftreten können.

177

- ☐ Adjektiv
- ☐ Nominativ
- ☐ Nomen oder Wortgruppe im Genitiv
- ☐ Relativsatz
- ☐ Partizip
- ☐ Wortgruppe mit Präposition
- ☐ Prädikatives Attribut
- ☐ Wortgruppe mit Konjunktion

● **9** Aus dem Text wurden die vorgegebenen Attribute gestrichen. Schreibe den Text ab und ergänze sie an der passenden Stelle und in der richtigen Form.

juristisch | bekannt | schwarz | sterbend | heftig | blutdurchtränkt

Berühmt dank umstrittener Werbung (2015)

„Zwischen zwei Pullovern von gleicher Qualität und gleichem Preis entscheiden sich die Kunden für die Marke, die mit einer Botschaft verbunden ist", lautete die Firmen-Philosophie. Beispiele waren Plakate mit einem Aids-Kranken im Kreis seiner Familie, dem Hemd eines im Bosnien-Krieg gefallenen Soldaten, einer ein weißes Baby stillenden Mutter, einer einen Priester küssenden Nonne, einem Guerillakämpfer, der eine Kalaschnikow sowie einen menschlichen Oberschenkelknochen in Händen hält, und einem Gesäß mit der Tätowierung „HIV-positiv". „Man kann nie zu weit gehen", sagte Toscani [der Fotograf, Anm. d. Red.] einmal. Zahlreiche Werbesujets sorgten weltweit für Aufsehen, aber auch für Kritik und Auseinandersetzungen.

◒ **10** Erkläre mit eigenen Worten, was die Einfügung der Attribute in den Text bewirkt.

____

____

____

● **11** Bestimme die folgenden Attribute aus dem Text. Forme sie anschließend in eine andere Attributart um.

A Pullover <u>von gleicher Qualität und gleichem Preis</u> – Bestimmung: *präpositionales Attribut*

Umformung: *Pullover, die die gleiche Qualität und den gleichen Preis haben (Attributsatz)*

B Marke, die mit einer Botschaft verbunden ist – Bestimmung: ____________________

Umformung: ____________________

C Plakate mit einem Aids-Kranken im Kreis seiner Familie – Bestimmung: ____________________

Umformung: ____________________

D Guerillakämpfer, der eine Kalaschnikow sowie einen menschlichen Oberschenkelknochen in Händen hält – Bestimmung: ____________________

Umformung: ____________________

____

E Gesäß mit der Tätowierung „HIV-positiv" – Bestimmung: ____________________

Umformung: ____________________

○ **12** Kreuze an, wodurch der Nominalstil gekennzeichnet ist.

178

- ☐ häufige Nominalisierungen
- ☐ häufige Verben
- ☐ mehrteilige Komposita
- ☐ wenige Attribute
- ☐ zahlreiche Attribute
- ☐ häufige Verwendung des Passivs
- ☐ häufige Verwendung des Aktivs

◒ **13** Löse die folgenden Formulierungen im Nominalstil auf und gib die Informationen in einem Verbalstil wieder.

179

A Beinflussung der Kaufenentscheidung der Kunden ____________________

____

B Provokationen des Fotografen zur Steigerung der Bekanntheit der Marke ____________________

____

C Veröffentlichung eines Bildbandes unter Verwendung von Aufnahmen aus fünf Jahrzehnten ______

____

____

● **14** Formuliere mithilfe der Vorgaben und der Informationen aus dem Text von Aufgabe 4 einen kurzen Informationstext zu Toscani. Nutze möglichst unterschiedliche Attributarten und vermeide den Nominalstil.

Oliviero Toscani: geb. 28. Februar 1942 in Mailand, italienischer Fotograf
erste Arbeit: Jesus Jeans (Frauengesäß in engen Hotpants; Slogan: Wer mich liebt, der folgt mir.)
1983–2000 Tätigkeit für die italienische Modemarke Benetton
Zitat: „Provokation gehört zur Kunst. Wenn ich etwas provoziere, bin ich glücklich."

Verstehendes Lesen

Lesen formt das Gehirn (2018)

Für die Forschung ist Lesen und Schreiben ein faszinierendes Phänomen. Denn die ersten Schriftsysteme haben sich erst vor weniger als 6000 Jahren entwickelt – ein Wimpernschlag in Relation zur menschlichen Evolution. Eine zentrale Frage lautet daher, wie das menschliche Gehirn trotzdem diese komplexe Aufgabe bewältigen kann. Aktuell befassen sich Wissenschaftler beispielsweise mit den Unterschieden zwischen geübten Lesern und Analphabeten – und was daraus für Menschen mit Leseschwäche folgt – sowie mit den Auswirkungen mangelnder Lese- und Schreibkenntnisse für die Demokratie weltweit.

Lesen und Schreiben sind alltäglich für uns. Wir machen uns kaum Gedanken, wenn wir zum Stift greifen, um etwas zu notieren oder zum Smartphone, um eine Nachricht zu lesen oder zu beantworten. Dabei sind Lesen und Schreiben erstaunlich komplexe Fähigkeiten. Das beschreibt Falk Huettig vom Max-Planck-Institut für Psycholinguistik in Nijmegen gemeinsam mit seinen Kollegen Régine Kolinsky und Thomas Lachmann im Vorwort zur Sonderausgabe „The effects of literacy on cognition and brain functioning" von der Fachzeitschrift *Language, Cognition and Neuroscience*. Demnach muss das Gehirn zum Lesen und Schreiben zahlreiche Wahrnehmungs- und Denkfunktionen genau abstimmen. Dazu gehören etwa grundlegende visuelle Fähigkeiten, die phonologische Wahrnehmung, Langzeit- und Arbeitsgedächtnis und vieles mehr. Aus diesem Grund müssen wir jahrelang trainieren, bis sich Lesen und Schreiben so tief einprägt, dass wir beides mühelos beherrschen. Dadurch ändern sich wiederum auch Struktur und Funktion des menschlichen Gehirns. In diesem Kontext befasst sich die Forschung mit zwei grundlegenden Fragen: Welche Voraussetzungen braucht es, damit wir Lesen und Schreiben überhaupt erlernen können? Und wie beeinflusst diese komplexe Fähigkeit unsere Wahrnehmung und unser Denken? Um Antworten auf diese Fragen zu finden, sind Vergleiche besonders aufschlussreich: zum einen die Unterschiede zwischen guten Lesern im Erwachsenenalter und Menschen gleichen Alters, die nie lesen gelernt haben; zum anderen die Differenzen zwischen Kindern, die leicht lesen lernen, und denen, die sich schwertun und möglicherweise eine Leseschwäche haben.

Schlechtes Lesen führt zu kognitiven Defiziten

Gerade bei Lese-Rechtschreib-Störungen (LRS) ist es oft schwierig zu unterscheiden, ob damit verbundene Defizite eine Ursache dafür darstellen oder ob sie deswegen auftreten, weil bessere Leser gleichen Alterns diese kognitiven Fähigkeiten mit dem Lesen trainiert haben. So hat José Morais von der Universität Brüssel schon vor vielen Jahren festgestellt, dass Lesen die phonologische Bewusstheit deutlich verbessert, also die Fähigkeit, bestimmte Lautstrukturen der Sprache zu erkennen. Menschen mit LRS fällt es dagegen oft schwer, diese Strukturen zu unterscheiden. John F. Stein von der Universität Oxford argumentiert, dass dies nicht die Ursache für die Schwäche, sondern lediglich ein Nebeneffekt ist. Falk Huettig selbst hat mit Kollegen aus Kaiserslautern und dem portugiesischen Faro weitere Effekte gefunden, die kennzeichnend für eine Lese-Rechtschreibschwäche sind, aber sich auch bei Analphabeten beobachten lassen. Dazu gehören die Wahrnehmung von Kategorien, das verbale Kurzzeitgedächtnis, die Fähigkeit, Pseudowörter zu wiederholen, Bilder, Farben und Symbole schnell zu benennen, oder vorherzusagen, wie ein gesprochener Satz weitergehen könnte. Auch hier interpretieren die Forscher die Defizite als Folge mangelnder oder suboptimaler Leseerfahrung und nicht als deren Ursache.

Analphabeten analysieren Bilder anders

Der Vergleich zwischen Analphabeten und erwachsenen Lesern zeigt immer wieder, wie sehr Lesenlernen unser Gehirn verändert. So haben Menschen, die nicht oder kaum lesen können, nicht nur größere Schwierigkeiten, Buchstabenfolgen zu analysieren, sondern auch Bildstrecken aufzugliedern. Zu diesem Ergebnis kommt eine Studie spanischer und französischer Forscher. Wie eine weitere Untersuchung in Portugal ergab, fällt es Analphabeten außerdem schwerer, zu unterscheiden, wie ein Objekt ausgerichtet ist – etwa ein Hammer, der diagonal liegend abgebildet ist und dessen Kopf und Stiel in verschiedene Richtungen weisen können.

Welche Nachteile Menschen in Kauf nehmen müssen, die nie die Chance hatten, lesen und schreiben zu lernen, kann man als geübter Leser nur erahnen. Ein Bereich, der bisher kaum beachtet wurde, sind Kognitionstests, mit denen Ärzte ältere Menschen auf eine beginnende Demenz hin untersuchen. Die griechische Forscherin Mary H. Kosmidis weist darauf hin, dass diese Tests auf Menschen zugeschnitten sind, die alphabetisiert sind. Die darin abgefragten Fähigkeiten werden oft durch Lesen und Schreiben trainiert, weswegen die Ergebnisse für Analphabeten entsprechend verzerrt sein dürften. Gerade unter der älteren Bevölkerung in Europa gibt es noch einige, die de facto nicht lesen und schreiben können.

Lesen ist Basis für demokratische Entscheidungen

Weltweit sind nach Angaben der UNESCO nach wie vor 15 Prozent der Menschen Analphabeten. Das schränkt nicht nur sie selbst ein, sondern die Menschheit als Ganzes, wie José Morais von der Universität Brüssel darlegt. Er argumentiert, dass Alphabetisierung nicht endet, wenn Kinder und Jugendliche Lesen gelernt haben, sondern dass das dauerhafte und tiefgehende Auswirkungen auf ihr Denken und Wissen hat. Die Fähigkeit zum Lesen und Schreiben ist die Voraussetzung für die Analyse von komplexen Problemen und für einen Strom von Ideen und kritischem Denken. Sie ermöglicht eine sachlich fundierte öffentliche Debatte und eine sinnvolle kollektive Entscheidungsfindung. Je besser Individuen im Lesen geschult sind, umso besser können sie öffentliche Angelegenheiten kontrollieren und zu einer wirklich demokratischen Regierung beitragen.

○ **1** Lies den Text. Kreuze die richtige Fortsetzung an.

180

Der vorliegende Text ist ...

- ☐ ... ein Kommentar.
- ☐ ... eine wissenschaftliche Reportage.
- ☐ ... ein informierender Grundlagenbericht.
- ☐ ... ein Interview mit einem Literaturexperten

◒ **2** Kreuze die richtigen Fortsetzungen an.

181

Der Sachtext befasst sich mit der Frage, wie ...

- ☐ ... sich junge Leser von Analphabeten unterscheiden.
- ☐ ... das menschliche Gehirn die komplexe Aufgabe „Lesen“ bewältigt.
- ☐ ... Analphabetentum vermieden werden kann.
- ☐ ... sich Analphabeten von geübten Lesern unterscheiden.

◒ **3** Kreuze an, welche Organisationen bzw. Forschungsreinrichtungen als Quellen genannt werden.

182

- ☐ Max-Planck-Institut für Psycholinguistik in Nijmegen
- ☐ Max-Planck-Institut für Psycholinguistik in Freiburg
- ☐ Universität Brüssel
- ☐ TU Kaiserslautern
- ☐ NATO
- ☐ Universität Stanfort
- ☐ UNESCO
- ☐ Universität Oxford

○ **4** Wann haben sich die ersten Schriftsysteme entwickelt? Kreuze die richtige Antwort an.

183

- ☐ vor weniger als 3000 Jahren
- ☐ vor 3000 Jahren
- ☐ vor weniger als 6000 Jahren
- ☐ vor mehr als 6000 Jahren

○ **5** Wie viele Analphabeten gibt es nach Angaben der UNESCO weltweit? Kreuze die richtige Antwort an.

184

- ☐ 10 %
- ☐ weniger als 10 %
- ☐ 20 %
- ☐ 15 %

◒ **6** Was muss das Gehirn leisten, damit ein Mensch lesen kann? Kreuze die richtige Antwort an.

185

- ☐ Arbeitsgedächtnis regelmäßig leeren
- ☐ Wahrnehmungsfunktionen ans Nervensystem weiterleiten
- ☐ Wahrnehmungs- und Denkfunktionen genau abstimmen
- ☐ Langzeitgedächtnis aktivieren

● **7** Formuliere mit eigenen Worten, was man beim Vergleich zwischen Analphabeten und erwachsenen Lesern festgestellt hat.

● **8** Erkläre, warum Lesen die Basis für demokratische Entscheidungen ist.

Felix Ekardt: Warum Konsumentscheidungen allein die Umwelt nicht retten (2018)

Nachhaltiger Konsum gelingt nicht, wenn immer mehr gekauft wird, nur grüner. Dabei können weder Konsument/-innen noch Politik oder Unternehmen die Umwelt im Alleingang retten – gesellschaftlicher Wandel gelingt nur im Wechselspiel.

In Artikel 2 Absatz 1 des Pariser Klima-Abkommens wird die globale Erwärmung rechtsverbindlich für alle Staaten auf 1,5 Grad gegenüber vorindustriellem Niveau begrenzt – oder wenn das unmöglich ist, dann deutlich unter 2 Grad, also 1,7–1,8 Grad. Laut Weltklimarat ist eine solche drastische Begrenzung nur machbar, wenn weltweit alle Emissionen in ein bis zwei Jahrzehnten auf null gebracht werden. Gleichzeitig schreibt uns die globale Biodiversitätskonvention der Vereinten Nationen vor, den Artenverlust zu stoppen und umzukehren. Deutschland und die EU sind von beiden Zielen meilenweit entfernt.

Gemessen an diesen kann Nachhaltigkeit nicht allein durch grünere Technik und Produktion erreicht werden, sondern muss auch Verzicht einschließen. Denn versteht man unter nachhaltigem Konsum, dass wie bislang schrittweise immer mehr gekauft wird, nur künftig grüner, wird das nicht ausreichen, um die Umwelt zu retten. Fernreisen oder neue Schuhe für jeden denkbaren Sport brauchte bis vor einiger Zeit eigentlich niemand. Sie dienen primär dazu, um in einer gesättigten westlichen Welt weiterhin Absatz und Wirtschaftswachstum zu ermöglichen. Zumindest in den 1980er-Jahren war niemand unglücklich ohne Malaysia-Urlaub oder die passende Sportausrüstung zum Walken.

Es ist jedoch keine Öko-Strategie, Produkte erst neu auf den Markt zu bringen und dann die negativen ökologischen Auswirkungen zu therapieren. Der Langstreckenflug, den man früher wohl gar nicht unternommen hätte, wird nicht dadurch ein Gewinn für die Umwelt, dass die Düsen des Flugzeugs energieeffizienter konstruiert werden – oder der Flug durch eine Ökoabgabe/CO2-Kompensation ausgeglichen wird. Diese Strategie, immer mehr zu konsumieren, nur halt ein bisschen grüner, wird für das Nullemissionen-Ziel des Paris-Abkommens oder zur Förderung der Artenvielfalt schlicht zu wenig sein.

Freiwilligkeit reicht nicht

Versteht man unter nachhaltigem Konsum hingegen, dass freiwillig – neben der Entwicklung besserer Technik wie erneuerbaren Energien oder Ressourceneffizienz – auch verzichtet wird, dann wäre das im Prinzip möglich. Eine solche Freiwilligkeit ist jedoch nicht sehr wahrscheinlich. Dafür sind wir alle in unseren täglichen Entscheidungen zu sehr auf die Normalitäten der Vielverbrauchsgesellschaft eingeschliffen. Und Normalitätsvorstellungen ändern sich – wie menschliches Verhalten allgemein – nur sehr langsam und schon gar nicht allein durch neues Wissen. Daneben stehen kurzfristiger Eigennutz, Pfadabhängigkeiten (wir haben einen bestimmten Job, Wohnort, Partner etc.), Kollektivgutprobleme (es kann sich nicht jeder sein Stückchen heiles Klima sichern). Aber auch menschliche Emotionen wie Gewohnheit, Verdrängung, Bequemlichkeit und fehlende Dringlichkeitsgefühle bei räumlich wie zeitlich entfernten Problemlagen wie dem Klimawandel stehen unserer Öko-Performance oft im Weg.

Ob nun eher die Konzerne oder die Kund/-innen die Bösen sind, wäre eine Henne-Ei-Diskussion. Die einen gibt es nicht ohne die anderen. Außerdem sind wir alle als Kund/-innen, Arbeitnehmer/-innen und vielleicht noch Aktionär/-innen in Gestalt unseres Pensionsfonds mehr oder minder eng mit den Unternehmen verflochten.

Will man neue Technik wie erneuerbare Energien und Energieeffizienz schnell in den Markt bringen und will man unser aller Konsumverhalten mitunter auch genügsamer machen, wird neben aller unternehmerischer Kreativität und allem Wandel von unten auch eine striktere Politik nötig sein. Und zwar geografisch und sachlich breit ansetzend, sonst verlagern wir Probleme lediglich in andere Länder oder andere Sektoren. Man muss zum Beispiel den Einsatz fossiler Brennstoffe konsequent einschränken bzw. beenden. Das ist der sachlich breitestmögliche Ansatz – denn die Fossilen sind der Kern des Klimawandels und auch diverser Umweltprobleme, und so können alle Sektoren von Strom über Wärme und Mobilität und Plastik bis hin zu Teilen der Landwirtschaft gleichzeitig adressiert werden. Verknappt man die fossilen Brennstoffe zum Beispiel in der EU in 20 Jahren bis hinunter auf null, entsteht ein Preisdruck, der als mächtiger Anreiz in Richtung erneuerbare Energien, Energieeffizienz und Genügsamkeit wirkt.

Politiker/-innen und Bürger/-innen hängen jedoch genau wie Kund/-innen und Unternehmen wechselseitig voneinander ab. Eine neue Politik kommt nicht von selbst; denn auch Politiker/-innen werden durch Eigennutzenkalküle, Normalitätsvorstellungen etc. gebremst. Wir – die Bürger/-innen – müssten eine nachhaltigere Politik wählen und diese auf der Straße, in den Parteien und in den Medien lautstark einfordern. Diese würde auch meine individuellen Konsumentscheidungen erleichtern, die wiederum auch politisch wirksam werden können. Sie stecken nämlich andere potenziell an und erhöhen damit den Druck aus der Gesellschaft auf die Politik. Am Ende gelingt gesellschaftlicher Wandel also nur in einem Wechselspiel verschiedener Akteur/-innen. Unser Konsumverhalten und unsere politischen Aktionen sind wichtig – aber nicht allein, sondern im Ping-Pong mit unternehmerischen und politischen Entscheidungen.

○ 9 Bestimme die Hauptfunktion des Textes. Kreuze die richtige Fortsetzung an.

186

Der Text ist in erster Linie ...

- ☐ ... informativ.
- ☐ ... argumentativ.
- ☐ ... satirisch.

◒ 10 Kreuze die richtige Fortsetzung an.

187

Der Autor vertritt die Meinung, dass ...

- ☐ ... Konsumentscheidungen allein die Umwelt nicht retten.
- ☐ ... nachhaltiger Konsum die Umwelt retten wird.
- ☐ ... die richtigen Konsumentscheidungen die Umwelt retten werden.

◒ 11 Kreuze die richtige Fortsetzung an.

188

Laut Weltklimarat ist eine Begrenzung der globalen Erwärmung auf deutlich unter 2 Grad nur machbar, wenn weltweit alle Emissionen in ein bis zwei Jahrzehnten auf ...

- ☐ ... 1,5 gebracht werden.
- ☐ ... 0 gebracht werden.
- ☐ ... 1,7–1,8 gebracht werden.
- ☐ ... auf 2 gebracht werden.

◒ 12 Kreuze die richtige Fortsetzung an.

189

Die globale Biodiversitätskonvention der Vereinten Nationen schreibt vor, ...

- ☐ ... die Ökoabgabe/CO_2-Kompensation auszugleichen.
- ☐ ... ab 2030 Verbrennermotoren zu verbieten.
- ☐ ... den Artenverlust zu stoppen und umzukehren.
- ☐ ... unnötige Fernreisen zu stoppen.

13 Erläutere, wie „nachhaltiger Konsum" aus Sicht des Autors missverstanden wird.

14 Gib die Argumente und Beispiele wieder, mit denen der Autor seine These stützt, dass Freiwilligkeit beim nachhaltigen Konsum nicht reichen wird.

15 Kreuze an, welche Lösungen der Autor vorschlägt, um Energien und Energieeffizienz schnell in den Markt zu bringen und unser Konsumverhalten genügsamer zu machen.

190

- ☐ Regenwälder dürfen nicht weiter abgeholzt werden.
- ☐ Der Einsatz fossiler Brennstoffe muss konsequent eingeschränkt bzw. beendet werden.
- ☐ Die Bürger/-innen müssen eine nachhaltigere Politik wählen und einfordern.
- ☐ Politiker/innen sollen nicht bestechlich sein und sich mehr für das Klima einsetzen.

16 Inwiefern spielt nachhaltiger Konsum in deinem Leben eine Rolle? Nimm Stellung zu der Ansicht des Autors.

Schreiben

Günter Kunert: Zirkuswesen (1975)

Kaum hatte die Vorstellung begonnen, ertönte ein einstimmiger Entsetzensschrei des Publikums: Der Dompteur war über seinen schönsten Königstiger hergefallen und hatte sich in dessen Nacken verbissen. Als sich die Besucher hastig aus dem Zelt drängten, gab das Tier schon kein Lebenszeichen mehr von sich. Die anderen Gefleckten, Gestreiften und Geringelten pressten sich mit eingezogenen Schwänzen ans Gitter und heulten auf, als sich der Dompteur erhob, um sich auf die Tür des Käfigs zu stürzen, in dem er seine Attraktion vorführte. Die metallenen Stäbe flogen auseinander, und er stürmte ins Freie. Unaufhaltsam stampfte er in seinen hohen, schwarzen Stiefeln sporenklirrend auf die Straße und durch sie. „Der Dompteur ist los! Der Dompteur ist los!", ächzte es von Haus zu Haus; er selber aber schrie und dröhnte und donnerte durch die Gassen, knallte mit der Peitsche und schnalzte mit den Fingern, dass niemand davon verschont ward. Seinen Weg säumten auf Händen stehende Straßenbahnschaffnerinnen, auf Wäscheleinen balancierende Hauswarte, oder in strammer Haltung gelähmte Feuerwehrleute, die erst seinetwegen und dann vor ihm ausgerückt waren. Bei jedem Peitschenknall sprangen Großväter in ihren Stuben keuchend auf den Tisch oder auf den Ofen, wo sie mit angewinkelten Armen hocken blieben. Der Dompteur ist los! Der Dompteur ist los! Angst und Schrecken und erstaunliche, eilfertig ausgeführte Dressurleistungen griffen immer weiter um sich. Auf ihren Stühlen in ihren Wohnungen kauerten die Bewohner der Stadt, auf den Peitschenknall lauernd, der ihnen erlaubte, zu Boden zu springen und knurrend und murrend in die Küche oder ins Bett zu schleichen. Endlich, drei Abende später, gelang es, den Dompteur einzufangen und zum Bürgermeister zu machen; seitdem herrscht in der Stadt wieder Ruhe und Ordnung. Und ein ganz unglaublicher Aufschwung des Zirkuswesens lässt sich nicht länger leugnen.

○ **1** Lies den Text „Zirkuswesen" von Günter Kunert. Halte deinen ersten Leseeindruck fest und formuliere Fragen zum Textverständnis.

Erster Leseeindruck: ______________________

Fragen: ______________________

____

◒ **2** Kreuze an, worum es tatsächlich in der Erzählung geht.

191

- ☐ exotische Zirkustiere
- ☐ nicht artgerechte Tierhaltung
- ☐ Unterdrückung
- ☐ Massenpanik
- ☐ Macht
- ☐ eine Zirkusvorstellung
- ☐ Hass
- ☐ Machtmissbrauch

● **3** Deute den Titel des Textes. Achte dabei auf die Doppeldeutigkeit des Wortes „Wesen".

◒ **4** Bestimme die Textsorte und begründe deine Entscheidung mithilfe von Textbelegen.

192

☐ Kurzgeschichte ☐ Parabel ☐ Kalendergeschichte ☐ Fabel

____

5 Gib den Inhalt des Textes auf der Bildebene in eigenen Worten wieder.

6 Formuliere anschließend eine Deutungshypothese zum Text, indem du den Inhalt der Bildebene auf die Sachebene überträgst.

7 Erläutere, wie du den letzten Satz des Textes verstehst.

8 Charakterisiere den Dompteur und die Stadtbewohner. Nutze dafür Textbelege.

9 Bestimme die folgenden Gestaltungsmittel.

193

Zeitform:	☐ Präsens	☐ Präteritum	☐ Perfekt
Stilmittel:			
„Gefleckten, Gestreiften und Geringelten" (Z. 6):	☐ Alliteration	☐ Anapher	☐ Asyndeton
„und knurrend und murrend" (Z. 22):	☐ Asyndeton	☐ Parataxe	☐ Lautmalerei
Erzählverhalten:	☐ auktorial	☐ personal	☐ neutral
Erzählform:	☐ Er-Form	☐ Sie-Form	☐ Ich-Form

10 Interpretiere den Text schriftlich. Achte bei deiner Interpretation darauf, dass du deine Aussagen durch Textbelege stützt. Du kannst die Notizen für deinen Einstieg nutzen.

Der Autor Günter Kunert prangert in seinem Text „Zirkuswesen" mit den Mitteln einer Parabel menschliche Verhaltensweisen sowie gesellschaftliche und politische Verhältnisse und Missstände an. Er kritisiert ...

D1
TEST – Lernspiegel

Der Lernspiegel hilft dir, die Arbeit mit den Tests (S. 96–107) zu organisieren. Am Anfang steht, was in den Aufgaben von dir verlangt wird. Unter „Einschätzung" kreuzt du das Ergebnis an, das du in den Testaufgaben erzielt hast. Sind dir Aufgaben noch nicht so gut oder gar nicht gelungen (😐 und ☹), dann folge den Verweisen in der letzten Spalte.

SPRACHE UNTERSUCHEN UND REFLEKTIEREN

Ich kann ...	Einschätzung	Wiederholung
Regeln der Getrennt- und Zusammenschreibung anwenden – Aufgabe 1	☺ 😐 ☹	Schülerbuch S. 339 f.
das und dass unterscheiden und richtig verwenden – Aufgabe 2	☺ 😐 ☹	Schülerbuch S. 338
Kommas richtig setzen. – Aufgaben 3–5	☺ 😐 ☹	Schülerbuch S. 335
Attribute erkennen und verwenden. – Aufgaben 6–10, 14	☺ 😐 ☹	Schülerbuch S. 332
Attribute umformen. – Aufgabe 11	☺ 😐 ☹	Schülerbuch S. 332
Nominalstil erkennen und auflösen. – Aufgaben 12–14	☺ 😐 ☹	Schülerbuch S. 296 ff.

VERSTEHENDES LESEN

Ich kann ...	Einschätzung	Wiederholung
die Textsorte und die Hauptfunktion eines Textes erkennen. – Aufgaben 1, 9	☺ 😐 ☹	Schülerbuch S. 24 ff.
einem Text zielgerichtet Informationen entnehmen. – Aufgaben 2–8, 10–15	☺ 😐 ☹	Schülerbuch S. 24 ff.
zu einem Text Stellung nehmen. – Aufgabe 16	☺ 😐 ☹	Schülerbuch S. 70 ff.

SCHREIBEN

Ich kann ...	Einschätzung	Wiederholung
eine Parabel untersuchen. – Aufgaben 1–4, 9	☺ 😐 ☹	Schülerbuch S. 125
eine Parabel interpretieren. – Aufgaben 5–8, 10	☺ 😐 ☹	Schülerbuch S. 119

Fachbegriffe

Begriff	Erklärung	Beispiel	Seite
Adjektiv, das	Eigenschaftswort	*schön, mutig, hässlich*	85, 88, 98 f.
Adverb, das	Umstandswort	*abends, rechts, gern*	86
Adverbialbestimmung, die	Satzglied, nähere Umstände	*Sie steht **dort schon lange**.*	77
Adverbialsatz, der	Nebensatz als Adverbialbestimmung	*Lokalsatz, Finalsatz, Konsekutivsatz, Konzessivsatz, Modalsatz, Temporalsatz, Kausalsatz, Konditionalsatz*	77
Akkusativ, der	4. Fall, Wen-Fall	*den Vater, die Mutter, das Kind*	–
Akkusativobjekt, das	Satzglied im 4. Fall	*Sie nimmt **das Bild**.*	–
Aktiv, das	Aktionsform des Verbs, bei der die/der Handelnde im Vordergrund steht	***Er singt** ein Lied.*	–
Alliteration, die	Klangfigur; gleicher Anlaut in betonten benachbarten Silben	***L**iebe! **L**iebe! **L**ass mich **l**os!*	50
Anapher, die	Klangfigur; Wortwiederholung in aufeinanderfolgenden Versen oder Sätzen	***Weg** ist alles ...* ***Weg**, worum ...*	50
Apposition, die	nachgestellte Erläuterung, besondere Form des Attributs, durch Komma abgetrennt	*Ein Mädchen, unterwegs zu seiner Tante, sitzt im Zug.*	71
Argument, das	Begründung für oder gegen einen Standpunkt (Pro- und Kontra-Argument)	*Faktenargument, Autoritätsargument*	22 ff.
Artikel, der	Begleiter des Nomens	*der, die, das, ein, eine*	82, 85
Attribut, das	Satzgliedteil, genauere Angabe	*Sie nimmt das **schöne** Bild.*	98 f.
Bedeutungsprobe, die	Probe zur Getrennt- oder Zusammenschreibung von Verben; bei neuer Gesamtbedeutung schreibt man zusammen	*wahrnehmen, schwarzfahren*	90
Betonungsprobe, die	Probe zur Getrennt- oder Zusammenschreibung von Verben	*gut schreiben, gutschreiben*	90
Dativ, der	3. Fall, Wem-Fall	*dem Vater, der Mutter, dem Kind*	–
Dativobjekt, das	Satzglied im 3. Fall	*Er gibt **dem Freund** das Bild.*	–
Deklination, die	Beugung von Nomen, Adjektiven, Pronomen, Artikeln	*dem Kind, meiner blauen Tasche*	–
Demonstrativpronomen, das	hinweisendes Fürwort	*diese, jene, der, die, das*	–
Ellipse, die	Satzfigur; verkürzter, nicht vollständiger Satz	*Je schneller [du kommst], desto besser [ist es].*	–
Enjambement, das	Eine Sinneinheit endet nicht mit dem Versende, sondern wird in den nächsten Vers übertragen.	*Dein Blick voll Treu und Güte* *Mit unendlicher Gewalt*	50
feminin	grammatisches Geschlecht: weiblich	*die Mutter, die Blume, die Tür*	–
finite Verbform, die	gebeugte Verbform	*er läuft, du siehst, wir singen*	–
flektierbar	veränderbar (Wortarten)	*groß**e**, groß**er**, groß**es***	–
Futur I, das	Zeitform des Verbs, Handlung in der Zukunft	*ich werde gehen*	–
Futur II, das	Zeitform des Verbs, in der Zukunft abgeschlossene Handlung	*Ich werde gegangen sein.*	–
Gegenthese, die	Meinung, die nicht dem eigenen Standpunkt entspricht	–	22 ff.
Genitiv, der	2. Fall, Wessen-Fall	*des Vaters, der Mutter, des Kindes*	–
Genitivobjekt, das	Satzglied im 2. Fall	*Er wird **der Tat** überführt.*	–

Begriff	Erklärung	Beispiel	Seite
Genus, das	grammatisches Geschlecht	*maskulin, feminin, neutral*	–
Hauptsatz, der	finites Verb steht nach dem ersten Satzglied; keinem anderen Teilsatz untergeordnet	***Das Kind schreit laut.*** *Weil es wütend ist,* ***schreit das Kind laut.***	69
Imperativ, der	Modus des Verbs; direkte Aufforderung ausdrücken	***Schlaf*** *gut!* ***Schlaft*** *gut!*	–
Indikativ, der	Modus des Verbs; etwas als wirklich darstellen	*Sie* ***schläft*** *gut.*	79
Infinitiv, der	Grundform, Nennform des Verbs	*laufen, sprechen, essen*	70
Inversion, die	Satzfigur; vom üblichen Satzbau abweichende Wortfolge	***Weg ist*** *alles …*	50
Kasus, der	grammatischer Fall	*Nominativ, Genitiv, Dativ, Akkusativ*	–
Kausaladverb, das	gibt den Grund eines Geschehens an	*daher, deshalb*	77
Komparativ, der	Steigerungsform des Adjektivs, Vergleichsform	*klein –* ***kleiner*** *– am kleinsten*	–
Konjugation, die	Beugung des Verbs	*ich bin, du bist, er ist, wir sind*	–
Konjunktion, die	Bindewort; nebenordnend/unterordenend	*und, oder, denn/weil, wenn, nachdem*	93
Konjunktiv I, der	Modus des Verbs: wiedergeben, was jemand anderes gesagt hat	*Sie meint, sie* ***habe*** *gut geschlafen.*	79
Konjunktiv II, der	Modus des Verbs; etwas als wünschenswert, vorgestellt oder als Vermutung darstellen	*Sie* ***hätte*** *gut geschlafen.*	79
Lokaladverb, das	gibt die örtlichen Umstände eines Geschehens an	*hier, dort, nirgends*	77
maskulin	grammatisches Geschlecht: männlich	*der Junge, der Rucksack, ein Fisch*	–
Metapher, die	sprachliches Bild; Wort, das in übertragener Bedeutung verwendet wird	*Himmelszelt*	50
Metrum, das	Klangfigur; Abfolge der betonten und unbetonten Silben innerhalb eines Verses	*Jambus (unbetont – betont:* ***gewann****), Trochäus (betont – unbetont:* ***Liebe****)*	50
Modaladverb, das	gibt die Art und Weise eines Geschehens an	*leider, gern*	77
Nebensatz, der	im eingeleiteten Nebensatz finites Verb an letzter Stelle; Bestandteil im übergeordneten Satz	***Weil es wütend ist,*** *schreit das Kind.*	69
neutral	grammatisches Geschlecht: sächlich	*das Brot, das Mädchen, ein Tier*	–
Nomen, das	Substantiv, Hauptwort	*der Baum, das Glück*	85 ff.
Nominalisierung, die	Wort, das wie Nomen gebraucht wird	*beim Springen, etwas Großes*	85
Nominativ, der	1. Fall, Wer-Fall	*der Vater, die Mutter, das Kind*	–
Numerus, der	grammatische Zahl	*Singular, Plural*	–
Objekt, das	Satzglied, Satzergänzung	*z. B. Genitiv-, Dativ-, Akkusativobjekt*	–
Parabel, die	gleichnishafter Text mit Bild- und Sachebene	*Texte von z. B. Franz Kafka, Günter Kunert, Bertolt Brecht*	43, 45
Partizip I/II, das	infinite Verbform, Mittelwort zwischen Verb und Adjektiv	*Partizip I: weinend, springend, Partizip II: geweint, gesprungen*	98 f.
Passiv, das	Aktionsform des Verbs, bei der der- oder dasjenige, mit dem etwas geschieht, im Vordergrund steht	*Das Lied* ***wird*** *von ihm* ***gesungen.***	–
Passivumschreibung, die	Ersatzform für das Passiv	*man-Form, lassen-Form, Nominalisierung*	–
Perfekt, das	Zeitform des Verbs, Vergangenheit	*ich bin gelaufen, es hat geregnet*	–
Personalpronomen, das	persönliches Fürwort	*ich, du, er, sie, es, wir, ihr, sie*	–
Personifikation, die	sprachliches Bild; Dinge oder Erscheinungen werden wie Menschen oder Tiere dargestellt	*eine heimtückische Kreuzung*	50
Ping-Pong-Prinzip, das	Anordnung der Argumente in der dialektischen Erörterung	*Pro- und Kontra-Argumente wechseln sich ab*	26

Begriff	**Erklärung**	**Beispiel**	**Seite**
Plural, der	Mehrzahl	*die Häuser, die Blumen*	–
Plusquamperfekt, das	Zeitform des Verbs, Vorvergangenheit	*ich war gelaufen, es hatte geregnet*	–
Positiv, der	Steigerungsform des Adjektivs, Grundform	***klein** – kleiner – am kleinsten*	–
Possessivpronomen, das	besitzanzeigendes Fürwort	*mein, dein, sein, ihr, unser, euer*	–
Prädikat, das	Kern des Satzes	*Sie **nimmt** das Buch.*	–
Präfix, das	Vorsilbe	***Be**stellung, **ver**sprechen*	83
Präposition, die	Verhältniswort, kasusfordernd	*auf, in, mit, für, neben, trotz*	98 f.
Präpositionalobjekt, das	Satzglied mit Präposition	*Das Buch stammt **von ihrem Vater**.*	–
Präsens, das	Zeitform des Verbs, Gegenwart	*ich laufe, er liest, es regnet*	–
Präteritum, das	Zeitform des Verbs, Vergangenheit, eher schriftlich	*ich lief, er las, es regnete*	–
Pronomen, das	Fürwort	*Personal-, Demonstrativpronomen*	86 f.
Relativpronomen, das	bezügliches Fürwort, hat ein Bezugswort im übergeordneten Satz	*Das Buch, **das** sie liest, ist spannend.*	93
Relativsatz, der	Nebensatz als Attribut	*Der Kuchen, **der vom Vortag stammt**, ist heute auch noch frisch.*	93
Sanduhrprinzip, das	Anordnung der Argumente in der dialektischen Erörterung	*vom stärksten Kontra-Argument über Drehpunkt zum stärksten Argument für die These*	26
Satzgefüge, das	zusammengesetzter Satz aus HS und NS	*Ich hörte Musik, als ich nach Hause kam.*	69
Satzglied, das	Teil des Satzes, der allein vor dem finiten Verb stehen kann	*Subjekt, Objekt, Adverbialbestimmung*	–
Satzklammer, die	Mehrteilige Prädikate bilden eine Satzklammer.	*Die Feier **findet** morgen mit allen Freunden **statt**.*	–
Satzreihe, die	zusammengesetzter Satz aus HS und HS	*Ich kam nach Hause und meine Mutter ging einkaufen.*	72
Singular, der	Einzahl	*das Haus, die Blume, ein Tier*	–
Stammformen, die	Formen des Verbs: Infinitiv – 3. Person Präteritum Sg. – Partizip II	*schwimmen – schwamm – geschwommen*	–
Subjekt, das	Satzglied, Satzgegenstand	***Sie** nimmt das Buch.*	–
Suffix, das	Nachsilbe	*Bestell**ung**, versprech**en***	83, 85
Superlativ, der	Steigerungsform des Adjektivs, Höchstform	*klein – kleiner – **am kleinsten***	–
Symbol, das	sprachliches Bild; in einem Kulturkreis festgelegtes bildliches Zeichen	***Herz** für Liebe; **Kreuz** für Tod*	50
Temporaladverb, das	gibt die zeitlichen Umstände eines Geschehens an	*heute, inzwischen*	77
Tempus, das	Zeit, in die ein Verb gesetzt wird	*Tempusformen: Präsens, Präteritum, Futur, …*	–
Textsorte, die	Art, Typ eines Textes	*E-Mail, Brief, offizieller Antrag, Plakat, Erzählung*	7, 12, 30
These, die	Meinung, die dem eigenen Standpunkt entspricht	–	22 ff.
Verb, das	Tätigkeitswort	*laufen, einkaufen, regnen*	85
Vergleich, der	sprachliches Bild; Verknüpfung mit *wie* und *als*	*zittern **wie** Espenlaub; heller **als** die Sonne*	50
Zusatz, der	nachträgliche Erläuterung, durch Komma abgetrennt	*Ich liebe Süßes, **insbesondere Schokolade**.*	71

Quellennachweise

Textquellen

4 Um im digitalen Zeitalter zu überleben und relevant zu bleiben, braucht es Mut und Innovation. Unter: https://libero-is.de/um-im-digitalen-zeitalter-zu-ueberleben-und-relevant-zu-bleiben-braucht-es-mut-und-innovation/ (Zugriff 28.03.2023, gek.); **7.f.** Matthias Matting: E-Reader oder Buch aus Papier – was ist nachhaltiger? (03.11.2020) Unter: https://utopia.de/ratgeber/ebook-reader-oeko/ (Zugriff 28.03.2023, gek.); **10** Ute Schneider: Facettenreich und unverzichtbar. Die multiplen Leistungen und Funktionen der Kulturtechnik Lesen. In: APuZ 69. Jahrgang, 12/2019 v. 18.03.2019, S. 13f.; **13.M1** Wachstumsmarkt Comic & Manga. (Grafik-Beitext) Unter: https://www.buchreport.de/wp-content/uploads/2022/02/Comic_Grafik_Bild.jpg (Zugriff 20.04.2023, bearb.); **13.M2** Steven Micksch: Comics auf der Frankfurter Buchmesse: Viel mehr als nur bunte Bilder. (23.10.2022) Unter: https://www.fr.de/frankfurt/comics-auf-der-frankfurter-buchmesse-viel-mehr-als-nur-bunte-bilder-91869302.html (Zugriff 28.03.2023, gek.); **13.M3** Comic, Defintion. Unter: https://definition.cs.de/comic/ (Zugriff 28.03.2023, gek.); **14.M3** Ryan: Was ist Manga? Ein Leitfaden für japanische Comics. (28.12.2022) Unter: https://www.21-draw.com/de/what-is-manga-a-guide-to-japanese-comic-books/? (Zugriff 28.03.2023, gek.); **14.M3** Graphic Novel. (16.03.2023) Unter: https://uol.de/erinnerung-im-comic/graphic-novel (Zugriff 28.03.2023, gek.); **14.M4** Forscher untersucht Comics: Spektakel als besondere Qualität. (19.05.2019) Unter: https://www.welt.de/regionales/hessen/article193746739/Forscher-untersucht-Comics-Spektakel-als-besondere-Qualitaet.html (Zugriff 28.03.2023, gek.) © dpa Deutsche Presse-Agentur GmbH; **18.M2** Verena Leonhardt: Neuropsychologie: Eintauchen ins Lese-Erlebnis. (05.12.2016) Unter: https://www.tagesspiegel.de/wissen/eintauchen-ins-lese-erlebnis-3778765.html (Zugriff 28.03.2023, gek.); **19.M3** Hans Jürgen Wulff: Immersion. (23.03.2022) Unter: https://filmlexikon.uni-kiel.de/doku.php/i:immersion-942 (Zugriff 28.03.2023,gek.); **19.M4** Linda Thiemann: Virtual-Reality – Wo stehen wir heute und wo geht es hin? (30.10.2019) Unter: https://www.projektwerft.de/virtual-reality-wo-stehen-wir-heute-und-wo-geht-es-hin (Zugriff 28.03.2023, gek); **23** Wilhelm Schmid: Mit sich selbst befreundet sein. Suhrkamp Frankfurt/M. 2012, S. 253ff.; **24.f.** Gisela Klinkhammer: Was nützt die Gentechnik dem Menschen? Diagnostik an medizinische Zwecke binden. (1998) Unter: https://www.aerzteblatt.de/archiv/14440/Was-nuetzt-die-Gentechnik-dem-Menschen-Diagnostik-an-medizinische-Zwecke-binden (Zugriff 28.03.2023, gek.); **26** Richard David Precht: Wer bin ich und wenn ja, wie viele? Goldmann München 2007, S. 349-356; **28** Richard David Precht: Wer bin ich und wenn ja, wie viele? Goldmann München 2007, S. 358ff.; **32.M2** Wenn das Smartphone zur Hölle wird Cybermobbing bei Jugendlichen. Tipps für Eltern & Lehrer. (09/2019) Unter: https://weisser-ring.de/sites/default/files/wr_broschure_cybermobbing_lehrer_eltern_rzdigital_091019.pdf (Zugriff 29.03.2023, gek.); **33.M3** Christine Haas: Handys und Tablets in der Schule. Zwischen Mobbing und Medienkompetenz. (03.06.2018; Zeit Online) Unter: https://www.zeit.de/gesellschaft/schule/2018-05/handys-tablets-schule-verbot-internet-regeln (Zugriff 29.03.2023, gek.); **34.M4** Afanasia Zwick: Cybermobbing. Digitale Helden" helfen bei Hass-Kommentaren. (21.10.2014) Unter: https://www.deutschlandfunk.de/cybermobbing-digitale-helden-helfen-bei-hass-kommentaren-100.html (Zugriff 28.04.2023, gek.); **36.f.** Schönheits-OPs nehmen zu - mehr Männer unterm Skalpell. (17.05.2019) © dpa Deutsche Presse-Agentur GmbH; **37.M3** Sofie Eifertinger – Die Kitz-Schauspielerin im Interview. (09.06.2022) Unter: https://fogsmagazin.com/sofie-eifertinger-interview/ (Zugriff 20.04.2023, gek.); **38.M3** Monika von Aufschnaiter: Lookismus. (11.05.2002) Unter: https://www.br.de/nachrichten/wissen/klimawandel-bedroht-permafrost-den-klebstoff-der-alpen,Rrv7vg7 (Zugriff 20.04.2023, gek.); **40.f.** Erich Fried: Fast alles Mögliche. Wahre Geschichten und gültige Lügen. Klaus Wagenbach Berlin 1975, S. 23; **43** Günter Kunert: Der Mittelpunkt der Erde. Eulenspiegel Berlin 1975, S. 13; **44** Franz Kafka: Auf der Galerie. In: Ders.: Kurze Prosa/Erzählungen. Ausgew. u. mit Materialien vers. v. Ralf Sudau. Ernst Klett, Stuttgart 2007, S. 43; **45** Franz Kafka: Die Erzählungen und andere ausgewählte Prosa. Hrsg. v. Roger Hermes. Fischer TB Frankfurt/M. 2011, S. 264; **47** Franz Kafka: Brief an den Vater. Originalfassung. Fischer TB Frankfurt/M. 1999, S. 1; **47** Franz Kafka: Brief an den Vater. Originalfassung. Fischer TB Frankfurt/M. 1999, S. 48; **48** Günter Kunert: Der Mittelpunkt der Erde. Eulenspiegel Berlin 1975, S. 17; **50** Hans Magnus Enzensberger: Gedichte 1950–2020. Suhrkamp Berlin 2019, S. 31; **50** Rädelsführer, der. Unter: https://www.dwds.de/wb/R%C3%A4delsf%C3%BChrer (Zugriff 24.04.2023, gek.); **50** Rädelsführer. Unter: https://www.wortbedeutung.info/R%C3%A4delsf%C3%BChrer/ (Zugriff 24.04.2023, gek.); **52** Herlinde Koelbl, Zitat. In: Andreas Krieger: Nachruf auf Hans Magnus Enzensberger. (2711.2022) Unter: https://www.daserste.de/information/wissen-kultur/ttt/sendung/nachruf-hans-magnus-enzensberger-100.html (Zugriff 29.03.2023, gek.); **53** Ursula Krechel: Nach Mainz! Gedichte. dtv München 1983, S. 13; **53** Rainer Malkowski: Was für ein Morgen. Gedichte. Suhrkamp Frankfurt/M. 1975; **56** Erich Fried: Widerstand. Gedichte. Klaus Wagenbach Berlin 2018; **58.f.** Friedrich Schiller: Die Räuber. Ein Schauspiel. Frankfurt/Leipzig 1781. Unter: https://www.friedrich-schiller-archiv.de/dramen/die-raeuber/ (Zugriff 29.03.2023, gek.); **61.ff.** Friedrich Schiller: Die Räuber. Ein Schauspiel. Frankfurt/Leipzig 1781. Unter: https://www.friedrich-schiller-archiv.de/dramen/die-raeuber/ (Zugriff 29.03.2023, gek.); **64** Jürgen Schwarz: Schiller kennen lernen - sein Leben, seine Dramen, seine Balladen. Persen Lichtenau 2004, S. 6–9; **65.f.** Friedrich Schiller: Die Räuber. Ein Schauspiel. Frankfurt/Leipzig 1781. Unter: https://www.friedrich-schiller-archiv.de/dramen/die-raeuber/ (Zugriff 29.03.2023, gek.); **75** Umgangsformen und Tischmanieren. Unter: https://gastlichkeit.at/fuer-sie/restaurant-knigge/ (Zugriff 29.03.2023, gek.); **80** Domitila Barros: „Endlich darf ich reden!". Interview von Martina Petersen. (12/2022) Unter: https://schrotundkorn.de/leben/domitila-barros (Zugriff 29.03.2023, gek.); **80** 7 gute Gründe, täglich Tee zu trinken. Unter: https://www.carpediem.life/a/taeglich-tee-trinken-wirkung (Zugriff 20.04.2023, bearb.); Zur besseren altersgemäßen Verständlichkeit wurde der Originaltext verändert, ohne den Inhalt und/oder Sinn zu verändern.; **89** 20 norddeutsche Gerichte, die du ein Mal im Leben probiert haben musst. (14.02.2017) Unter: https://www.einfach-tasty.de/rezepte/20-norddeutsche-gerichte-die-du-ein-mal-im-leben-probiert-haben-musst-90139763.html (Zugriff 28.04.2023, bearb.); Zur besseren altersgemäßen Verständlichkeit wurde der Originaltext verändert, ohne den Inhalt und/oder Sinn zu verändern.; **89** Greifswald Sehenswürdigkeiten. Unter: https://viel-unterwegs.de/reiseziele/deutschland/greifswald-sehenswuerdigkeiten/ (Zugriff 29.03.2023, gek.); Zur besseren altersgemäßen Verständlichkeit wurde der Originaltext verändert, ohne den Inhalt und/oder Sinn zu verändern.; **94** Wendelstein 7-X. Unter: https://www.ipp.mpg.de/wendelstein7x (Zugriff 29.03.2023, gek.); Zur besseren altersgemäßen Verständlichkeit wurde der Originaltext verändert, ohne den Inhalt und/oder Sinn zu verändern.; **100.f.** Lesen formt das Gehirn. (17.04.2018/MEZ) Unter: https://www.mpg.de/lesen (Zugriff 20.04.2023, gek.); **103.f.** Felix Ekardt: Warum Konsumentscheidungen allein die Umwelt nicht retten. (22.08.2018) Unter: https://www.bpb.de/themen/medien-journalismus/netzdebatte/274656/warum-konsumentscheidungen-allein-die-umwelt-nicht-retten/ (Zugriff 20.04.2023, gek.); **106** Günter Kunert: Der Mittelpunkt der Erde. Eulenspiegel Verlag, Berlin 1975, S. 110f.

Bildquellen

Cover.li. Getty Images Plus, München (E+ / PeopleImages); **Cover.re.** Getty Images RF, München (Westend61); **4** Mauritius Images, Mittenwald (Paul Lovelace/Alamy); **8** ShutterStock.com RF, New York (Vera NewSib); **10** stock.adobe.com, Dublin (Инесса Касьянова); **13** PER MEDIEN & MARKETING GmbH, Braunschweig nach Media Control-Handelspanel Deutschland; **18** Cloud-Science.de - Tech Toons, Bonn; **24** Glücklicher Montag, Leipzig (Scharwel); **28** Voets, Inge, Berlin; **32** PER MEDIEN & MARKETING GmbH, Braunschweig nach Bündnis gegen Cybermobbing; **36** VDÄPC (Vereinigung der Deutschen Ästhetisch-Plastischen Chirurgen), Grafik: ©Katharina Dabels; **36** Voets, Inge, Berlin; **37** ddp media GmbH, Hamburg; **40** Voets, Inge, Berlin; **43** stock.adobe.com, Dublin (Scheer Sieglinde); **44** Voets, Inge, Berlin; **45** stock.adobe.com, Dublin (Ellie Nator); **56** Voets, Inge, Berlin; **61** Picture-Alliance, Frankfurt/M. (Eventpress Hoensch); **64** ullstein bild, Berlin; **70** stock.adobe.com, Dublin (almaje); **73** stock.adobe.com, Dublin (somegirl); **74** Voets, Inge, Berlin; **75** Voets, Inge, Berlin; **79** stock.adobe.com, Dublin (Naypong Studio); **85** ShutterStock.com RF, New York (Marc Venema); **88** stock.adobe.com, Dublin (dietwalther); **91** Alamy stock photo, Abingdon (Peter Schickert); **93** ShutterStock.com RF, New York (Marc Venema); **94** laif, Köln (Lando Hass); **95** stock.adobe.com, Dublin (JuliaNaether); **97** Interfoto, München (Sammlung Rauch); **100** Getty Images Plus, München (iStock/boyarkinamarina); **103** Getty Images Plus, München (iStock/somebody); **106** Voets, Inge, Berlin

Lösungen Arbeitsheft Deutsch kompetent 10

ISBN 978-3-12-316316-6

Einen Sachtext schriftlich analysieren

Eine Sachtextanalyse planen

Seite 5

1. Aufzählung neuer Angebote, die über das Angebot der Buchausleihe hinausgehen
2. *Der Text richtet sich in erster Linie an* Bibliotheksleiterinnen und -leiter *mit der Absicht,* sie mit neuen Ideen und Konzepten vertraut zu machen, zu informieren.
3. **Abschnitt 1, Z. 1–9:** Bibliotheken müssen ihr Angebot anpassen und erweitern. **Abschnitt 2, Z. 10–15:** Das World Wide Web ist das wichtigste Medium für die Informationsbeschaffung. **Abschnitt 3, Z. 16–18:** Auch Bibliotheken können den Besucherinnen und Besuchern internetgestützte Dienstleistungen anbieten. **Abschnitt 4, Z. 19–27:** Die Bibliothek in Woollahra wurde erfolgreich zu einem Community-Zentrum umgebaut. **Abschnitt 5, Z. 28–32:** Bibliotheken sind nicht nur Orte der Information, sondern vor allem Orte der Begegnung.
4. **A** … „das World Wide Web zum wichtigsten Medium für die Informationsbeschaffung geworden ist". (Z. 10 f.)
B … das World Wide Web zum wichtigsten Medium geworden sei. (Vgl. Z. 10 f.) **C** … Bücher durch das Internet ihre Rolle als Hauptmedium der Informationsbeschaffung eingebüßt haben/hätten.

Seite 6

5. **a)** *Die Aufzählungen verdeutlichen* die Vielfältigkeit des Angebots neuer Bibliothekskonzepte. **b)** *Die direkte Gegenüberstellung der Besucherzahlen* belegt eindrücklich den Erfolg des Konzeptes. **c)** *Diese Stilfigur* hebt die Gegensätzlichkeit von altem und neuem Konzept mithilfe von Schlagworten anschaulich hervor.
6. **Einleitung** *Titel:* Bibliotheken müssen mehr als nur Bücher bieten, *Autor/in:* Bibliothekssystem Libero, nicht namentlich genannt, *Textsorte:* Webseitentext, *Thema des Textes:* Neugestaltung von öffentlichen Bibliotheken in der Zukunft, *Erscheinungsort/-jahr:* Internetseite libero, 2022, *Schreibidee für die Einleitung:* individuelle Lösung, **Hauptteil** *Begründung: Z. 1–5* … weil sie für Besucherinnen und Besucher weiterhin attraktiv bleiben sollen, *Z. 6–9* … weil Besucherinnen und Besucher digitale Serviceleistungen erwarten und gleichzeitig einen Ort der Kommunikation suchen … *Beispiel/Beleg: Z. 19–27* Die Bibliothek in Woollahra z. B. bietet beides: digitale Bibliotheksdienste und moderne Arbeitsbereiche. *Sprachliche Mittel: Zeile 16 ff. Aufzählung,* Zeile 25–27 Kontrastierung, Zeilen 28–32 wertende Adjektive

Eine Sachtextanalyse schreiben

Seite 8

1. Individuelle Lösung.
2. **Zielgruppe:** Jugendliche („du"-Anrede), **Absicht:** umweltbewusste Nutzung von E-Readern oder gedruckten Büchern veranlassen, **Hauptfunktion:** Appellfunktion
3. **a)** Für den E-Reader spricht … dass der Stromverbrauch minimal ist, …dass der Kauf eines E-Book-Textes etwa um 20 Prozent günstiger ist, … dass nur 20 Prozent der Bücher in Papierform aus recyceltem Papier hergestellt werden, … dass das E-Book durch die Beleuchtungsmöglichkeit benutzerfreundlicher ist als ein Buch, … dass sich die Anschaffung eines E-Readers für Vielleserinnen und Vielleser aus finanziellen und ökologischen Gründen lohnt.
b) Für das traditionelle Buch spricht, dass die Produktionsbedingungen weniger Schäden anrichten als die Produktion von E-Readern (Umweltverschmutzung, Kinderarbeit, Treibhausgasemissionen usw.). **c)** Für Leihbibliotheken spricht, dass deren Nutzung einen minimalen ökologischen Fußabdruck hinterlässt.
4. Die Formulierungen machen deutlich, dass keine pauschale Antwort auf die gestellte Frage gegeben werden kann. Die Frage ist „knifflig", der erste Blick täusche usw. Sie fordern dazu heraus, sich mit der Thematik genauer auseinanderzusetzen, um für sich selbst die nachhaltigste Leseform zu finden.
5. Individuelle Lösung.
6. **Titel:** E-Reader oder Buch aus Papier – was ist nachhaltiger? **Autor:** Matthias Matting **Textsorte:** Kommentar **Thema des Textes:** Frage, ob E-Reader oder Bücher in Papierform umweltschonender sind **Erscheinungsort/-jahr:** Internetseite www.utopia.de/ratgeber/ebook-reader-oeko/, 2020

Seite 9

7. Individuelle Schülerlösung, z. B.: Das Thema ist relevant, weil Schülerinnen und Schüler als Verbraucher die Entwicklung mitgestalten. Das Thema ist aktuell, weil die Umweltzerstörung immer größere Ausmaße annimmt und jede und jeder etwas für den Umweltschutz tun kann.
8.

E-Reader sind besser (nachhaltiger), weil …	Beleg/Beispiel
… sie nur wenig Strom verbrauchen.	*Für einen Cent kann man den Akku sechs Mal laden.*
… der Kauf eines digitalen Textes günstiger ist.	Der Kauf ist um 20 % günstiger.
… E-Reader praktischer sind.	*Texte sind online verfügbar. Das Gerät ist handlicher als ein dickes Buch.*
… die Anschaffung eines E-Readers sich vor allem für Vielleserinnen und Vielleser lohnt.	Die Herstellung von 50 Büchern benötigt mehr Energie als die Herstellung eines E-Readers.

Bücher in Papierform sind besser (nachhaltiger), weil …	Beleg/Beispiel
… die Produktion von Büchern weniger umweltschädlich ist als die Produktion von E-Readern.	Energiebedarf, Wasserverbrauch sowie Treibhausgas- und Schadstoff-Emissionen sind beim Buch geringer.

9. z. B. Leseransprache: Z. 1, Z. 34; Verwendung von Fachsprache: E-Ink-Technik (Z. 7), ökologischer Fußabdruck (Z. 48), Recycling (Z. 14); Anschaulichkeit: Für einen Cent (Z. 1), 40.000 Seiten (Z. 3), Ein LKW muss es von der Druckerei in

den Buchladen transportieren (Z. 12 f.); Gliederung und Hinweis auf wichtige Informationen durch Doppelpunkte (Z. 1, 22, 36)

10. **Beispiellösung:** Umweltschutz spielt in allen Lebensbereichen eine immer größere Rolle und auch in der Schule wird immer häufiger darauf geachtet, dass umweltfreundliche Produkte verwendet werden. Speziell im Deutschunterricht könnte man beispielweise überlegen, ob es nicht nachhaltiger wäre, E-Reader anstelle von Büchern aus Papier zu verwenden.
Mit dieser Frage beschäftigt sich auch Matthias Matting in seinem Artikel „E-Reader oder Buch aus Papier – was ist nachhaltiger?“, der als Kommentar auf der Internetseite www.utopia.de im Jahr 2020 erschienen ist. Der Autor richtet sich in erster Linie an Jugendliche und appelliert an ihr Umweltbewusstsein. Matting vergleicht E-Reader und Bücher aus Papier im Hinblick auf ihren ökologischen Fußabdruck.
Zunächst macht der Autor darauf aufmerksam, dass der Stromverbrauch von E-Readern überraschend gering ist und E-Bücher um etwa 20 % günstiger sind als Bücher aus Papier (Z. 1–6).
Vergleicht man E-Reader und Bücher in Papierform, werde deutlich, dass sie durch die Beleuchtung auch mehr Komfort bieten (Z. 7–10). Das Gerät sei handlicher als ein dickes Buch, so Matting.
Eine pauschale Antwort auf die gestellte Frage sei aber „[k]nifflig“ (Z. 15), denn es komme auf die individuelle Art der Nutzung an. Die Frage lasse sich somit „nicht in einem Satz beantworten“ (Z. 17).
Insofern seien auch die unterschiedlichen Produktionsbedingungen zu berücksichtigen, die die größten Auswirkungen auf die Ökobilanz hätten. Dabei sei festzustellen, dass der gesamte Prozess berücksichtigt werden müsse (Z. 18 f.) und die größten Umweltschäden bei der Produktion entstünden (Z. 22 f.). Das Buch schneide hier besser ab als das Tablet.
Es komme aber darauf an, wie häufig ein E-Reader benutzt werde. Wer etwa zehn Bücher pro Jahr lese und das Tablet auch für den Konsum anderer Medien nutze, sollte die elektronische Variante verwenden, und wer weniger lese, sollte laut Matting zum Buch in Papierform greifen. Für Vielleserinnen und Vielleser lohne sich die Anschaffung eines E-Readers, da der Druck von etwa 50 Büchern mehr Ressourcen verbrauche als die Herstellung eines Tablets (Z. 34–44).
Schließlich weist Matting auf Leihbibliotheken hin, die die beste Ökobilanz aufweisen würden, da sie die umweltschonendste Nutzung erlauben würden (Z. 47 f.).
Der Kommentar von Matthias Matting, der viele Aspekte der Produktion und des Konsums berücksichtigt, macht deutlich, dass Leserinnen und Lesern die Aufgabe zukommt, ihr Nutzungsverhalten zu analysieren und dann genau abzuwägen, ob sie den E-Reader oder das gedruckte Buch wählen.

11. Individuelle Lösung.

Abschlusstraining: Einen Sachtext schriftlich analysieren

Seite 11

1. Aufgabe ist es, die zentralen Aussagen herauszuarbeiten und dabei die Gliederung des Textes zu beschreiben.

2. Individuelle Lösung.

3. Individuelle Lösung, z. B. Ich vermute, dass der Text darüber informiert, wie sich das Lesen durch die Neuen Medien verändert und ob man Texte anders liest als früher. Wahrscheinlich richtet er sich an ein Fachpublikum.

4. **1. Abschnitt, Z. 1–16:** Es geht beim Lesen nicht nur um Information, sondern auch um den Austausch über den Text.
2. Abschnitt, Z. 17–61: Ein Trend aus den USA stellt das langsame Lesen und das Reflektieren des Gelesenen in den Mittelpunkt. **3. Abschnitt, Z. 62–74:** Lesen hat unter bestimmten Voraussetzungen ein Integrationspotenzial.

5. Der erste Teil des Textes ist von Nominalstil geprägt, der die Absicht unterstreicht, kompakt über gesellschaftliche Entwicklungen zu informieren und dabei Anspruch auf Allgemeingültigkeit erhebt.

6. **Einleitung:** z. B. eigene Leseerfahrung, persönlicher Umgang mit Texten in der Schule oder Freizeit …

7. **Beispiellösung:** Immer wieder kommt es vor, dass man kurz nach der Lektüre eines Textes schon wieder vergessen hat, was man da gerade gelesen hat.
Ute Schneider, die Autorin des Textes „Lesen in der Kommunikationsgesellschaft“, vermutet, dass die Ursache darin zu finden ist, dass kein Austausch über das Gelesene stattfindet. Ihr informierender Artikel, der am 18.3.2019 in der Zeitschrift „Aus Politik und Zeitgeschichte“ erschienen ist, stellt deshalb eine andere Art des Lesens vor, das sogenannte „Slow Reading“.
Ute Schneider hält zunächst einmal fest, dass Medien nicht nur genutzt werden, weil sie unterhalten oder Informationen bieten, sondern auch weil sie Anlass zum Austausch geben. Lesen ermögliche, so Ute Schneider, „Kommunikationsprozesse als soziale Handlungen“ (Z. 10 f.).
Schneider behauptet im nächsten Abschnitt, dass sich ein neuer Trend, der in den USA entstanden ist, demnächst auch in Europa ausbreiten werde, weil er eine Reaktion auf das „oberflächliche und eher flüchtige Lesen“ (Z. 27 f.) darstelle. Bei diesem Trend gehe es um eine „Lesepraktik“ (Z. 21), die das langsame Lesen („Slow Reading“) propagiere. Ziel sei der Spaß am Lesen und die Reflexion über das Gelesene. Auf sogenannten Slow-Reading-Partys werde dann, so Schneider, vor allem über das Lesen selbst gesprochen, was ein „soziales Integrationspotenzial“ (Z. 70) entfalte.
Die Autorin fasst zusammen, dass das Lesen je nach Art einen „unterschiedlich hohen Integrationsgrad“ (Z. 63) besitze – das hänge von der jeweiligen Funktion des Lesens ab. Sozial integrativ sei das Lesen nur dann, wenn es zum Lebensstil dazugehöre, der Identitätsbildung diene oder der Beteiligung im politischen oder literarischen Umfeld (Z. 64–69).
Ute Schneiders Text stellt also nicht nur einen neuen Lesetrend vor, er macht auch deutlich, welche wichtige Aufgabe das Lesen für den gesellschaftlichen Zusammenhalt übernimmt, einfach weil es Menschen zusammenbringt.

8. Individuelle Lösung.

Auf Materialbasis einen informierenden Text schreiben

Einen informierenden Text planen

Seite 12

1. **Anlass:** Ausstellung im Foyer des Rathauses, **Thema:** Vorstellung des Ausstellungsthemas, der Genres und deren Bedeutung, **Ziel:** Information, Präsentation des Ausstellungsthemas, **Textsorte:** informierender Text, **Adressatenkreis:** Schülerinnen und Schüler, Eltern, Lehrerinnen und Lehrer, Besucherinnen und Besucher des Rathauses
2. **Material 1:** Umsatzentwicklung von Comics und Mangas im Buchhandel, **Material 2:** Definitionen von Mangas, Comics und Graphic Novels, **Material 3:** Gründe für Beliebtheit von Comics, Mangas und Graphic Novels, **Material 4:** Die in Comics gezeigte Gewalt ist überzeichnet. **eigenes Wissen:** Individuelle Lösung.

Seite 15

3. *Der Umsatz in den Bereichen* Comic und Manga wächst seit 2016 kontinuierlich, während dies bei anderen belletristischen Waren kaum so zu verzeichnen ist. *Der Bereich Mangas verzeichnet seit* 2016 stets höhere Umsätze und ist im Jahr 2021 im Vergleich zum Comic sprunghaft angestiegen.
4. … die Kraft, die Comicbilder in Kombination mit dem geschriebenen Wort entwickeln können (Z. 7 f.), …wollen Comics nicht mehr nur unterhalten, sondern die Werke transportieren relevante Botschaften und widmen sich ernsten Themen (Z. 8 f.), … den guten Geschichten … der zunehmenden Verbreitung von Animes (Z. 18), … Präsenz … bei Streaminganbietern wie Netflix, Amazon & Co. (Z. 19 f.)
5. … sie nicht nur unterhalten, sondern auch relevante Themen behandeln, … sie „gute Geschichten" erzählen, … die Animes durch Streamingdienste immer bekannter werden
6. **Comic:** Eine Folge von Bildern, die einen Vorgang beschreibt oder eine Geschichte erzählt (Z. 1), … gezeichnete Bildergeschichten (Z. 2), … Sprechblasen …Ausdrucks- oder Ausrufwörter (Z. 3), … Bewegungsstriche (Z. 4), … Kombiniert werden Comics mit erzählendem Text (Z. 5), … amerikanischen Sonntagszeitungen (Z. 6), … sind auf kein Genre oder Altersgruppe beschränkt … die Bandbreite des Angebots sehr groß (Z. 9 f.) **Manga:** … Form von Comics und Graphic Novels … Ursprung in Japan (Z. 1), … sind eng mit der japanischen Kultur und Gesellschaft verbunden … breites Spektrum (Z. 6 f.), … richteten sich in erster Linie an ein japanisches Publikum (Z. 8), … auch in westlichen Ländern immer beliebter (Z. 9), … Aspekte er japanischen Kultur (Z. 12) **Graphic Novel:** … Comics in Buchformat (Z. 1), … Horror, Action, Politthriller, Dokumentation oder Tragikomödie … im Laufe der Zeit auch experimentelle Werke (Z. 2 f.), … komplexe Geschichten (Z. 4), … als gebundene Bücher (Z. 5 f.), … erwachsene Leser (Z. 7), … in Buchhandlungen vertrieben (Z. 9)
7. Richtig ist das mittlere Schaubild.
8. … nicht trivial oder primitiv (Z. 4), … anspruchsvolle Ebene sowohl ästhetisch als auch in der Erzählung (Z. 6), … Bildsprache … viel weniger an der Realität dran (Z. 12 f.), … Wir haben durch das Gezeichnete immer eine Distanz (Z. 15)
9. **A** Ja, denn Gewalt ist ein typisches Merkmal vieler Comicreihen **B** Nein. Das Thema Gewalt ist eines von vielen und sollten neben anderen genannt werden. **C** Ja, mit dieser Information kann Missverständnissen vorgebeugt werden.

Seite 16

10. **Einleitung:** *Hinweis auf die Beliebtheit der Genres,* Verknüpfung der gelieferten Sachinformation mit den Ausstellungsbeiträgen
    Hauptteil: Information über den großen Erfolg von Comics, Graphic Novels und Mangas auf dem Buchmarkt (M1, M2), Erläuterung der Begriffe Comic, Graphic Novel, Manga (M3), Information über das Thema Gewaltdarstellung in Comics (M4)
    Schluss: eigenes Wissen/Erfahrungen (eigene Leseerfahrungen, Eindrücke vom Ausstellungsprojekt), Fazit: Bedeutung der Genres
11. **A** *nicht gelungen, weil* der Text die gewählten Genres vorstellt und nicht das Projekt **B** *nicht gelungen, weil* sich diese Überschrift nur auf einen Teilaspekt bezieht **C** *nicht gelungen, weil* auch Comics und Graphic Novels ausgestellt werden bzw. auch über Comics und Graphic Novels informiert wird

Einen informierenden Text schreiben

Seite 17

1. **Überarbeitung am Rand:** *Wortwahl (nutzen)* – treffender wäre lesen, kaufen, mögen …; Stil (zum Glück) – subjektive Wertungen sollen im sachlichen Stil vermieden werden; Zitat nicht korrekt („bunte Bilder"), Beleg für Zitat fehlt (M2) – bei direkten Zitaten muss die genaue Fundstelle angegeben werden

   Beispiellösung: Jede und jeder kennt, viele lieben Comics, Graphic Novels und Mangas. Sie werden sogar immer beliebter. Denn sie sind, wie es in einer Überschrift der Frankfurter Rundschau heißt, „mehr als nur bunte Bilder" (M2). Aber wer weiß schon genau, worin sich Comics, Graphic Novels und Mangas unterscheiden und …
2. **Überarbeitung am Rand:** *Wiederholung* – formuliere abwechslungsreich; *Stil (leider)* – subjektive Wertungen sollen im sachlichen Stil vermieden werden; Gr-Tempus (setzte) – das bevorzugte Tempus ist Präsens; Relevanz (der eine Studie zum Thema vorgelegt hat) – die Berufsbezeichnung ist für das Thema ausreichend aussagekräftig; Gr-Modus (aufbaut) – bei indirekter Rede Konjunktiv I, zumal er auch schon im Hauptsatz verwendet wird

   Beispiellösung: Zu den Themen, die in Comics, Graphic Novels und Mangas behandelt werden, gehört auch der Aspekt Gewalt. Deshalb ist immer wieder zu hören, dass Comics zu Verrohung führen und gewalttätig machen können. Mit diesem Urteil setzt sich auch der Kultursoziologe Jörn Ahrens auseinander. Er weist darauf hin, dass Comics viel weniger nah an der Realität seien. Der Grund dafür sei, dass das Gezeichnete immer eine Distanz aufbaue.
3. **Beispiellösung:** Jede und jeder kennt, viele lieben Comics, Graphic Novels und Mangas. Sie werden sogar immer beliebter. Denn sie sind, wie es in einer Überschrift der Frankfurter Rundschau heißt, „mehr als nur bunte Bilder" (M2). Aber wer weiß schon genau, worin sich Comics, Graphic Novels und Mangas unterscheiden und was man beim Lesen beachten muss? Im Folgenden sind die wichtigsten Informationen zu den Textsorten zusammengestellt. Sie

sollen Ihnen die Texte und Bilder näherbringen und den Zugang erleichtern.
Bekannter als Mangas und Graphic Novels sind Comics. Sie sind schon Ende des 19. Jahrhunderts in amerikanischen Sonntagszeitungen erschienen und richten sich heute an alle Altersgruppen. Comics sind Bildergeschichten, die mit typischen Ausrufen wie „uff“ oder „argh“ und Bewegungsstrichen arbeiten, um die Comicstrips zu animieren.
Ihnen wird immer wieder vorgeworfen, dass sie Teil der Massenkultur seien und Gewalt verharmlosen würden. Der Kultursoziologe Jörn Ahrens widerspricht. Comics seien nicht primitiv oder trivial. Sie würden Gewalt zwar thematisieren, sie würden aber gerade durch die Überzeichnung auch eine Distanz schaffen und deutlich machen, dass die Gewaltdarstellungen etwas „Nicht-Reales“ zeigen.
Das zweite Genre, das in der Ausstellung präsentiert wird, sind Graphic Novels. Sie sind stilistisch anspruchsvoller als Mangas und Comics und bieten auch komplexe Geschichten oder experimentelle Ansätze. Ihre Machart ist aufwändiger und teurer. Deshalb werden sie in der Regel im Buchhandel vertrieben und richten sich in erster Linie an Erwachsene.
Mit Graphic Novels und Comics verwandt sind Mangas, die eng mit der japanischen Kultur verbunden sind. Sie zeichnen sich dadurch aus, dass sie sich mit Themen aus den Bereichen Romantik, Science Fiction oder Horror beschäftigen. In den letzten Jahren wurden sie auch in den westlichen Ländern immer populärer.
Gerade Mangas befinden sich, wie eine Umfrage unter Buchhändlern zeigt, auf Wachstumskurs.
Die Zeichnerinnen und Zeichner der 10. Klassen hoffen, auch Sie für die „bunten Bilder“ zu begeistern.

4. Individuelle Lösung.

Abschlusstraining: Auf Materialbasis einen informierenden Text schreiben

Seite 19

1. *Ich muss berücksichtigen, dass* die Zielgruppe nur über wenige Vorkenntnisse verfügt.
Ich muss besonders darauf achten, auf Fachsprache zu verzichten bzw. Fachbegriffe zu erläutern.

Seite 20

2. z. B. *VR-Brille*, Videospiele, virtuelle Welten, Cyberspace, nichts mehr von der Wirklichkeit mitbekommen …

3. **M2:** Und ich fahre mit. Lesend erlebe ich mit Harry Potter und seinen Freunden Ron und Hermine Abenteuer in der magischen Welt, teile ihre Ängste und Freuden und trete mit ihnen den mühevollen Kampf gegen das Böse an. Dass ich in Wirklichkeit auf meinem Bett liege und mich keinen Zentimeter bewegt habe, wird mir erst klar, als ich das Buch wieder zuklappe. … Doch wie kommt es, dass man als Leser regelrecht in den Büchern versinkt und anscheinend alles um sich herum vergisst? … „Wir haben herausgefunden, dass der mittlere cinguläre Cortex im Gehirn sensibel reagiert, wenn Menschen immersiert sind“ … eine Gehirnregion, die sonst in Verbindung gebracht wird mit Schmerzempfinden, Mitgefühl und Empathie … Das Gelesene erzeugt Empathie – ein wichtiger Faktor bei der Immersion.
M3: von lat. immergo ‚eintauchen‘, ‚versenken‘; reflexiv auch als ‚sich irgendwohin begeben‘; engl.: immerse (‚eintauchen‘, ‚sich vertiefen‘) … virtuelle Realitäten … Art und Maß des Eintauchens des Benutzers in die virtuelle Welt. … das Empfinden einer haptischen Beteiligung an den Vollzügen in der Kunstwelt … das Eintauchen in eine computergenerierte Welt … der Spieler selbst zum Element der Spielewelt wird … Als Indikator … reflexartigen motorischen Reaktionen auf das Bildschirmgeschehen … auf Ereignisse in der virtuellen Realität reagiert.
M4: wird unser Bewusstsein „ausgetrickst“. Mit der Datenbrille auf dem Kopf glauben wir, wir wären in einer anderen Welt. … wird uns suggeriert, dass die Illusion der virtuellen Welt real ist. … eindringliche Erlebnis … Desto höher der Grad der Immersion, desto realer erscheint uns die virtuelle Welt. … keine außenstehenden Betrachter*innen … sondern Teilnehmende. Wir sind schnell emotional involviert und können fühlen, was passiert. … Art der Wahrnehmung … die sich an der Schwelle von realem Erlebnis und virtueller Welt befindet.

4. **M1 und Vorwissen:** Nebeneinander von Realität und VR, Gefahr der Verwechslung von Realität und VR **M2:** Auch das Eintauchen in Romanwelten nennt man Immersion, z. B. bei „Harry Potter“. Empathie ist ein wichtiger Faktor der Immersion. **M3:** Immersion: Art und Weise des Eintauchens in virtuelle Welten, Beweis: reflexartige Bewegungen, große Bedeutung für die Entwicklung von PC-Spielen **M4:** Immersion macht Betrachter zu Teilnehmern, Anwendung in der Praxis: virtuelle Museumsbesuche, Training von Reparaturarbeiten mithilfe der VR-Brille

5. **A** *Ein Filmlexikon definiert Immersion als* „Art und Maß des Eintauchens des Benutzers in die virtuelle Welt. **B** *Das Gelesene, so der Neuropsychologe Arthur M. Jacobs,* erzeuge Empathie. **C** *Linda Thiemann behauptet, dass wir durch die Immersion keine außenstehenden Betrachter*innen* mehr seien, sondern Teilnehmende.

6. **Immersion:** der Effekt, dass ein Nutzer eine virtuelle Umgebung als real empfindet
haptische Beteiligung: die körperliche Reaktion auf einen rein virtuellen Eindruck
virtuelle Realität: mithilfe digitaler Technik erzeugte wahrnehmbare Umgebung
computergenerierte Realität: im Gegensatz zur Fantasiewelt eine durch Technik erschaffene Umgebung
Augmented Reality: digitale Einblendungen in die normale Umgebung
cingulärer Cortex: Gehirnregion, die zuständig ist für Schmerzempfingen, Mitgefühl und Empathie
Empathie: Einfühlungsvermögen

Seite 21

7./8. **Beispiellösung:** *Überschrift:* Immersion
Einleitung: Wer schon einmal ein intensives Leseerlebnis hatte, kennt bereits eine Form der Immersion.
Hauptteil: Teilthema 1: Der Begriff Immersion leitet sich vom lateinischen Wort „immergo“ ab und bedeutet „eintauchen“ oder „versinken“. Er beschreibt das Eintauchen in eine nicht reale Welt. *Teilthema 2:* Während man früher in Romanwelten versank, findet Immersion heute meist mithilfe digitaler Technik ab. Mit VR-Brillen werden virtuelle Welten erzeugt. Die Nutzer erfahren dreidimensionale Erlebnisräume, die als real wahrgenommen werden. Die Technik erlaubt es, sich in diesen Erlebnisräumen zu bewegen oder auch zu agieren. Immersion ist ein gewünschter Effekt beim Computerspiel, der die Spieler fasziniert. Ein Beleg für die gelungene Nachahmung der Realität ist die

haptische Beteiligung. Sie ist erkennbar, wenn der Nutzer, zum Beispiel durch ein Zusammenzucken, auf einen virtuellen Reiz reagiert. *Teilthema 3:* Expertinnen wie Linda Thiemann sprechen deshalb von einer neuen „Art der Wahrnehmung" und weisen darauf hin, dass virtuelle Welt und reales Erleben eng beieinanderliegen.
Schluss: Immersion ist demnach einerseits ein gewünschter und faszinierender Effekt bei Computerspielen. Andererseits besteht bei einem hohen Grad der Immersion die Gefahr, dass virtuelle Welten für real gehalten werden.

9. Individuelle Lösung.

Schriftlich argumentieren

Eine Pro-und-Kontra-Erörterung planen

Seite 23

1. Individuelle Lösung.

2. **Tatsachenargumente:** … ohne ständiges Training, um die beste „Fußballer-Version" von sich selbst zu schaffe, hat man keinen Erfolg (Lennard), Aber Gentechnik spielt doch in der Medizin schon eine große Rolle – das Rad kann man ja nicht mehr zurückdrehen! (Lina) **Beispiele:** Als Kind fand ich mich hässlich und zu dick und ich hatte Angst, dass mich deswegen keiner mag. (Fiona) **Autoritätsargumente:** … das ist teilweise doch schon wissenschaftlich belegt (Merle) **normative Argumente:** … da müssen wir doch hin, sonst kann doch der eine dem anderen nicht mehr vertrauen (Emily), … ich bin dann irgendwie so eine Art Produkt oder Ware, die ich mir in einem virtuellen Katalog designe: mein Wunschaussehen, meine Wunscheigenschaften und -fähigkeiten. Das wäre doch verrückt! (Johann), Was wäre denn dann noch mein Ich, wenn alles künstlich herstellbar ist? **Pro:** Fiona, Merle, Lina **Kontra:** Lennard, Emily, Johann, Max

3. **dafür:** Z. 1–3, Z. 13, Z. 18, Z. 20–22 **dagegen:** Z. 10–12 (ab Ende Z. 10), Z. 25 (Mitte), Z. 29, Z. 32–34 (ab Ende Z. 32)

Seite 24

4. **A** Grundsätzlich wäre die Heilung aller genetisch bedingten Erkrankungen hier denkbar, wie z.B. zystische Fibrose, Hämophilie (Bluterkrankheit) oder Muskeldystrophie.
B Wenn jeder mithilfe von Gentechnologie selbst verantwortlich dafür ist, was oder wie er wird, entsteht ein hoher Selbstoptimierungsdruck.
C Nichts bleibt mehr dem Zufall überlassen, der Einzelne macht sich selbst zum „Kunstwerk" und hierfür fallen alle Grenzen: Selbst auf die eigenen Wurzeln könnte man dann zugreifen und sie nach Belieben designen.
D Die schlimmsten Befürchtungen beziehen sich auf eine Art genetischer Selektion: Menschen, die Erwartungen oder Normen nicht entsprechen (wollen), werden ausgegrenzt, Vielfalt und Freiheit wären damit bedroht, denn das jeweilige gesellschaftliche Schönheitsideal würde die Entscheidungen des Einzelnen bestimmen.

5.

	Chancen	Gefahren
Fiona	*Statt mehrerer Diäten könnte Gentechnologie helfen, Übergewicht loszuwerden.*	*Allgemein wächst der Druck, „gängige Normen" zu erfüllen – jeder muss schlank sein.*
Emily	*Charakterliche Schwächen bleiben von Gentechnologie unberührt.*	*Wenn doch, dann* wäre Charakterstärke kein moralischer Wert mehr, sondern könnte technisch hergestellt werden.
Max	Man kann ganz nach Wunsch gestaltet werden.	Es ist nicht mehr klar, wer dann noch „Ich" ist und was die eigene Persönlichkeit ausmacht. Nichts ist mehr dem Zufall überlassen und Diversität geht verloren.
Merle	Krankheiten können geheilt oder ihnen kann vorgebeugt werden.	Hierdurch entsteht zusätzlicher Druck. Wer jetzt noch krank ist, ist selbst schuld.

Seite 25

6. **dafür:** krankhafte Veranlagungen können früh erkannt werden, Prävention, Hoffnung auf Heilung **dagegen:** enttäuschte Hoffnungen auf Heilung, schwerwiegende psychische Folgen durch Wissen um genetische Veranlagung

7. **a)** *Gentechnologie sollte* z.B. zur Prävention und Heilung von Krankheiten eingesetzt werden, nicht aber zur Selbstverschönerung und zum Selbstdesign.
b) Pro-Argumente: z.B. Krankheiten können vor Ausbruch erkannt werden; Heilung in der Zukunft möglich; Entdeckung und Bekämpfung von Ursachen
Kontra-Argumente: z.B. psychische Folgen durch Wissen um Veranlagungen; Druck zur genetischen Behandlung steigt; weniger Vielfalt

8. Individuelle Lösung.

Eine Pro-und-Kontra-Erörterung schreiben

Seite 26

1. *Die Darlegungen des Philosophen Precht lassen die Behauptung zu,* dass Glück oder Leid vom eigenen Umgang mit sich selbst abhängen.

2. falsches Tempus (schrieb, erklärte), vermeidbare Wortwiederholungen (Ich bin aber ganz anderer Meinung. Ich bin der Meinung …), Satzbaufehler (Oder ich mir das neuste Handy leisten will.), unpassender Stil (Herr …, genau genommen), im Einleitungssatz fehlen wichtige Informationen (TATT), Zitate nicht gekennzeichnet (eine Frage des Umgangs mit sich selbst), Beispiele an dieser Stelle unpassend (Urlaub, Handy), Thema wird nicht genannt

3. **Beispiellösung:** Sind Menschen mit viel Geld glücklicher als andere Menschen? Der Philosoph Richard David Precht verneint die Frage mit dem Hinweis auf Glücksökonomen. Diese fanden heraus, dass sich in den USA seit 1950 zwar das Einkommen verdoppelt habe, die Anzahl der sich selbst als glücklich einschätzenden Menschen aber „fast genau konstant" geblieben sei. Was glücklich macht oder nicht, scheint also von dem Einzelnen selbst abzuhängen. Ich denke, dass vieles für diese Aussage spricht, und werde sie im Folgenden näher untersuchen.

Seite 27

4. **A-3, B-1, C-2, D-4**

5. **Beispiellösung:** Es gibt Menschen, die der Meinung sind, Geld allein mache glücklich. Sie argumentieren damit, dass sie unabhängig sind und keine Zukunftsängste haben.

Dem ist entgegenzuhalten, dass sie nie sicher sein können, ob ihre Freunde echt sind oder nur des Geldes wegen mit ihnen befreundet sein wollen. Ist es nicht so, dass man nur in der Not seine echten Freunde kennenlernt? Darüber hinaus führen sie an, dass sie sich jeden Luxus leisten können – steht ihnen der Sinn nach einer Shoppingtour in London, lassen sie sich einfach ihren Privatjet kommen. Man kann sich jedoch fragen, ob nicht auch so ein Luxus irgendwann zum Alltag und damit unattraktiv wird und dann der nächste Kick schon merklich gesteigert werden muss, um ihn noch als lustvoll zu empfinden.

6. **Beispiellösung:** Individuelle Lösung. Du kannst dich an der Lösung von Aufgabe 5 orientieren.

7. Am besten passen der erste oder der mittlere Kommentar.

Abschlusstraining: Eine Pro-und-Kontra-Erörterung schreiben

Seite 29

1. **a)** z. B. These: Glücklichsein kann man trainieren. Mögliche Teilthemen: Was bedeutet Glück? Wie erlangt man Glück? Wer kann glücklich sein? Wann stellt sich Glück ein? …
b) mögliche Argumente: … Menschen sind darauf programmiert, dass sie Lustgefühle haben wollen (Z. 3 f.); … die meisten Lustzustände (…) halten nicht lange vor (Z. 8–10) → keine Basis für dauerhaftes Glück; … Was im Überfluss genossen wird, verliert schnell an Wert (Z. 12 f.) → Gier nach Überfluss eindämmen → mithilfe der Vernunft; … Sinne schärfen (Z. 18); … Ängste abbauen (Z. 19) → Gefühle der Unlust verringern; … soziale Beziehungen stiften (…) dauerhaftes Glück (Z. 26); … Glück (…) muss aktiv hergestellt werden (Z. 34 f.) **c)** Gewichtung der Argumente individuell

2./3. **Beispiellösung (Ping-Pong-Prinzip):** Kann man Glücklichsein trainieren oder hängt es vielmehr davon ab, wie sehr man mit guten Gaben wie Reichtum und Talent gesegnet ist? Vielleicht spielt auch beides eine Rolle.
Der Mensch sei programmiert darauf, dass er Lustgefühle habe, schreibt der Philosoph R. D. Precht, und da liegt es nahe, dass ich schneller glücklich und zufrieden bin, wenn meine Ansprüche nicht zu hoch sind. Das hat auch schon in der Antike der griechische Philosoph Epikur erkannt, der die Regulierung der Bedürfnisse als wichtiges Instrument für ein gutes Leben ansah.
Was aber, können die Gegner einer solchen Glücksphilosophie entgegnen, wenn Menschen mit angeborenen Anpassungsstörungen zur Welt kommen, die eine solche Gestaltung des eigenen Lebensglücks verhindern, z. B. mit einer angeborenen Depression? Wäre es nicht eine Verhöhnung ihrer Lebenssituation, wollte man mit Epikur argumentieren? Auch angeborene körperliche Beeinträchtigungen können die autonome Glücksfindung zumindest erschweren.
Bestechend scheint allerdings das Argument, das auch Precht nach Epikur erwähnt und das sich aktuell die moderne Positive Psychologie zunutze macht: Man kann Ängste abbauen und sich „Gefühle der Unlust" ersparen – die Verhinderung von Unlustgefühlen und damit ein Ausweg aus der Sorgenschleife ist ein Meilenstein auf dem Weg zum Glücklichsein.
Dem kann jedoch entgegengehalten werden, dass manche Menschen in Krisengebiete hineingeboren werden, in denen Krieg und Hunger herrschen. Davon zu sprechen, über das Training von Glück einer Sorgenschleife zu entkommen, klingt in solchem Falle zynisch angesichts der traumatischen Lebensumstände, die diese Menschen begleiten.
Aber man kann angesichts krisenhafter Situationen auch versuchen, sich nach Möglichkeit von Äußerlichkeiten unabhängig zu machen. Das bedeutet, dass ich Umstände, die nicht zu ändern sind, stehen lasse, wie sie sind, mich dafür aber an den kleinen Dingen des Lebens erfreue. Das führt zu einem gelassenen Umgang mit schwierigen Situationen und damit zu weniger Stress, als wenn man permanent versuchen würde, das Unabänderliche zu ändern.
Und dennoch lässt sich festhalten, dass es Traumata gibt, ob körperliche oder psychische, die sich manchmal eben nicht verdrängen lassen, die aber ein Glücksgefühl verhindern. So kann z. B. von jemandem, der einen nahen Angehörigen verloren hat, nicht erwartet werden, dass er dies verdrängt oder ignoriert. Hier muss er das Leid annehmen, egal, wie schwer es fällt.
Schließlich lässt sich festhalten, dass man sicherlich an seinem Glück arbeiten und die Dinge gestalten muss, um dauerhaft glücklich zu sein. Dem ist zuzustimmen, ebenso, dass „Menschen ohne große Lebensnöte" (Z. 37) oft eher gelangweilt als glücklich sind. Ich bin aber der Ansicht, dass es durchaus auch einer Portion zufälligen Glücks bedarf – wie der Möglichkeit, existenzielle Bedürfnisse zu befriedigen –, um glücklich werden zu können. Es ist mit reinem Training leider nicht immer getan.

Auf Materialbasis einen argumentierenden Text schreiben

Auf Materialbasis einen argumentierenden Text planen

Seite 30

1. **Anlass:** geplante Einführung eines Handyverbots aufgrund von Cyber-Mobbing-Vorfällen **Thema:** (Cyber-)Mobbing und die Folgen sowie Möglichkeiten, dem Problem ohne Handyverbot zu begegnen **Adressatenkreis:** alle, die durch die Schulhomepage angesprochen werden: Schülerinnen und Schüler, Lehrerinnen und Lehrer, Eltern, Interessierte **Textsorte:** Kommentar **inhaltliche Aspekte:** Was ist (Cyber-)Mobbing und welche Folgen hat es? Braucht es ein Handyverbot auf dem Schulgelände, um dem Problem angemessen zu begegnen? Aufzeigen von möglichen Alternativen

2. **A** M1, M2 **B** M3, M4 **C** M3, M4 **D** M1, M2 **E** M2 **F** M3, M4 **G** M3, M4

Seite 31

3. **A** *Mobbing in der Schule ist kein neues Thema, sondern schon* Generationen vor uns haben dieses Problem gekannt. Schon immer hat es Außenseiter gegeben, die aus verschiedenen Gründen Opfer von Mobbing wurden, sei es wegen ihrer Herkunft, ihres Aussehens oder ihres Verhaltens.
B *Seit es die digitalen Medien gibt, hat* sich dieses Problem verschärft – Mobbing ist anonym und allgegenwärtig, niemand kann sich dem entziehen oder sich dagegen abschirmen.
C *Die Folgen des sogenannten Cybermobbings sind* dramatisch: Mobbing findet immer und überall statt, nicht selten sind Opfer suizidgefährdet. Oft vertrauen sie sich aus Scham niemandem an.

D *Videoplattformen wie z. B. Youtube* spielen hierbei eine entscheidende Rolle, sie sorgen für schnelle und umfassende Verbreitung von Bildmaterial im Netz.
E *Der Erfahrungsbericht zeigt anschaulich, dass* Mobbing und Cybermobbing in der Schule Themen von hoher Brisanz sind.
F *Es steht außer Frage, dass* in den Schulen darauf reagiert werden muss.

Seite 32

4. Cybermobbing wird definiert als eine Form von Mobbing, die keinen Halt vor der Privatsphäre macht – zeitlich und räumlich ist es unbegrenzt. Die gesundheitlichen Folgen von (Cyber-)Mobbing können sehr schwerwiegend sein. Das quantitative Verhältnis von Mobbing zu Cybermobbing ist ungefähr 2:1. Das bedeutet, dass klassisches Mobbing immer noch überwiegt, oft kommt beides zusammen vor. Mobbing findet vor allem in den Altersstufen ab 10 Jahren statt, nimmt kontinuierlich zu und erreicht einen Höhepunkt in der Altersstufe von 18–24 Jahren.

5. **A** *Ein wichtiges Merkmal von Cybermobbing ist, dass* es keinen Halt vor der Privatsphäre macht – es wird auch zu Hause und im Privaten fortgesetzt. **B** *Daher ist einleuchtend, dass sich Cybermobbing durch ein Handyverbot in der Schule* gar nicht verhindert lässt. **C** *Die empirischen Daten aus der Onlinebefragung zeigen darüber hinaus, dass* Mobbing im Verhältnis zu Cybermobbing immer noch einen weitaus größeren Raum einnimmt. **D** *Es handelt sich also um ein generelles Problem, für das ein Handyverbot in der Schule* keine angemessene Lösung darstellt. **E** *(Cyber-)Mobbing sollte für die Schule ein wichtiges Thema sein, da es in den Altersstufen* von 10–24 Jahren kontinuierlich zunimmt.

Seite 34

6. „Das ist keine wahnsinnige Abschreckung ..." (Z. 19 f.), „Das würde nur dazu führen, dass die Schüler noch mehr Dinge mit den Geräten machen, die uns nicht lieb sind" ... (Z. 25 f.), „... Wir dürfen die Kinder damit nicht alleine lassen." (Z. 28 f.), „Kinder und Jugendliche ... genutzt werden" ... „Doch die Schule ... für das Netz." (Z. 32–36), Hier lernen die Kinder neben der Technik auch Internetregeln kennen. (Z. 39 f.); *konkrete Umsetzung des* Verbotes an einer Gesamtschule in Köln / *ähnliche Probleme, aber* kein Handyverbot in Werne / *wissenschaftliche Stütze spricht* gegen Verbot / *Aufgabe der* Schule / *Möglichkeiten für* Alternativen zum Handyverbot / *Mitarbeit der* Eltern

7. **Beispiellösung:** Ein Handyverbot lässt Jugendliche zunächst einmal mit dem Problem allein, denn auf die Fortsetzung des Mobbings in sozialen Medien im Privaten haben Schule und ein dortiges Handyverbot keinen Einfluss mehr (1). Vielmehr muss der Umgang mit den Gefahren des Internets und die Auseinandersetzung mit schützenden Strategien angeleitet und eingeübt werden (2). Dies wäre eine der zentralen Aufgaben von Schule, die natürlich zum einen die technischen Fähigkeiten im Umgang mit den neuen Medien vermitteln muss, aber natürlich auch die damit einhergehende soziale Verantwortung, z. B. in Form von Internetregeln, die im Umgang miteinander gelten (3). Und im Ernst: Wen schreckt das Handyverbot eigentlich vom Mobbing ab? Das wirkt doch auf Täter ohne Unrechtsbewusstsein im Gegenteil wie die indirekte Aufforderung: Jetzt erst recht! (4)

8. Man kann dem Problem des Cybermobbings konstruktiv begegnen, indem betroffene Schüler wie beim Konzept der „Digitalen Helden" professionell begleitet werden und mit Hilfe von ausgebildeten Mentoren lernen sich zu schützen.

Auf Materialbasis einen argumentierenden Text schreiben

Seite 35

1. Mobbing ist Körperverletzung. Schon immer hat es das gegeben. Außenseiter werden gemobbt, weil sie z. B. eine andere Sprache sprechen, anders gekleidet sind oder überhaupt anders aussehen, als es gerade angesagt ist. Die digitalen Medien haben dieses Phänomen verschärft, keiner kann sich mehr davor schützen. Beispielsweise findet man auf Youtube Filme mit peinlichem Inhalt – und mit verheerenden Folgen für die Betroffenen.
Nur: Ein Handyverbot ändert daran nichts. Mobbing und Cybermobbing finden trotzdem auch außerhalb der Schule statt. Hier muss Schule beratend tätig werden, um gegenzusteuern.

   Fehler: Umgangssprache, neuer Satz mit „Und" begonnen, ungenaue Wortwahl, falsche Wortstellung

2. *Bezug auf* wichtige Argumentationsstütze im Hauptteil / *Zusammenfassung der* Vorteile gegenüber einem Handyverbot / *Bekräftigung der* eigenen Position / *Nennung* alternativer Vorschläge

3. **Beispiellösung:** Mobbing ist Körperverletzung. Schon immer hat es das gegeben. Außenseiter werden gemobbt, weil sie z. B. eine andere Sprache sprechen, anders gekleidet sind oder überhaupt anders aussehen, als es gerade angesagt ist. Die digitalen Medien haben dieses Phänomen noch verschärft, keiner kann sich mehr davor schützen. Zum Beispiel findet man dann auf Youtube Filme mit peinlichem Inhalt – und mit verheerenden Folgen für die Betroffenen.
Nur: Ein Handyverbot, wie unsere Schulleitung es umsetzen möchte, ändert daran nichts. Mobbing und Cybermobbing finden trotzdem auch außerhalb der Schule statt. Hier muss Schule beratend tätig werden, um gegenzusteuern. Ein Handyverbot ist nicht alternativlos.
Mobbing ist ein Thema, das schon Generationen vor uns kannten, aber natürlich hat das Problem durch die sozialen Medien eine neues und brisantes Gesicht erhalten: Es ist anonym und allgegenwärtig, niemand kann sich dem entziehen, wie es das schlimme Beispiel der 15-jährigen Sophie zeigt, die deswegen bereits an Suizid dachte (M1).
Aber ist es wirklich zielführend, mit einem Handyverbot zu reagieren? Das hieße doch, die Augen vor dem Problem verschließen.
So zeigen die Daten aus einer Online-Befragung, dass Mobbing und Cybermobbing in den Altersstufen von 10 bis 24 Jahren kontinuierlich zunehmen (M2). Die Konsequenz hieraus wäre eigentlich, dass Schulen dies zum Unterrichtsthema machen. Der Umgang mit Handy und Co. ist einzuüben und nicht aus der Schule auszulagern.
Auch wenn andere Schulen wie die Gesamtschule in Köln-Mülheim ein solches Handyverbot eingeführt haben, zweifelt selbst die Schulleiterin daran, dass dies abschreckend auf mögliche Täter wirkt. Der Erfolg bleibt also fraglich, während die konkrete Umsetzung des Verbotes sich sehr aufwändig gestaltet. Zeitgleich lässt man die Schülerinnen und Schüler mit dem eigentlichen Problem allein.
Wissenschaftlich gestützt dagegen wird eine Alternative, die so in Werne umgesetzt wird: Die Kinder werden fit gemacht für den Umgang mit dem digitalen Wandel und sie lernen neben der Technik auch Internetregeln kennen.

So erst werden sie auch auf die Gefahren der sozialen Medien aufmerksam und erfahren, wie sie sich sicher im Netz bewegen können. Diese Vermittlung ist in erster Linie Aufgabe von Schule (M3).
Abschließend möchte ich daher auf das Konzept der „Digitalen Helden" hinweisen. Damit kann anstelle eines Verbotes konstruktiv auf das Problem des Cybermobbings reagiert werden: Die „Digitalen Helden" sind ausgebildete Schülerinnen und Schüler, die ihre Mitschüler professionell begleiten und ihnen helfen, sich gegen Cyber-Mobbing-Angriffe zu schützen oder mit ihnen umzugehen. Sie bringen auch Täter und Opfer zusammen.
In diesem Sinne plädiere ich für ein solches Konzept, wie es schon an 36 hessischen Schulen umgesetzt wird: Hilfe anbieten, statt Verbote auszusprechen, den professionellen Umgang mit dem Internet einüben, statt die Gefahren, die damit verbunden sind, einfach auszublenden!

4. Individuelle Lösung.

Abschlusstraining: Auf Materialbasis einen argumentierenden Text schreiben

Seite 39

1. **a)** z. B. Was ist Bodyshaming? Was ist Lookismus? Wer ist betroffen? Was sind mögliche Probleme und Folgen? Welche Chancen und Vorteile bietet Diversität? … **b) M1:** Ausgrenzung und Herabwürdigung aufgrund des äußeren Erscheinungsbildes → Essstörungen und schönheitschirurgische Eingriffe schon bei Teenagern, die diskriminiert werden oder Sorge davor haben **M2:** häufigste schönheitschirurgische Eingriffe → Orientierung an virtueller Schönheit, Bildbearbeitungsprogrammen, auch bei Männern Zunahme der Eingriffe: Oberlidstraffung, Fettabsaugen **M3:** Bewertung nach dem Aussehen beim Menschen tief verankert, Phänomen wird auch durch Filmbranche reproduziert; Filme müssen mehr Diversität abbilden **M4:** Lookismus geschieht unbewusst → Assoziierung von Äußerlichkeiten mit Charaktereigenschaften, z. B. klein = schwach, dick = faul; durch Abwertung und Diskriminierung wird Selbstwertgefühl geschwächt; Body-Positivity-Bewegung kämpft gegen gängige Schönheitsideale; für Diversität und Persönlichkeit gibt es immer mehr Vorbilder, Toleranz lässt sich üben … **c)/d)** individuelle Gewichtung und Erfahrungen

2./3. **Beispiellösung:** Die Arbeitsgruppe, die sich für Toleranz und Diversität starkmacht, vertritt ein wirklich wichtiges Anliegen: Es hat an der Schule Vorfälle von *Bodyshaming* gegeben und es ist ein für alle Mal klarzustellen – das wird nicht toleriert! *Lookismus* ist mittlerweile eine weitverbreitete Form der Ausgrenzung und macht daher auch nicht vor den Schulen halt. Zu dick, zu dünn, zu viele Haare an der falschen Stelle, die Nase zu groß oder zu klein … – das kann man ewig so fortsetzen. Allen diesen Urteilen gemeinsam ist: Sie sprechen sich gegen Vielfalt aus, denn als attraktiv gelten, will ja jeder. Wenn man dem gängigen Schönheitsideal jedoch nicht entspricht, beginnt ein Prozess der Ausgrenzung.
Lookismus ist nichts anderes als Schubladendenken, das Menschen nach ihrer vermeintlichen Attraktivität bewertet und als unattraktiv empfundene Personen missachtet und benachteiligt. Das kann sogar so weit gehen, dass sie weniger Jobangebote oder gar ein niedrigeres Gehalt bekommen. Nicht selten führt diese Form der Ausgrenzung bei Betroffenen zu geringem Selbstwertgefühl, gesellschaftlicher Isolation und psychischen Folgeerkrankungen – das ist inakzeptabel (M4)!
Leider etabliert sich dieses Schubladendenken gerade auch durch die Medien, die die gesellschaftlichen Schönheitsideale verbreiten. Die Schauspielerin Sofie Eifertinger (M3) nennt das auch eine „tief verankerte Programmierung". Wie schnell kommt es zu Mehrfachdiskriminierung, denn so gesehen, weisen doch alle mehr als nur einen Makel auf! Menschen nach ihrem Aussehen zu bewerten und vom Äußerlichen auf den Charakter zu schließen, das ist unzulässig, passiert aber leider meist unbewusst. Die Folgen sind teilweise gravierend. An dieser Stelle sei auf die Zunahme schönheitschirurgischer Eingriffe auch bereits bei Jugendlichen hingewiesen (M2). Eine neue Nase zum Abitur? Wer bedenkt da die Folgen einer nicht geglückten Operation? Schäden, die bei solchen Eingriffen entstehen können, werden billigend in Kauf genommen, frei nach dem Motto „Wer schön sein will, muss leiden". Dabei lassen sich gerade Jugendliche von den Bildern virtueller Schönheit verleiten, die mit der Realität und Individualität nichts mehr zu tun haben.
Man könnte einwenden, dass sich über Attraktivität nicht streiten lasse, aber am Ende sortiert man sich doch selbst gleich mit aus: Es ist die Stimme im eigenen Kopf, die die anderen abwertet, sich selbst aber nach denselben Kriterien be- und entwertet und damit die eigene Erscheinung nicht akzeptiert.
Da ist die *Body-Positivity-Bewegung* gefragt, die propagiert: *All Bodies are good Bodies* oder *Jeder Körper ist schön.* Virtuelle Schönheitsideale setzen falsche Maßstäbe, sie fördern Intoleranz und verhindern, dass sich die individuelle, ganz persönliche Schönheit eines jeden wahrnehmen lässt – auch die eigene! Diese positive Wahrnehmung kann man tatsächlich einüben!
Jeder Mensch ist ein Individuum und einzigartig und sollte selbstbewusst sagen können: „Ich bin ich" und mein Körper ist in Ordnung so, wie er ist, so lange ich mich damit wohlfühle. Denn frei nach Sofie Eifertinger: „Jede Figur ist wichtig" – wie im Film, so auch im echten Leben.

Erzählende Texte untersuchen, interpretieren und gestalten

Erzählende Texte untersuchen und interpretieren

Seite 41

1. Die Hauptfigur möchte mehr Tageslicht im Zimmer und überlegt, ihren Baum zu stutzen. / Die Hauptfigur beschließt, jeden Tag ein Blatt abzureißen. Damit das gut gelingt, will sie aber erst einmal üben. / Die Hauptfigur empfindet beim Abreißen der Blätter eine stärkere Befriedigung als bei der eigentlichen Arbeit. Sie kann damit nicht mehr aufhören. **Thema:** Es geht um eine Person, die sich durch die Natur (einen Baum) beeinträchtigt fühlt und sie deswegen mutwillig zerstört. **Deutungshypothese:** Der Protagonist in der Geschichte greift die Natur an, weil er es will und weil er es kann. Er denkt dabei nur an seinen Vorteil und nicht an die Folgen. Dieses egoistische menschliche Handeln ist auch auf größere Zusammenhänge übertragbar.

2. Er wollte dem Baum nicht wehtun, (Z. 1); … Endlich beschloss er, dem jungen Baum jeden Tag ein Blatt abzureißen. Das war nicht brutal, das würde dem Baum nicht wehtun (Z. 10); … Das war ihm zuviel. Er wollte dem Baum bestimmt nicht wehtun, aber zum Narren halten lassen wollte er sich auch nicht. (Z. 14f.); ... Fest anfassen, aber nicht zu fest und vor allem nicht mit den Fingernägeln das Blatt zerschneiden, sonst machte man sich grün und hatte nur das abgezwackte Blattstück zwischen den Fingern. (Z. 18–21); ... Wenn ihm die Arbeit langweilig wurde oder wenn die Mittagspause wieder auf sich warten ließ, (Z. 28f.).

Beispiellösung: Scheinbar geht der Protagonist einer ihn nicht befriedigenden beruflichen Tätigkeit nach und lässt seinen Frust an dem Baum aus. Die Befriedigung, die er dadurch erfährt, wird nach und nach zur Sucht. Anfangs sieht er in dem Baum ein empfindungsfähiges Wesen und will ihm nicht wehtun, fühlt sich aber gleichzeitig von ihm provoziert. Er redet sich ein, dem Baum durch sein Handeln nicht zu schaden, und erweist sich letztlich als irreal agierender Egoist mit zerstörerischen Zügen.

3. Er-/Sie-Form, personales Erzählverhalten

4. Also beschloss er, erst einmal zu üben, ehe er sich auf das ein Blatt pro Tag beschränkte. (Z. 16f.)

Seite 42

6. z. B. unmittelbarer Beginn ohne Einleitung, einsträngige Handlung, wenige Figuren in außergewöhnlicher Situation, einfache und alltagsnahe Sprache, offenes bzw. überraschendes Ende

7. z. B. Widerspruch, da ein junger Baum kaum störenden Schatten erzeugen kann, er hat sein Leben noch vor sich, soll sich entwickeln und die Lebensqualität der Menschen verbessern. Daher erscheint sein Eingehen um so tragischer, der Autor setzt ihm ein Denkmal.

8. **B** Das Präsens deutet auf die Fortführung des zerstörerischen Denkens und Handelns hin, ermöglicht Verallgemeinerung über den konkreten Fall hinaus. **C** Personifikationen verweisen auf das Lebendigsein des Baumes und verstärken die Verwerflichkeit der Beschädigung. **D** verallgemeinerbar, auf andere übertragbar

9. **A** Er gibt vor, die Natur zu achten und zu schützen, handelt jedoch nicht danach. / Konjunktion „dass" leitet Subjektsatz ein. **B** Der Erzähler (nicht gleich Autor) erzählt von einem „Er", dem Protagonisten; er will nichts absägen, solange Sommer ist. / nebensatzähnliche Infinitivgruppe mit *zu*; Relativpronomen „das" leitet Relativsatz ein. **C** Der Protagonist reißt täglich nur ein Blatt ab; denn er wünscht ... (HS) oder: weil er sich ... wünscht (NS) / nebensatzähnliche Infinitivgruppe mit *zu*; Komma bei Hauptsatz mit Konjunktion „denn" bzw. Nebensatz mit Konjunktion „weil". **D** personaler Erzähler; führt uns in die Gedankenwelt eines Menschen, dem bei seiner Arbeit oft langweilig ist, was eher nicht für Erfolg steht. / Relativpronomen „der" leitet Relativsatz ein. **E** Das offene Ende verweist auf die unabsehbaren Folgen des eigennützigen Handelns. / Konjunktion „dass" leitet Subjektsatz ein.

10. **a) Beispiellösung:** Einleitungslos wird der Leser mit den scheinbar naturfreundlichen Gedanken des Erzählers konfrontiert, die sich als widersprüchlich darstellen. Kann ein junger Baum mit seinem Blattwerk bereits so viel Schatten erzeugen, dass es die Lichtverhältnisse ungünstig verändert? Die Wortwahl suggeriert bereits Gefahr für den Baum, wenn von Amputationen (vgl. Z. 5) die Rede ist. Andererseits bezeichnet der Erzähler das Absägen von Ästen in seinen Überlegungen selbst als grausam (vgl. Z. 3f.). Damit erzeugt der Autor eine Spannung dahingehend, wie sich der Protagonist wohl entscheiden wird.
Das erfährt man nun im zweiten Absatz des Textes. Auch hier fällt die Wortwahl ins Auge. Es sei nicht brutal, dem jungen Baum „jeden Tag ein Blatt abzureißen" (Z. 9f.) und „würde [ihm] nicht wehtun" (Z. 10). Der von E. Fried gewählte Konjunktiv II weist darauf hin, dass es sich um Vermutungen handelt, deren Realitätsgehalt zweifelhaft ist. Als merkwürdig erweist sich im Folgenden der Perspektivwechsel des Protagonisten, dem es bald schon nicht mehr um den Baum, sondern um seine Geschicklichkeit beim Abreißen von Blättern geht. Mit der ist er anfangs gar nicht zufrieden, zumal er „einen grünen Fleck am Ärmel" (Z. 13f.) zu beklagen hat. Dieser erscheint ihm offenbar wie eine Art Anklage, denn er beteuert erneut, dass er dem Baum bestimmt nicht wehtun, sich aber von ihm auch nicht zum Narren halten lassen wolle (vgl. Z. 15). Hier unterstellt er der Pflanze bewusste Handlungen, die ihm schaden sollen. Auf diese Weise macht er sich unglaubwürdig.
Einerseits wirkt alles durch den Er-Erzähler distanziert, aber die personale Erzählweise verknüpft den Leser stark mit der Gedankenwelt des Protagonisten, die abstößt in ihrer abwegigen Ich-Bezogenheit. Die Schlussfolgerung „Also beschloss er, erst einmal zu üben, ehe er sich auf das eine Blatt am Tag beschränkte." (Z. 16f.) verdeutlicht die Verlogenheit aller zuvor beteuerten Absichten des Protagonisten und führt zielgenau zum unerhörten Ende der Handlung. Der Blätterabreißer ist befriedigt durch sein geschicktes und erfolgreiches Hantieren – ein Zustand, den er am Schreibtisch nur selten erreichen kann (vgl. Z. 25f.): „Der grüne Schatten lichtete sich" (Z. 32). Diese Ersatzbefriedigung beflügelt ihn dermaßen, dass er immer weiter mit der Zerstörung der Natur fortfährt. Im letzten Satz der Kurzgeschichte erfährt man, dass nun schon „der Strauch neben der Gartenpforte an der Reihe" sei (Z. 33) und dieser offene Schluss lässt Schlimmes befürchten, denn ein Ende ist nicht abzusehen. Damit entlässt der Text den Leser mit einem sehr unangenehmen Gefühl und animiert dazu, das eigene Verhalten gegenüber der Natur zu reflektieren. Lippenbekenntnisse reichen nicht für deren Schutz.

b) Beispiellösung: Ich breite meine Äste weit aus und winke mit meinen Zweigen und Blättern erfrischend grün ins Zimmer des Mannes hinein, der täglich für viele Stunden am Schreibtisch sitzt. Obwohl ich noch jung bin, kann ich ihm schon ein bisschen erholsamen Schatten spenden, verbunden mit einem friedlichen Rauschen, damit er in Ruhe am Fenster sitzen und schreiben kann. Und wenn er eine Schreibpause macht, tut mein zartes Grün seinen Augen wohl. Neuerdings schaut er sehr oft durchs Fenster. Nur selten noch schreibt er ein paar Sätze. Eine Seite am Tag wird fertig. Er sieht dann gequält und verzweifelt aus. In letzter Zeit jedoch blickt er oft ungehalten zu mir herüber und ich habe das Gefühl, dass ihn etwas stört. Bin ich zu laut, zu dunkel? Und tatsächlich, er kommt und zerrt an meinen Blättern. Ich halte sie natürlich fest, das ärgert ihn. Er rupft so lange, bis er endlich ein Blatt in der Hand hält. Den triumphierenden Blick kann ich kaum ertragen und färbe seinen Ärmel grün. Das scheint ihn zu provozieren, denn er packt nun ganz fest ein Blatt nach dem andern und reißt es ruckartig unter einer Vierteldrehung seiner Hand ab. Ich büße fast zwanzig Blätter ein an diesem Tag. Dann lässt er mich in Ruhe, allerdings nur, um in den folgenden Wochen täglich ganz gezielt und erbarmungslos genau ein Blatt abzureißen. Warum tut er das?

Schon in der Mitte des Sommers habe ich kaum noch Blätter und kann mich nicht mehr ernähren. Der Hunger macht mich schwach und wehrlos gegen die Sonnenhitze, die nun ungehindert durch meine kahlen Äste ins Zimmer des Mannes dringt.
Er sitzt kaum noch am Schreibtisch, sondern macht sich inzwischen über den gewiss nie zu viel Schatten werfenden Strauch an der Gartenpforte her.

11. Individuelle Lösung.

Parabeln untersuchen

Seite 43

1. z. B. frisch, knackig, süß und saftig, gesund, nahrhaft, zum Anbeißen, Herbst, Erntezeit, Adam und Eva (Versuchung)

2. Es entsteht ein starkes Spannungsverhältnis zwischen den positiven Vorstellungen von den verführerischen Äpfeln und dem Begriff „Dummheit", also zwischen Angenehmem und Unangenehmem. Dies fordert zur Auseinandersetzung geradezu auf.

3. *A-2*, B-4, C-6, D-1, E-3, F-5

Seite 44

4. Die selbst erworbene Dummheit ist der Besitz der Menschen; die Vorstellung, man müsse vernünftig handeln, erscheint weitaus schwieriger und anstrengender.

5. Fruchtgleich, apfelgroß, rund und saftig (Z. 1 f.), ... einfach ... Obwohl (Z. 2), ... unglaublich, doch wahr. Ihr letztes Geld kramen sie ... (Z. 4 f.), Strahlenden Gesichts ... (Z. 7), ... sorgfältig gehütet (Z. 7 f.), ... die noch keinem bekommen ist (Z. 9 f.)

6. **Beispiellösung:** Der letzte Satz ist besonders stark geprägt von der die gesamte Parabel durchziehenden Ironie. Dieses Stilmittel ist oft nicht leicht zu erkennen, denn sie erschließt sich immer erst aus dem Kontext. Das bedeutet, man muss zunächst verstehen, dass der Autor hier das Gegenteil von dem meint, was er schreibt.
Vernunft – etwas, wozu wir Menschen aufgrund unseres Verstandes fähig sind – ist selbstverständlich eine wichtige Eigenschaft und ethische Voraussetzung für gutes Handeln. Leider handeln wir Menschen aber in vielen Situationen entgegen dieser Erkenntnis und bewerten unvernünftige Handlungen als richtig, vielleicht, weil sie sich leichter und gegen weniger Widerstände ausführen lassen. Ein Beispiel dafür ist das Kaufen sehr billiger Konsumgüter wie T-Shirts oder Lebensmittel, obwohl wir wissen, dass diese unter unwürdigen Bedingungen (für Mensch und Tier) entstehen und die Umwelt schädigen. Entscheidet sich ein einzelner Konsument aber dagegen, bekommt das seinem Portemonnaie schlecht, denn die Anbieter orientieren sich an der Masse der Käufer, die scheinbar belohnt werden, indem sie weniger Geld ausgeben müssen für mehr Produkte.
Aber bekommt es denen auch auf lange Sicht gut? Sie sind von sozialen Sprengkräften und Umweltzerstörung letztlich ebenso betroffen wie jene, die vernünftig konsumieren. Über dieses Dilemma nachzudenken, das will der Autor mit seiner Parabel auf provokante Weise erreichen.

7. Das, das, Das, dass, dass, das, das, das, das, das, dass, das

8. Tiere sind die Akteure in dem Text und es gibt am Schluss eine Lehre: Der Tod ist unausweichlich. Allerdings ist dafür eine Übertragungsleistung wie bei einer Parabel notwendig. Die „Welt" (Z. 1) entspricht dem Leben, die „Mauern" (Z. 3) entsprechen den Lebensumständen, das eilige Engerwerden der Mauern (vgl. Z. 3 f.) entspricht einem Gefühl der Unfreiheit und Bedrängung, der letzte „Winkel" mit der „Falle" (Z. 5) der Furcht vor dem Ende eines unerfüllten Daseins. Der Rat der Katze (vgl. Z. 5 f.) muss als Ironie erkannt werden und bringt ein Gefühl des Ausgeliefertseins mit sich. Im Vergleich zu einer Fabel werden hier keine kritikwürdigen Eigenschaften der Menschen thematisiert, sondern vielmehr die für den Menschen problembehaftete Vergänglichkeit.

9. **a)** Der Text besteht aus nur drei Sätzen. In der Mitte des zweiten Satzes wird von Präteritum zu Präsens gewechselt. **b)** Damit werden Unmittelbarkeit und Gleichzeitigkeit suggeriert. Starke Verdichtung der Informationen zum Empfinden der Maus in einem Satz führt dazu, dass die Intensität und Rasanz verstärkt werden. **c)** Es handelt sich um neutrales Erzählverhalten eines Er-Erzählers aus der Außenperspektive.

Parabeln interpretieren

Seite 45

1. z. B. technisches Bauwerk, ermöglicht schnelle, kürzere Wege, schafft direkte Verbindung über Wasser oder Straßen, muss stabil und dauerhaft sein und sicher zu benutzen, sollte auch schön aussehen und sich gut in die Landschaft einfügen

Seite 46

2. z. B. Vorstellung von einer Bogenbrücke, Abgrund, tosender, kalter Bach, bröckelndes Gelände (die Brücke wirkt gefährdet und gefährlich), Brücke ist nicht bekannt und wird auch nicht genutzt (Gefühl von Sinnlosigkeit), wird als individuelles, menschlich denkendes und fühlendes Wesen dargestellt (könnte ein Bild für gestörte zwischenmenschliche Verbindungen oder Beziehungen sein)

3. Fußspitzen (Z. 1), ... Hände ... festgebissen (Z. 2). ... Schöße meines Rockes wehten zu meinen Seiten (Z. 2 f.). ... So lag ich und wartete; ich musste warten (Z. 4 f.) ... ich weiß nicht, – meine Gedanken gingen immer in einem Wirrwarr und immer in der Runde (Z. 7 f.) ... halte den dir Anvertrauten. Die Unsicherheit seines Schrittes gleiche unmerklich aus, schwankt er aber, dann gib dich zu erkennen und wie ein Berggott schleudere ihn ins Land (Z. 10–12) ... mein buschiges Haar (Z. 14) ... – gerade träumte ich ihm nach über Berg und Tal (Z. 15 f.) ... mir mitten auf den Leib (Z. 16) ... Und ich drehte mich um, ihn zu sehen (Z. 18) ... da stürzte ich schon, ich stürzte, und schon war ich zerrissen und aufgespießt (Z. 19)

4. **Beispiellösung:** *(A) Obwohl seine Lage sehr schwierig und gefährdet ist, will er zuverlässig standhalten – wie man es von einer ordentlichen Brücke* erwartet (vgl. „musste", Z. 5). (B) Ohne ungeduldig zu werden, wartet der Protagonist und ist bestrebt, sein Bestes zu geben, als endlich der lang ersehnte Fußgänger herankommt (vgl. Selbstansprache unter Verwendung des Imperativs zur Selbstmotivation: „Strecke dich, Brücke, setze dich in Stand, geländerloser Balken, halte den dir Anvertrauten.", Z. 9 f.; allerdings will er unter Umständen die folgenreiche Entscheidung treffen, den Passanten von sich zu schleudern (vgl. Vergleich „wie ein Berggott", Z. 11). (C) Der Protagonist empfindet die ersehnte Begegnung von Anfang an als unangenehm, denn sein Begeher behandelt ihn immer schlechter (vgl. Wortwahl und Steigerung: spitzer Stock, „wild umherblickend",

„sprang … mitten auf den Leib", Z. 13–16); er leidet stark darunter („Ich erschauerte in wildem Schmerz", Z. 16 f.) und wehrt sich schließlich (oder gibt sich geschlagen), indem er sich umdreht und einstürzt. Damit setzt er dem Fußgänger, aber auch sich selbst ein Ende.

5./6. Variante C ist die beste, aber es ist denkbar, dass alle drei Angebote gewählt werden – hier kommt es auf die Begründung an – denn alle drei Deutungen beinhalten treffende Gedanken: **A** Bild für einen einsamen Menschen, … Erwartungen nicht erfüllt, … rächt er sich; **B** steht für einen Menschen, der unbedingt eine wichtige Funktion ausüben will, … Ansehen erwerben, … gemobbt, … vernichtet den, dem er eigentlich dienen sollte; **C** Bild der Brücke, … Stabilität und Zuverlässigkeit, … von Anfang an zweifelhaft,… tragisches Ende für die Brücke und ihren einzigen Benutzer, … unglückliche Beziehung zwischen zwei Menschen sowie eine Situation von Überforderung

7. **Beispiellösung:** Jeder Wanderer ist froh, wenn eine noch nicht in der Karte eingezeichnete Brücke über einen recht wilden Fluss überraschend auftaucht, was das sichere Erreichen des anderen Ufers zu ermöglichen scheint. Aber kann man sich immer auf den äußeren Anschein verlassen? *(Hinführung)* In der von Franz Kafka 1916/17 verfassten Parabel „Die Brücke", die erst 1931 nach seinem Tod veröffentlicht wurde, erkennt der Leser die vielfältige Bedeutung einer zunächst unscheinbaren Brücke. *(TATT-Satz)*
Denn diese ist Protagonist der Handlung und lässt, einem Menschen gleich, an ihrer Perspektive, ihren Wünschen und Hoffnungen sowie der erlebten Enttäuschung teilhaben. Obwohl seine Lage sehr schwierig und gefährdet ist, will der Protagonist zuverlässig standhalten – wie man es von einer ordentlichen Brücke erwartet. Ohne ungeduldig zu werden, wartet er und ist bestrebt, sein Bestes zu geben, als endlich der lang ersehnte Fußgänger naht. Allerdings will er unter Umständen auch die folgenreiche Entscheidung treffen, den Passanten von sich zu schleudern. Der Protagonist empfindet die ersehnte Begegnung von Anfang an als unangenehm, denn sein Begeher behandelt ihn immer schlechter. Er leidet stark darunter und wehrt sich schließlich, indem er sich umdreht und einstürzt. Damit setzt er dem Fußgänger, aber auch sich selbst ein Ende. *(Inhaltszusammenfassung)*
Das Bild der Brücke suggeriert vor allem Stabilität und Zuverlässigkeit. Diese ist jedoch im Text von Franz Kafka von Anfang an zweifelhaft, sodass es nicht verwundert, dass niemand diese so menschenähnlich beschriebene Brücke kennt und nutzt. Das tragische Ende für die Brücke und ihren einzigen Begeher verstärkt den Gedanken, dass es sich hier um die Beschreibung einer unglücklichen Beziehung zwischen zwei Menschen sowie einer Situation von Überforderung handelt. *(Deutungshypothese)*

Seite 47

8. Es ist der Versuch, Ängste zu begründen, die der Vater im Sohn auslöst, und zwar auch noch, als dieser bereits erwachsen (36 Jahre) ist. Dies erfolgt, in Briefform, weil er Furcht vor der direkten Begegnung hat.

9. Das Bild des Treppensteigens steht für die Mühe und Bemühung, das Leben zu meistern. Durch den Vergleich „Es ist so, wie …" von zwei unterschiedlichen Charakteren soll verdeutlicht werden, dass die Möglichkeiten dafür individuell und sehr verschieden sind.

10. Offensichtlich fühlt sich der Autor des Briefes dem Vater unterlegen. Dieses Gefühl hat er schon sehr lange und kann es nicht überwinden. Das Stufengleichnis verdeutlicht sehr bildhaft die Anstrengung und die schwierige Lage, in der sich der Briefeschreiber befindet.

11. z. B. Von seiner Kindheit an bestimmen Konflikte mit dem Vater Leben und Schaffen Kafkas. Sie resultieren daraus, dass die Erwartungen des Vaters von seinem Sohn nicht erfüllt werden können. Als Kind ist er schwächlich und teilt die Interessen seines Vaters nicht. Franz fühlt sich bedrängt und eingeengt (siehe „Kleine Fabel").
Zwar studiert er wunschgemäß Jura und hat auch zeitweilig Arbeit bei einer Versicherung, aber seine Bestimmung sieht er im Schreiben. Lebenstüchtig und erfolgreich als Geschäftsmann, so wie es der Vater erhofft, wird Franz Kafka nicht. Oft hat er mit gesundheitlichen Problemen zu kämpfen und zieht sich zurück, um in Ruhe an seinen Texten arbeiten zu können. Auch eine für seine Eltern akzeptable Partnerin sowie eine eigene Familie fehlt. Die mangelnde Anerkennung seitens des Vaters verunsichert Kafka und lässt ihn mitunter resignieren. Zugleich zieht er aus dieser problematischen Situation die Themen für seine Erzählungen und Parabeln. So zeigt sich in „Die Brücke" deutlich Kafkas Hoffnung, endlich (für den Vater) etwas Wichtiges und Nützliches sein zu können, aber der Protagonist erlebt eine bittere Enttäuschung. Dass sich die Brücke so heftig wehrt, deutet auf den verdrängten Wunsch Kafkas, dies im Leben auch zu können.

12. Individuelle Lösung. Je nach Wahl dienen die entsprechenden Aufgaben als Vorarbeit.

Abschlusstraining: Erzählende Texte untersuchen und interpretieren

Seite 48

1. zwei Beine (Knechte) und der dazugehörige Mensch (deren Herr)

2. **Bildebene:** Erzähler-Bein, Kleidung (unangenehme Sachen wie kratzige Wolle und Stiefel), Bruder-Bein, Herr, Herr – Knechte: Sturz des Herrn, keine Gemeinschaft, keine Einheit
Sachebene: ein Protagonist, der dienende Funktion hat, ist unzufrieden mit seiner Situation; der zweite Protagonist hat ebenfalls dienende Funktion, mit der er jedoch zum Erstaunen seines Partners zufrieden ist; derjenige, dem die beiden dienen, ist übergeordnet; die Bedeutsamkeit der Dienenden wird gezeigt – und was geschieht, wenn sie ihren Dienst versagen; unversöhnliches Verhältnis zwischen Herr und Knechten hat, wenn es so bestehen bleibt, harte Konsequenz: Tod

3. *Obwohl die beiden Protagonisten in ein und derselben Situation stecken*, gehen sie doch ganz unterschiedlich damit um. Während der eine dienstbeflissen und ergeben jenem dient, den er als höheres Wesen ansieht (vgl. Z. 4–6), wirkt der andere unzufrieden und verrichtet seinen Dienst gezwungenermaßen („Sodann müssen wir,…", Z. 2). Damit steht er einerseits im Konflikt mit dem eigenen Bruder und andererseits mit seinem Herrn. Diese Last ist schwer zu ertragen, so lässt sich vermuten, dass der Erzähler den Sturz verursacht hat, der auch seinem Bruder zeigen soll, wie unversöhnlich das Verhältnis zum Herrn ist („…dass wir peinlich klar erkannten: Es gibt keine Gemeinschaft zwischen ihm und uns, …", Z. 9 f.)

4. *Das Thema der Parabel sind unsinnige Hierarchien, die* sinnvolles Agieren behindern.
Der Autor zeigt mit seiner Parabel, dass ein von Zwängen geprägtes Herr-Knecht-Verhältnis zwischen Menschen, die auf Kooperation angewiesen sind, statt zu sinnvollen Ergebnissen, zu tragischen Ereignissen führen kann.

Seite 49

5. hypotaktischer Satzbau → Informationsverdichtung; Wortwahl → *hären, kratzig, gezwängt, Blut stockt* (vgl. Z. 1 f.) erzeugt beim Lesen unangenehmen Gefühle; „höheres Wesen" (Z. 5) → Metapher für eine übergeordnete Macht; „im gleichen Dreck sich wälzend" (Z. 8) → Metapher für Schwierigkeiten, die alle gleichermaßen betreffen; „Tod" → Symbol für den schlimmstmöglichen Ausgang

6. **a)** Der Erzähler spricht aus der Perspektive eines Beins. **b)** Es ist ein personales Erzählverhalten, denn der Erzähler ist stark involviert und zeigt seine negativen Empfindungen. **c)** Zuerst einmal besteht ein Konflikt zwischen den beiden Beinen, da das eine das unterwürfige Verhalten des anderen gegenüber dem Herrn nicht versteht und darüber nachdenkt, es zu verändern. Zusätzlich ist das untergeordnete Verhältnis zum Herrn problematisch. **d)** Der kausale Zusammenhang ist falsch, der Satz ist unnötig verschachtelt → Während der eine Protagonist seinem Herrn nur dient, weil er dazu gezwungen ist, dient der andere ihm gern, weil er ihn für ein höheres Wesen hält (vgl. Z. 5 f.).

7. **Beispiellösung:** Was wäre, wenn einzelne Teile unseres Körpers sprechen könnten? (*Einleitung*)
Dazu macht sich der Autor Günter Kunert in seiner Parabel „Monolog eines Beins" Gedanken. Wie für dieses epische Genre typisch, wählt er eine bildhafte Situation, die bereits in der Überschrift deutlich wird. Der Ich-Erzähler ist ein Bein, das über sich und das andere Bein, seinen „Bruder" (Z. 2), sowie den gemeinsamen „Herrn" (Z. 6) reflektierend berichtet. (*TATT-Satz, Bezug zur Überschrift*)
Der Text zielt darauf ab, dass sich der Leser Gedanken macht über die Gründe und Auswirkungen eines konfliktreichen, nicht gleichberechtigten Verhältnisses zwischen Partnern, die eigentlich gut miteinander kooperieren müssten. (*Deutungshypothese*)
Aus der anfänglichen Schilderung des Ich-Erzählers und Hauptprotagonisten wird deutlich, dass er sich in einer für ihn ausgesprochen unangenehmen Situation befindet, denn es ist davon die Rede, er sei in härene, kratzige Wolle gekleidet und in einen Stiefel gezwängt, sodass ihm sogar das Blut stocke (vgl. Z. 1 f.). Durch die vom Autor verwendeten Adjektive „hären" und „kratzig" und das Partizip „gezwängt" kann der Leser das ungute Gefühl nachempfinden. Außerdem werden der Erzähler und sein Bruder offenbar ständig kontrolliert, ob sie auch allen Ansprüchen genügen (vgl. Z. 3 f.). Diese Aussage verstärkt den Eindruck von Zwängen, denen sich der Protagonist ausgesetzt fühlt. Dass das andere Bein mit dieser Zwangssituation offenbar kein Problem hat, wird vom Ich-Erzähler mit der Religiosität seines Bruders begründet. Es klingt ein gewisser Vorwurf an, wenn es heißt: „dient ergeben dem, den er trägt, und hält diesen für ein höheres Wesen." (Z. 4 f.). Hier wird ein Konflikt zwischen den beiden Akteuren hinsichtlich ihrer Aufgabe und ihres Verhältnisses zu jenem dritten übergeordneten deutlich, der als Herr bezeichnet wird. Wer ihn überhaupt zum Herren bestimmt habe, fragt sich der Ich-Erzähler, und setzt provokant hinzu, er wisse nicht, „ob das immer so bleiben wird für uns Beine" (Z. 6). Hier klingt sein Wille zum Widerstand an, die herrschenden Verhältnisse zumindest zu hinterfragen. Das allerdings bedeutet auch, sie zu verändern, was Mut und Handeln erfordert. (*Interpretation zu Absatz 1, Verknüpfung von Angaben zum Inhalt, zur sprachlichen Gestaltung sowie zur Aussage; Einsatz von Textbelegen*)
Und tatsächlich kommt es zu einer Veränderung, von der im zweiten Absatz des Textes die Rede ist: Die beiden Beine versagen dem Herrn den Dienst. Was dem vorausgegangen ist und wie es genau dazu kommt, erfährt der Leser nicht. Der Erzähler lässt hier eine Leerstelle. Sie bewirkt, dass man sich fragt, ob das widerständige Bein allein dafür verantwortlich ist oder die beiden sich aufgrund eines Vorfalls geeinigt haben. Eins ist jedoch klar: Der Herr befindet sich in einer schlimmen Situation. Zusammen mit seinen Beinen wälzt er sich fluchend im gleichen Dreck (vgl. Z. 8 f.). Durch diese Metapher schafft der Autor ein deutliches Bild von der Unerträglichkeit der Situation. Mit diesem Eindruck führt Kunert nun zu einem sehr nachdenklich stimmenden Ende der Parabel. Der Herr hat für seine Beine, die hier klar als seine Knechte (vgl. Z. 10) benannt sind, nur sinnlose Flüche übrig. Überlegtes, konstruktives Handeln, bei dem alle am gleichen Strang ziehen, kommt in dieser hierarchischen Beziehung nicht zustande (vgl. Z. 8). (*Absatz 2, in gleicher Weise*)
Damit erschließt sich die Wahl der in der Parabel verwendeten Bildebene auf eindrucksvolle Weise: So, wie ein Mensch mit seinen Beinen einen funktionierenden Organismus bildet und daher nie auf die Idee käme, sie nicht wertzuschätzen, ist es auch völlig abwegig, sich als Mensch über andere Menschen zu stellen. Die Gesellschaft kann nicht funktionieren, wenn ein derartig abwertendes Herr-Knecht-Verhältnis besteht. Es hat jeder seine Funktion und in der Gemeinschaft entsteht ein sinnvoller Ablauf. (*Zusammenfassung zur Übertragung von der Bild- auf die Sachebene*)
Was sich die klugen Köpfe der Wissenschaft ausdenken, kann nur mithilfe derer, die die Dinge praktisch umsetzen, seine Wirkung entfalten. (*illustrierendes Beispiel*)
Man erkennt durchaus eine Warnung, die aus dem Monolog des Beins spricht: vor Aufruhr, Dienstversagen, Streik … Zugleich werden wir darin bestärkt, ein der Gemeinschaft zuträgliches und solidarisches Verhalten an den Tag zu legen, statt auf unsinnigen Hierarchien zu beharren. (*Schluss, Rückbezug zur Einleitung*)

8. **Beispiellösung:** *Man hat mich zwar in seidene, luftige Hemden gekleidet, aber dann in allerlei Jacken gezwängt, die meinen Spielraum schrumpfen ließen. Sodann müssen wir, meine Schwester und ich*, die Last eines ständig wackelnden, sich hin und her wendenden Hauptes tragen, uns breit nennen und schwere Taschen aufladen lassen, dazu den Armen ihr Fuchteln, Zerren und Drehen ermöglichen, wobei man uns kaum beachtet, solange wir allen Ansprüchen genügen. Meine Schwester, die eine sehr skeptisch veranlagte Schulter ist, dient notgedrungen dem Schädel, den sie trägt, und hält diesen für einen ziemlichen Hohlkörper. Manchmal frage ich mich selber, wer diesen Weltkugelkopf über uns gesetzt haben mag und ob das für uns Schultern immer so bleiben wird.
Einmal haben wir ihm den Dienst versagt: Er blockierte und war plötzlich unbeweglich, schmerzte wie wir – eine erstarrte Größe. Trotzdem war eine Verständigung nicht möglich; mit gleichem Schmerz sich quälend, verfluchte er uns derart, dass wir ganz klar erkannten: Es gibt keine Verbrüderung zwischen ihm und uns, nur das Verhältnis von oben zu unten, das ausschließlich einer auflöst: der Henker.

Gedichte untersuchen, interpretieren und gestalten

Gedichte untersuchen

Seite 50

1. Text A beginnt mit einem unglücklichen Ausdruck („es geht um einen lyrischen Sprecher") und enthält insgesamt ungenaue und falsche Aussagen. Deshalb ist Text B besser.

Seite 51

2. Stacheldraht" (V. 2) – Symbol für Unterdrückung, Unfreiheit → andere ausgrenzen, sich abschotten, niemanden rein- oder rauslassen; „Stelzen" (V. 4) – in Höhe über dem Boden laufen oder stehen, evtl. wackelig → über anderen stehen; „Stütze" (V. 6) – Halt oder Rückgrat → eine Haltung oder Meinung haben; „Betonkopf" (vgl. V. 7–9) – ein umgangssprachlicher Begriff für einen starrköpfigen, uneinsichtigen Menschen, wird für Personen benutzt, die auf rückständigen politischen und gesellschaftlichen Ansichten beharren; „konspirativer Apparat" (V. 14) – geheim, verschwörerisch, für einen bestimmten Zweck entwickeltes Gerät → „Denkapparat", Gedanken sind frei; „Todfeind" (V. 15) – emotional: hasserfüllt, unversöhnlicher Feind, Gegner; „heilig [...] sein" (V. 16) – sprichwörtlich, um besondere Wichtigkeit und Unantastbarkeit einer Sache oder Ansicht auszudrücken; „basta" (V. 17) – alter Ausdruck, mit dem jemand kundtut, dass er über etwas nicht mehr weiterzusprechen wünscht → Schluss damit! Genug jetzt!; „zehn hoch zehn Zellen" (V. 18) – Menge der Gehirnzellen, Möglichkeit des Denkens; „Hochverrat" (V. 19) – Straftatbestand, der auf den gewaltsamen Umsturz im Innern gerichtet ist.

3.

lyrisches Ihr/Anklage	lyrischer Sprecher	sprachliches Mittel
1. Strophe: Er habe keinen Halt, keinen festen Standpunkt, er stehe nicht zu dem, was die anderen vorgeben	*Äußert das, was die anderen als fehlend beklagen, als Wunsch, ohne zu sagen, was dann wäre, lässt also die Wertung offen.*	Konjunktiv: (Strophe 1 und 2) → infrage stellen, Nutzung negativ behafteter Metaphern → dadurch Wertung/Ablehnung
2. Strophe: *Was stört dich, welche Probleme hast du? Es ist doch alles in Ordnung!*	Setzt „heile Welt" (V. 8) mit „drei Pfund Zement" (V. 9) gleich.	*Zement im Kopf/Betonkopf:* *Metapher → Härte und Starre, glanzloses Material → Unbeweglichkeit, Dummheit, Denken ist nicht möglich*
3. Strophe: Frage nach Schuld	*Gibt seine Schuld zu:* *beweglich zu bleiben, zu denken*	Metaphorisch auf vorangegangene Strophe bezogen, kein Aushärten des Betons, Denken ist aktiv, beweglich, „es": genaue Benennung fehlt, „will nicht": führt eine Art Eigenleben, ist Vorausschau auf Zukunft → wird sich nicht ändern
4. Strophe: Frage nach Unantastbarkeit von Annahmen, Normen, Werten und Meinungen	*Formuliert eine Gefährlichkeit seines Denkens, da er sich gegen Unantastbarkeit wendet.*	„Unter [...] Wolle" (V. 13), „getarnt" (V. 13), „Konspirativer Apparat" (V. 14), „Todfeind" (V. 15) → metaphorische Beschreibung seines Denkens als geheim und gefährlich für all das, was vorgegeben ist, „heilig zu sein hat" (V. 16) → Hyperbel und Forderung, „basta" (V. 17) → Abbruch der Diskussion
5. Strophe: Es sei Hochverrat.	Mengenangabe als Fakt, scheinbare Bestätigung	*Mengenangabe als Symbol der Gehirnzellen, Ironie, scheinbare Tatsache und damit infrage stellen*
6. Strophe: *Frage nach Verteidigung*	Es gibt keine Möglichkeit, sich zu verteidigen, bzw. der Sinn wird darin nicht erkannt.	*Indikativ → Tatsache*

Seite 52

4. Es könnten die anderen sein, die über die Dinge, die ihnen heilig sind, keine Diskussionen mehr zulassen. Es könnte aber auch der lyrische Sprecher sein, der darüber, dass er der „Todfeind" der anderen ist, nicht mehr nachdenkt, seine Meinung steht fest.

5. Die Ankläger sind die „Betonköpfe", die sich abgrenzen und über andere stellen und jeden argwöhnisch betrachten, der ihre Denkmuster nicht übernimmt. Der Titel „Rädelsführer" ist eine Unterstellung und drückt ihre Angst aus, dass sie ihre Macht verlieren könnten.

6. Durch den harten Zischlaut wird eine Gefährlichkeit ausgedrückt und erinnert an das Zischen einer Schlange, die symbolisch für das Böse und für Gefahr steht. Dies bedeutet, dass es für die Mächtigen nichts Gefährlicheres gibt als eigenständiges Denken. Somit erfährt die Aussage durch den Klang eine Bestärkung.

7. **der Reihe nach einzusetzen:** unterschiedlicher, Paarstrophen, nicht an Regeln, keine feste Form, Schlagabtausch, Fazit, Inversionen und Ellipsen, Ausbrechen aus Regeln und Vorgaben

8. Obwohl das lyrische Ich als *Rädelsführer* bezeichnet wird, ist es wahrscheinlich kein Anführer einer Vereinigung, die den Staat stürzen will, da seine Sicht sehr subjektiv ist, sichtbar an der Verwendung des Personalpronomens ich und seiner Formen (vgl. V. 10, 11, 14, 20, 21). Aber der lyrische Sprecher nutzt den Plural als Redestrategie der Verallgemeinerung seiner Aussagen (vgl. V. 9) und als Vereinnahmung seiner Person durch die Mächtigen (vgl. V. 16). Selbstständiges Denken bezeichnet er als gegeben und nicht ausräumbar. Es ist ein Grundrecht, wofür er sich nicht verteidigen möchte, und er rebelliert gegen die, die dies von ihm verlangen.

9. Hinter dem lyrischen Sprecher könnte der Autor selbst stecken, da er bekannt war als ein Denker, der sich seine Denkrichtung nicht vorschreiben ließ und somit für die Gedichtaussage steht.

Gedichte interpretieren

Seite 53

1. **A** Inhalt ungenau **B** Grammatikfehler **C** Ausdrucksfehler **D** Satzbaufehler **E** Inhalt falsch **F** Rechtschreibfehler

Seite 54

2. Die Wendung „Im Folgenden" wird großgeschrieben, weil substantivierte Partizipien ausnahmslos groß geschrieben werden. Das „Im" steht am Satzanfang, daher auch hier Großschreibung.

3. S: Der Satz ist zu lang und damit unübersichtlich, grammatikalische Zusammenhänge werden undeutlich, da der Überblick fehlt.
A: „Mal" ist umgangssprachlich und hier inhaltlich nicht sinnvoll, die Ich-Form sollte man vermeiden.
Gr: falsche Zahl des Subjekts → Plural ist richtig: Schriftstellerinnen fordern
Gr: Verb ist falsch → weglassen
R: „des Weiteren": Artikel, deshalb Substantivierung von weiter

4. Die Formulierung „gewisse" ist nicht eindeutig, bleibt also ungenau in der Aussage. Die Angaben zum zweiten Gedicht sind viel zu pauschal und erfassen die wesentlichen Unterschiede nicht.

5. z. B. Zwar erhebt das lyrische Ich den Anspruch auf eine Veränderung und legt dar, wie es diese erreichen möchte, aber es bleibt hierbei ganz bei sich.
In der Literatur der 70er-Jahre werden individuelle Schicksale, persönliche Erfahrungen und die Suche nach der eigenen Identität thematisiert. Die Autorinnen und Autoren grenzen sich damit klar gegen die politische Literatur der vorangegangenen Jahre ab. Diese Strömung wird als Neue Subjektivität bezeichnet.
Zudem hinterfragen in dieser Zeit viele Schriftstellerinnen, so auch Ursula Krechel, in ihren Werken die traditionelle Rollenverteilung und die Rollenbilder von Frau und Mann, fordern mehr Selbstbestimmung und Gleichberechtigung. In der Lyrik dieser Zeit wird vor allem eine einfache, emotionale Sprache, oft auch Umgangssprache, genutzt und auf Mittel der äußeren Form verzichtet, um mehr Authentizität zu erreichen.

6. **der Reihe nach einzusetzen:** eines Rollenbildes, aufzwingen, TATT, Interpretation, Hauptteil, erste Gedicht, zweite, wichtigen, Basissatz, ersten Eindruck, Deutungshypothese, Ich

Seite 55

7. Wenn man seine Jacke zum Beispiel an einen Kleiderhaken hängt, hat man sie nicht mehr an, benutzt sie also nicht. Überträgt man dies auf den „Kopf beim Denken" (V. 3), heißt das, dass man das Denken abgehakt, also weggehangen hat, und somit nicht mehr selbstständig denkt. Man macht an das Denken einen metaphorischen „Haken" (V. 4), entweder, weil es richtig im Sinne der Vorgaben ist oder weil man es, damit man nicht auffällt, abgehakt hat.
Mit der Redewendung „Kreide" (V. 5) „fress[en]" (V. 5) zeigt das lyrische Ich, dass es sich bisher zurückgehalten, sich scheinbar anpassungswillig und friedfertig gezeigt hat. Es hat seine Stimme verstellt.
Jemandem etwas „hust[en]" (V. 7) bringt redensartlich Verachtung und Ablehnung zum Ausdruck, besonders, da es nun ohne „Schalldämpfer" (V. 7), eine Metapher, laut für alle zu hören ist.
Wenn man etwas „verwässer[t]" (V. 9), verdünnt man es zu sehr, es wird also metaphorisch unwichtig, noch dazu mit „Magermilch" (V. 9), einer Metapher für Gehaltlosigkeit. Die „Tinte" (V. 9) als Metonymie für alle aufgeschriebenen Erkenntnisse, Wünsche usw. ist dünn und ganz hell und nicht mehr kräftig. Das soll sich jetzt ändern, das lyrische Ich steht zu sich.
Umgangssprachlich steht man nicht auf eigenen Beinen, wenn man metaphorisch noch „im Nest" (V. 10) „hock[t]" (V. 10). Man muss es verlassen und seine eigenen Erfahrungen sammeln.
„Flatterflügel" (V. 11) stehen als Metapher für Auf- oder Antrieb, also die Entwicklungsmöglichkeiten des lyrischen Sprechers, die nun nicht mehr „versteck[t]" (V. 10) und damit verdrängt werden.

8. … Hier die Fußstapfen im Schnee von gestern, vergeßt sie (V. 5 f.), … damit ihr glauben könnt, ihr habt sie mir gestutzt. Den leeren Käfig stellt mal ins historische Museum (V. 11–13); Die Pluralform wird hier verwendet, da kein Einzelner gemeint ist, von dem sich das lyrische Ich eingeschränkt fühlt, sondern die Gesellschaft, evtl. auch nur deren männlicher Teil.

9. z. B. Das lyrische Ich fordert die anderen auf, das Bild, was es bisher abgab, zu vergessen (vgl. V. 6). Es ist nicht mehr von Interesse und Aktualität, was durch die *umgangssprachliche Wendung* „Schnee von gestern" (V. 6) und durch die *Metapher* „Fußstapfen" (V. 5), also Erinnerungen, Spuren, die es in dem weichen Schnee hinterlassen hat, zum Ausdruck kommt. In dem weichen Untergrund waren die Spuren auch nicht von Bestand, da Schnee bekanntlich schmilzt. Als Schnee wird mitunter *umgangssprachlich* auch Unsinn bezeichnet. Durch seine Veränderung werden die anderen nicht mehr glauben können, dass es wenig frei und unabhängig ist, da beim Verlassen der geschützten Sicherheitszone sichtbar wird (vgl. V. 10), dass das lyrische Ich noch die Möglichkeiten besitzt, sich zu erheben, zu fliegen, denn die „Flatterflügel" (V. 11) konnten nicht „gestutzt" (V. 12) werden. Hier kommt eine bekannte *Redensart* (jemandem die Flügel stutzen) zum Einsatz. Das lyrische Ich empfindet seine bisherige Begrenzung *symbolisch* als „Käfig" (V. 12), womit der Bezug zur *Vogelmetaphorik* aufrechterhalten wird. Mit der *Aufforderung*, die Überbleibsel des alten Bildes in ein Museum zu stellen und damit als überholt zu kennzeichnen (vgl. V. 12–14), bricht das lyrische Ich endgültig damit.

10. Indem es nun im Imperativ mit den anderen spricht und Umgangssprache benutzt, zeigt sich, dass das lyrische Ich an Selbstvertrauen gewonnen hat und sich nicht mehr von den anderen einschüchtern lässt. Das verdeutlicht auch die feste Blockform, die einen wehrhaften Eindruck vermittelt, durch Enjambements auch in sich zusammengehalten wird und ein Durchdringen schwierig erscheinen lässt, die aber trotzdem ungebunden bleibt.

11. In dem Gedicht wird gegen vorgefertigte Rollenbilder rebelliert, insbesondere die der Frau, sei es in der Familie, in Institutionen, der Gesellschaft allgemein. Das lyrische Ich möchte sich gegen Grenzen und das Verdrängen der Möglichkeiten zur Selbstfindung und -verwirklichung auflehnen, sich selbst mit der Welt auseinandersetzen. Der Titel zeigt hierbei das gewaltige Potenzial einer solchen Veränderung, weniger ein gewaltsames Vorgehen. Zu einer gesellschaftlichen Veränderung kann es dann kommen, wenn dieser Wandel bei vielen einsetzt. So ist der Titel vielleicht auch als Wunsch zu deuten.

12. **Beispiellösung:** *Das lyrische Ich bei Malkowski kann keiner Geschlechterrolle zugeordnet werden, es kann sich also jeder* darin wiederfinden. Es stellt Gewissheiten dar, die es scheinbar von anderen übernimmt, nutzt hierfür eine bildarme Sprache im Indikativ. Das erste und zweite Quartett werden mit der gleichen Verszeile „Es ist mir bekannt" (V. 1, 4, 5, 8) eingeleitet und abgeschlossen, was den Eindruck des Feststehenden bestärkt. Scheinbar gibt es nichts mehr zu entdecken, „alles" (V. 2), die Gefühle in ihrer Bandbreite, die ein menschliches Erleben ausmachen (vgl. V. 3), ist schon „beschrieben" worden (V. 2). Man weiß auch, wie diese Beschreibungen zu werten sind, nämlich in Abhängigkeit von ihren „Herren" (V. 6), aus der Vergangenheit oder Zukunft, glaubhaft oder nicht (vgl. V. 7).
Durch die entgegensetzende Konjunktion „[a]ber" (V. 9) wird die Haltung des lyrischen Sprechers im letzten Quartett in Abgrenzung zum vorher Gesagten eingeleitet: Während er von dem anderen gehört hat, es ihm „bekannt" (V. 1) ist, „weiß" (V. 9) er, dass ihn das nicht daran hindert, ihn niemand davor bewahrt, „[s]ich zu erleben" (V. 10). Findet das nicht statt, ist es ein unechtes Leben. Da alles Leben und Erleben einzigartig ist so wie jeder Mensch, gibt es dafür nichts Vorgefertigtes, keine mit Magermilch verwässerte Tinte (vgl. Krechel „Umsturz", V. 9). Die festgebaute und strukturierte Form des Gedichts „Für mich" unterstützt den Eindruck eines Denkprozesses mit einer unverrückbaren Erkenntnis. Das Gedicht rebelliert gegen das Absprechen von eigenem Erleben und Individualität, plädiert für Selbstfindung und Selbstbestimmtheit, was sich auch durch den Titel, eine Widmung an sich selbst, und die subjektive Sicht ausdrückt. Hier finden sich Übereinstimmungen mit dem Gedicht „Umsturz" von Krechel, allerdings ist Malkowskis Gedicht in seiner Aussage stärker verallgemeinerbar und nicht auf ein (weibliches) Rollenbild fixiert.

13. Individuelle Lösung.

Abschlusstraining: Gedichte untersuchen und interpretieren

Seite 56

1. z. B. Ein unbenannter lyrischer Sprecher beschwört ein lyrisches Du eindringlich gegen den Zerfall der Welt, der sich im Zerfall des Wortes zeigt, einzuschreiten, da es ansonsten selbst untergehen wird. Er begründet die Notwendigkeit und zeigt Möglichkeiten einer solchen Intervention auf.

2. (dunkel markiert = Analyse, hell markiert = Deutung);
Das Gedicht gliedert sich in drei Strophen mit zuerst acht, dann jeweils neun Versen unterschiedlicher Länge. Dreimal wird der Imperativ „Fall ins Wort" (V. 1, 3, 6) in der ersten Strophe anaphorisch verwendet, wodurch eine Eindringlichkeit entsteht, die fast beschwörend wirkt. Vers 2 und 4 geben als Hauptsatz eine Begründung an, die auch mit „denn" eingeleitet sein könnte. Weil die Einleitung fehlt, wirken die Aussagen härter, unvermittelter und werden damit wichtiger. Unterstützt wird dies durch den parallelen Satzbau, wenn sich auch inhaltlich die Begründung steigert. Zu einem Wortbruch, der Nichterfüllung eines gegebenen Versprechens (vgl. V. 2), ist in Vers 4 noch der Zeitpunkt einer Notwendigkeit gegeben („fällig geworden", V. 4). Der „Fall" (V. 4) bezieht sich auf Vers 2 und stellt damit eine Verbindung her. Der dritten Aufforderung folgend wird in Vers 6 eine Bedingung genannt, der Widerspruch muss einem „einf[allen]" (V. 6), man muss sich also an das gegebene Wort erinnern oder eine Idee für eine Veränderung haben. Die letzten beiden Verse bieten eine Variation des Verbs, nunmehr wird aus der Wendung „ins Wort fallen", also jemanden unterbrechen, das Verb „einfallen", was hier in einer anderen Bedeutung als in Vers 6 gebraucht wird: Es bedeutet ein unerwünschtes oder gewaltsames Eindringen, hier verdeutlicht durch zwei vergleichsartige Assoziationen, die für Gefahr und Zerstörung stehen (vgl. V. 8), wodurch sich die Aussage in ihrer Dringlichkeit steigert …

Analyse und Deutung sollten immer miteinander verknüpft werden und eine gleiche Gewichtung haben. Textbelege sind im Schülertext (S. 56) ausreichend vorhanden.

Seite 57

3. Individuelle Lösung; **Strophe 2:** vier weitere Bedingungen, als parallele Aufzählung, anaphorisch: „Wort […] gefällt" (V. 9 f.) → man steht dahinter, „Wort fehlt" (V. 11 f.) → Mangel wird bemerkt, „Wort [hat] Fehler" (V. 13 f.) → Missstand wird bemerkt, „es verdorrt" (V. 15) → besitzt kein Leben mehr, daher „Wort" ersetzt durch Personalpronomen „es" → insgesamt Steigerung der Dringlichkeit, Zusammenfassend durch „dort" (V. 16), Hervorhebung durch Einzelstellung und Binnenreim mit „verdorrt" → „o" = klagender Laut, Abschluss mit Wiederholung des Imperativs **Strophe 3:** „Welt" (V. 18) als Gesamtheit bestärkt Dringlichkeit, das Verb einfallen (vgl. V. 19) hier mit der Bedeutung einstürzen, kaputtgehen, „Ihr Fallen" (V. 20) als Metapher des Untergangs bildet Bedingung dafür, dass Sicherheiten, Versprechen usw. nicht mehr gelten, sie werden gefällt (vgl. V. 21 f.), also umgehauen, abgesägt, bringen den Tod; erneute Aufforderung (V. 23, 24) „ihm" → Prozess der Zerstörung, Angabe einer Folge („sonst", V. 25) als Warnung, da diese bei Nichthandeln mit Sicherheit, „in jedem Fall" (V. 26), eintritt → man geht mit der Welt unter (vgl. V. 25).

4. Als Leser fühlt man sich in der Form des lyrischen Dus durch den Imperativ von einem unbenannten lyrischen Sprecher angesprochen. Es könnte sich aber auch um eine Art inneren Monolog des Sprechers handeln, der sich selbst Mut zuspricht, Verantwortung zu übernehmen, da er die Notwendigkeit zum Handeln erkannt hat.

5. z. B. Es werden keine konkreten Aussagen getroffen. Durch den Einsatz des allgemeinen Begriffes „Wort" und das Spiel mit dem Wortfeld „fallen" entsteht eine Übertragbarkeit auf alles und jeden. Gegen Missstände, die gefährlich werden können, z. B. für die Gesellschaft, das Zusammenleben, die Natur, sollte man sich stark machen, die Initiative ergreifen und handeln. Das Gedicht rebelliert gegen ein Abwarten, Aussitzen und Nichtstun und fordert inständig auf, Verantwortung zu übernehmen.

6. **B, C; Beispiellösung:** Die Probleme in der Welt nehmen ständig zu, z. B. der Klimawandel. Somit ist es wichtig, seine Stimme zu erheben und auf Missstände aufmerksam zu machen, sein eigenes Verhalten zu verändern, also verantwortlich zu handeln, und zwar bevor es zu spät ist. Jeder kann einen Beitrag leisten, viele kleine Schritte führen auch zum Ziel. Allen Mut dafür zusammenzunehmen, ins Wort zu fallen, sich Gehör zu verschaffen, dazu fordert Erich Fried mit seinem Gedicht „Fall ins Wort" inständig auf.

7. Individuelle Lösung; **Beispiellösung:**

Spring
Sei kein Springinsfeld mehr
das ist der springende Punkt
Spring lieber über deinen Schatten
ins kalte Wasser
über Gräben
in die Bresche.
Endlich mal im Dreieck
an die Decke
zur Not aus dem Anzug
schaff den Absprung
spring auf
spring ein
keine Übersprunghandlung
lass niemanden über die Klinge springen
aber etwas von der Klippe
oder Glas
lass etwas springen
Dann entspringt etwas
oder springt heraus
ein Vorsprung zum Beispiel
denn es springt doch ins Auge
dass der Funke endlich überspringen muss
damit wir alle „ihm" noch einmal von der Schippe springen
denn es ist eben nicht gehüpft wie gesprungen

Ein Drama untersuchen und interpretieren

Eine Dramenszene untersuchen

Seite 59

1. *direkte Figuren:* Franz Moor, Hermann (ehemaliger Soldat adligen Ursprungs, Gefolgsmann von Franz); *indirekte Figuren:* der alte Moor (Vater von Franz und Karl), Doktor (Arzt des alten Moors); *Ort:* Zimmer von Franz

2. Franz spricht mit sich selbst, z. B. „Sinne nach, Moor!" (Z. 35 f.), „Und wie ich nun werde zu Werk gehen müssen" (Z. 45); Franz plant, seinen Vater umzubringen, indem er ihn zu Tode erschreckt, z. B. „Schreck! – Was kann der Schreck nicht?" (Z. 57 f.)

3. Franz sieht eine enge Verbindung zwischen Körper und Geist. Er möchte den Körper seines Vaters schwächen, indem er mit einem Schreck dessen Geist angreift, ihn zu Tode ängstigt, die Gedanken des Vaters negativ beeinflusst, sodass er zugrunde geht. Franz plant, den Körper seines Vaters „vom Geist aus zu verderben", indem er ihm statt eines körperlichen einen psychischen Schaden zufügt.

Seite 60

4. **a)** Franz verurteilt die Natur und verhält sich egoistisch und rücksichtslos. Er ist ein geschickter und heimtückischer Intrigant, der seine Mitmenschen manipuliert und deren Schwächen durchschaut (vgl. z. B. Z. 9 ff.).
b) Franz will die Natur beherrschen und sie durch Rationalität beeinflussen. Er möchte den Vater aus dem Weg räumen, um freie Bahn zu haben (vgl. z. B. Z. 16–18).
c) Es wird deutlich, dass Franz, wie auch sein Bruder Karl, gegen das Prinzip der Vaterautorität rebelliert. Ein innerer Konflikt zeigt sich bei Franz, während er sinniert, auf welche Weise er dem Leben des Vaters ein Ende bereiten kann, da er trotz allem nicht selbst Hand anlegen möchte (vgl. Z. 14 f.).

5. **a)** Franz wirkt aufgebracht, er steigert sich immer mehr in sein Vorhaben hinein, was durch Aufzählungen und unvollständige Sätze deutlich wird. Er spricht zudem sehr metaphorisch und verwendet viele rhetorische Fragen sowie Ausrufe, was seine Begeisterung, aber auch Unsicherheit zeigt.
b) Mit den Ausrufezeichen wird das Gesagte besonders bekräftigt, die Gedankenstriche symbolisieren Pausen und zeigen, dass es sich um einen Monolog handelt. Franz überlegt, wirkt impulsiv und spontan.
c) Die innere Entwicklung wird vor allem durch die Regieanweisungen deutlich.
d) Metaphern; „ärgerlichen zähen Klumpen Fleisch" → der alte Moor; „das eiserne Joch des Mechanismus" → Unterdrückung durch die Natur; „heißhungrige Wolf" → Zorn; „Wurm" → Sorge; „Natter" → Gram; „Schlange" → Reue
e) Z. 10–18, Z. 29 f., Z. 33 f., Z. 62–64, Z. 78–81 f.
f) Franz Moor wird als rational denkend, planend und abgebrüht charakterisiert, zugleich ist jedoch auch er von der Emotionalität, die typisch für die Strömung des Sturm und Drang ist, geprägt und lässt sich von seinen Gefühlen mitreißen.

Eine Dramenszene interpretieren

Seite 63

1. z. B. Franz manipuliert seinen Gefolgsmann Hermann, indem er ihn wütend macht. Das funktioniert, weil Hermann offenbar mit dem alten Moor und Karl noch eine Rechnung offen hat. Franz nutzt Hermann für seine Zwecke aus und verspricht, ihn reich zu belohnen. Man wird beim Lesen der Szene selbst wütend.
In dem vorliegenden Szenenausschnitt treibt Franz seinen Plan, den Vater zu beseitigen, voran. Er hetzt dazu seinen Gefolgsmann Hermann auf, indem er ihm schmeichelt, ihn anstachelt und ihn schließlich dazu anstiftet, dem Vater eine gefälschte Nachricht von Karl zu überbringen, die er, der ohnehin kränkelt, nicht überleben wird. Franz belügt Hermann zugleich, da er ihm Amalia als Geliebte in Aussicht stellt, jedoch nach dessen Abgang gegen Ende der Szene klarmacht, dass er nicht vorhat, ihm Amalia zu überlassen.

2. z. B.

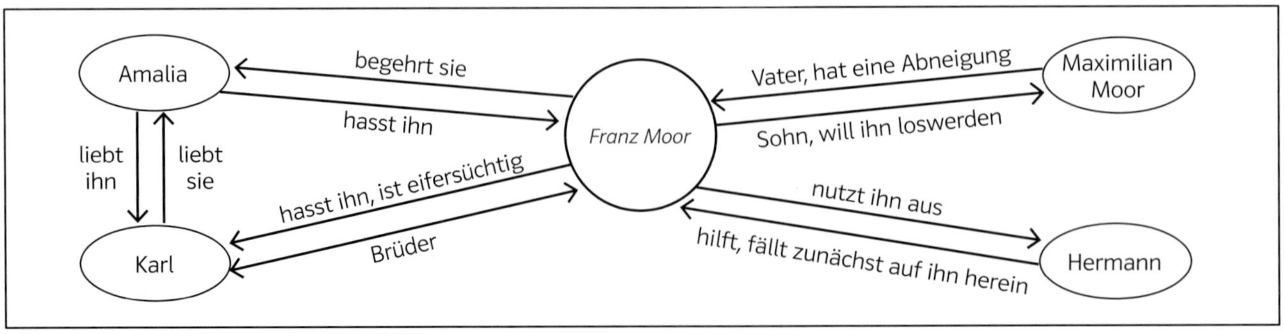

Diese Figuren treten auf: Franz von Moor (eine der Hauptfiguren), Hermann (Sohn eines Edelmannes; Bastard)
Von diesen Figuren wird nur gesprochen: Amalia (Fräulein von Edelreich, Karls Verlobte), der alte Graf von Moor (Vater von Franz und Karl), Karl von Moor (Bruder von Franz)
Welche Rolle haben die Figuren für das Drama?
Die Brüder Franz und Karl Moor sind Gegenspieler. Franz ist der typische „Bösewicht" und nimmt im Drama eine Außenseiterposition ein. Durch sein Verhalten und seine Intrige entzweit er den alten Vater und Karl sowie das Liebespaar Karl und Amalia. Der alte Moor und Amalia verbünden sich und halten zusammen, denn beide stehen Karl sehr nahe. Hermann hilft zunächst Franz, bekommt später aber ein schlechtes Gewissen und verrät Amalia, dass sowohl Karl als auch sein Vater noch am Leben sind. So trägt er dazu bei, den tragischen Ausgang für Franz herbeizuführen.
Wie stehen sie zueinander?
Grafenfamilie Moor: Rivalität zwischen den Brüdern Karl und Franz; der alte Vater bevorzugt Karl, ist ihm zugeneigt und Franz gegenüber abgeneigt. Er ist eine schwache Vaterfigur. Amalia von Edelreich steht zwischen den gegensätzlichen Brüdern, beide begehren sie, sie aber liebt Karl und hasst Franz. Hermann ist abhängig von Franz, auch er begehrt Amalia, was diese nicht erwidert. Die Beziehung zwischen Hermann und Karl Moor sowie zwischen Hermann und dem alten Moor ist von Antipathie geprägt.

3. **Vorgeschichte:** *Franz erhält eine Abfuhr von Amalia. Davor* liest er seinem Vater einen von ihm gefälschten Brief seines Bruders Karl vor und sorgt so für die Enterbung und Verstoßung des Bruders. Nur der Vater steht Franz noch im Weg, bevor er Herr über das Fürstentum werden kann, da er trotz fortgeschrittenen Alters und Schwäche nicht stirbt. Deshalb beschließt Franz nachzuhelfen und greift zu einer List. Im ersten Teil der Szene plant Franz, im Vater negative Empfindungen hervorzurufen, da nach seiner Überzeugung Geist und Körper im Zusammenhang stehen und Leidenschaften die Lebenskraft mindern.
Weiterer Handlungsverlauf: *Franz stellt Hermann Amalia in Aussicht, versucht jedoch bereits wenig später* selbst erneut sein Glück bei dieser und macht klar, dass er nicht vorhat, Hermann Amalia tatsächlich zu überlassen. Der alte Moor fühlt sich schuldig am Tod seines ältesten Sohnes. Als Amalia ihm aus der Bibel das Gleichnis vom verlorenen Sohn vorliest, verlassen ihn seine Kräfte und er wird für tot gehalten. Während Amalia um ihn trauert, sieht sich Franz endlich am Ziel und bejubelt den vermeintlichen Tod des Vaters.
Bedeutung der Szene für das Drama: *Franz gelingt es,* in dieser Szene Hermann auf seine Seite zu ziehen und diesen für sich und seine Intrige zu gewinnen, indem er ihm nicht nur Geld, sondern auch Amalia in Aussicht stellt. Zudem erinnert er Hermann daran, dass der alte Moor ihn schlecht behandelt und Amalia ihn abgewiesen und sich stattdessen Karl zugewendet hat.

4. z. B. Die Szene zeigt, dass Franz eiskalt plant, seine Mitmenschen manipuliert und vor nichts zurückschreckt, um seine Ziele zu erreichen. Er ist sich seiner Strategie sehr sicher.

5. Gelungener ist die zweite Einleitung. **Inhaltliche Schwächen im ersten Text:** Schillers erste Szene, Freund Hermann, Gemeinsam; **Sprachliche Schwächen im ersten und zweiten Text:** spielt zu Beginn des Buches, bereits, erreicht hatte; Der erste Satz im zweiten Text ist zu lang und zu verschachtelt. **Beispiellösung:** Der vorliegende Szenenausschnitt stammt aus der ersten Szene des 2. Akts aus Friedrich Schillers Drama „Die Räuber", uraufgeführt 1782. Es geht darum, dass Franz Moor, eine der Hauptfiguren, eine Intrige gegen seinen alten Vater plant, die zu dessen Tod führen soll. Franz geht dabei sehr strategisch vor und nutzt seinen Gefolgsmann Hermann aus, dem er sowohl gesellschaftlich als auch intellektuell überlegen ist. Er manipuliert ihn geschickt und stellt ihm als Belohnung Gold sowie Amalia von Edelreich in Aussicht.

Seite 64

6. **A** *Franz stachelt Hermann an, indem er ihn daran erinnert, dass sein Vater „dich sehr beleidigt (hat)".* Das Pronomen „dich" muss in eckigen Klammern angepasst werden; statt der runden Klammern eckige Klammern; Fundstelle fehlt – ... dass sein Vater „[ihn] sehr beleidigt [hat]" (Z. 13)
B *Er behauptet zudem, sein Bruder hat Hermann Amalia „weggefischt".* Im Nebensatz muss Konjunktiv I verwendet werden; Fundstelle fehlt – ... sein Bruder habe Hermann Amalia „weggefischt" (Z. 46).
C *Hermann willigt ein und hofft, sich mithilfe von Franz am alten Moor für dessen Beleidigung ihm gegenüber rächen zu können (Z. 20 f.).* Hier steht kein direktes Zitat, deshalb „vgl." einfügen. – ... (vgl. Z. 20 f.).
D *Dass Franz es nicht ernst meint, sieht man daran, dass er gar nicht vorhat, ihm Amalia zu überlassen, sondern ihm eine Stallmagd wünscht.* Das direkte Zitat „eine Stallmagd" muss als solches gekennzeichnet werden – ... sondern ihm „eine Stallmagd" (Z. 157) wünscht.
E *Hermann fragt Franz, was er tun sollte.* Hier steht die falsche Konjunktivform – ... was er tun solle.

7. „Die Räuber" ist der Titel des ersten veröffentlichten Dramas von Friedrich Schiller, das in der Epoche der Aufklärung entstand und der Strömung Sturm und Drang in der deutschen Literatur zuzurechnen ist. Bevor es 1782 in Mannheim uraufgeführt wurde, hatte es Schiller 1781 zunächst als Lesedrama anonym veröffentlicht. Das Drama sorgte für nationales Aufsehen und Schiller wurde dadurch mit einem Mal berühmt. Das Stück schildert die Konkurrenz zweier Brüder: Karl Moor auf der einen Seite, der von seinem Vater geliebte intelligente, freiheitsliebende spätere Räuber, und der ungeliebte Bruder Franz auf der anderen Seite, herzlos, kalt und berechnend. Franz, der von Natur aus hässlich ist, wurde in seiner Kindheit vernachlässigt und hat als Zweitgeborener kein Anrecht auf das Erbe.
Der Lieblingssohn Karl dagegen führt in Leipzig ein recht leichtsinniges und ungezügeltes Studentenleben, bevor er Besserung gelobt und seinem Vater einen Brief schreibt, in dem er seinen Wunsch um Vergebung zum Ausdruck bringt.

8. **Mögliche Interpretationsaspekte:** Der Textausschnitt schließt sich unmittelbar an Franz Moors großen Monolog an, in dem er zu dem Schluss kommt, den natürlichen Sterbeprozess seines gebrechlichen und alten Vaters dadurch zu beschleunigen, dass er diesem einen Schock versetzt, den er nicht überlebt. Dies will er erreichen mittels einer Nachricht, die dem Vater überbracht werden soll. Franz geht davon aus, dass niemand diesen Mord auf ihn zurückführen wird. Im vorliegenden Szenenausschnitt der ersten Szene des zweiten Akts scheint Franz' Plan immer mehr Gestalt anzunehmen. Hermann, der Sohn eines Edelmanns, tritt auf und Franz stellt ihm eine stattliche Summe Geld sowie Amalia als Belohnung in Aussicht, wenn er ihm behilflich ist. Franz weiß zudem, dass Hermann sowohl mit Karl als auch mit dem alten Moor nicht gutsteht und zwischen ihnen noch alte Rechnungen offen sind. Hermann lässt sich darauf ein und Franz weist ihn an, sich zu verkleiden, sodass man ihn nicht erkennt. Hermann soll als Bote beim alten Moor erscheinen und behaupten, Karl sei gestorben. Franz gibt ihm Dokumente mit genauen Anweisungen für seinen Auftrag, dann geht Hermann. Sobald er weg ist, macht Franz deutlich, dass er nicht plant, ihm Amalia tatsächlich zu überlassen („Dir eine Stallmagd, und keine Amalia!", Z. 157 f.). Es wird offensichtlich, wie eiskalt Franz agiert, denn er nutzt Hermann für seine Zwecke aus, hetzt ihn auf und manipuliert ihn. Dieser Szenenausschnitt legt den Charakter von Franz in eindrücklicher Weise offen.

Abschlusstraining: Eine Dramenszene untersuchen und interpretieren

Seite 66

1. a) **Titel:** Die Räuber, **Akt:** II, **Szene:** 2, **Textsorte/Gattung:** Dramenszene, **Autor:** Friedrich Schiller, **Thema:** die von Franz fingierte Botschaft, dass Karl tot ist, **auftretende Figuren:** Franz, der alte Moor, Hermann, Amalia

b) Der Reihe nach einzusetzen: Hausknecht namens Daniel, Tod seines Sohnes Karl, schuldig, Amalia
c) Was passiert zuvor? Monolog, in dem Franz plant, den natürlichen Sterbeprozess seines gebrechlichen Vaters zu beschleunigen. Franz ist sich sicher, dass eine Nachricht von Karls Tod den Vater so schockieren wird, dass er stirbt. Für die Umsetzung seines Plans spannt Franz den Soldaten Hermann ein. Diesen manipuliert er und stellt ihm als Lohn für seine Hilfe Amalia in Aussicht, hat aber nicht wirklich vor, sie ihm zu überlassen. **Was passiert danach?** Im Anschluss an die Szene schwankt der alte Moor zwischen Verzweiflung und Wut auf Franz, den er beschuldigt, ihn zu dem Fluch über Karl gedrängt zu haben. Amalia stimmt ihn positiv auf ein Wiedersehen mit Karl im Himmel ein. Der alte Moor bricht zusammen und Franz ist fortan der Herr im Schloss.
Es handelt sich um die 2. Szene des II. Akts. Die Intrige von Franz Moor und sein perfider Plan gehen scheinbar auf. Der Vater wird von Schuldgefühlen gequält. Amalia glaubt Franz. Nur Hermann, der einzige Eingeweihte, bekommt ein schlechtes Gewissen, erkennt das Unrecht und distanziert sich von Franz.

Seite 67

2. a)

	Amalia	der alte Moor	Franz	Hermann
zu Karl	*liebt ihn wirklich (Z. 47, 109 f.), ist ergriffen von seinem Schicksal, am Ende enttäuscht von ihm (Z. 125)*	fühlt sich schuldig an seinem Tod (Z. 72 ff., 93 ff., 100 f.)	heuchelt Trauer, preist ihn als „Englische Seele" (Z. 97 f.)	feindselig, hat noch eine Rechnung mit ihm offen
zu Amalia		dankbar, wie ein Vater	intrigant, versucht sie zu manipulieren	lügt sie an, will sie für sich (Z. 86)
zum alten Moor	*fürsorglich, mitfühlend*		macht ihm Vorwürfe (Z. 75 f.)	lügt ihn an, hat dann aber Mitleid (Z. 102 f.)
zu Franz	*misstrauisch (Z. 115)*	abwartend, zutraulich (Z. 3 f.)		unterwürfig, später distanziert (Z. 103 f.)
zu Hermann (Bote)	*distanziert, feindselig (Z. 84 f.)*	anständig, gastfreundlich (Z. 4 ff.)	manipuliert ihn, nutzt ihn aus	

b) Welche Figuren dominieren jeweils Teile des Gesprächs? Wer hat die meisten Redeanteile? Z. 1–81: Hermann hat die meisten Redeanteile und dominiert mit seiner erlogenen Geschichte vom Tode Karls das Gespräch; der alte Moor fragt zu Beginn des Dialogs interessiert nach, auch Amalia stellt Fragen, Franz hält sich eher im Hintergrund. Ab Z. 82 sind die Redeanteile ausgeglichener, Franz schaltet sich immer mehr in das Gespräch ein und bekommt zunehmend längere Redeanteile.
Wie ist das Gespräch insgesamt aufgebaut? Zunächst nimmt Franz einen passiven Part ein und hält sich im Hintergrund, dies verändert sich im Laufe des Gesprächs. Der alte Moor wird immer betroffener und schweigsamer, wiederholt sich am Ende nur noch und spricht mehr zu sich selbst als zu einem Gegenüber. Am Ende der Szene unterhalten sich lediglich Franz und Amalia.
An welchen Stellen werden Aussagen wiederholt und warum? Der alte Moor wiederholt sich (z.B. „Mein Fluch ihn gejagt in den Tod, gefallen mein Sohn in Verzweiflung", Z. 100 f.), da er immer verzweifelter wird. Bei der dritten Wiederholung lallt er nur noch und scheint gar nicht mehr richtig bei Sinnen zu sein. Franz wiederholt sich, um verblüfft und erstaunt zu wirken. Er tut, als könne er nicht glauben, was er da hört und was ihm sein Bruder Karl im Tode zugedacht hat (z.B. „*Franz wie erstaunt.* Mir? Amalias Porträt? Mir, Karl, Amalia? Mir?", Z. 82 f.). Franz spielt seine Rolle gut und nutzt geschickt rhetorische Mittel, um Amalia und den Vater zu täuschen.
Amalia wiederholt sich, da sie nicht glauben kann und nicht wahrhaben will, was sie hört. Erst während sie selbst die Worte Hermanns wiederholt, scheint ihr klar zu werden, dass ihr geliebter Karl tatsächlich tot ist (z.B. „So ist es wahr – wahr – er ist tot! – tot!", Z. 110 f.).

3. **Beispiellösung Hauptteil:** Franz Moor steht in dieser Szene seinem Vater und Amalia gegenüber. Hermann übernimmt die Rolle des übermittelnden Botens und handelt verkleidet und mit verstellter Stimme nach Franz' Anweisung. Franz hingegen hält sich zunächst im Hintergrund und überlässt dem verkleideten Hermann den Hauptredeanteil. Im Laufe des Gesprächs nehmen die Redeanteile von Franz dann zu. Er setzt sich gekonnt in Szene, täuscht Mitgefühl und Ergriffenheit vor und manipuliert so plangemäß seinen Vater und Amalia. Seinem Vater gegenüber erscheint Franz zunächst rücksichtsvoll und fürsorglich, so fragt er diesen, ob er die „schröckliche[n] Botschaften" (Z. 2) des Boten überhaupt hören könne. Dabei weiß Franz genau, wie sehr der Vater auf ein Lebenszeichen von Karl wartet. Ebenfalls mit gespielter Fürsorge geht er kurz darauf auf Hermann los, als dieser Karls Tod auf dem Schlachtfeld verkündet. Er beschimpft ihn mit den Worten „Dass der Tod deine verfluchte Zunge versiegle! Bist du hierher kommen, unserem Vater den Todesstoß zu geben?" (Z. 59 ff.) und spricht damit

deutlich aus, welche Konsequenz die Nachricht für den Vater haben kann. Dabei ist es genau das, was er sich aus der Situation erhofft. Dass Franz ohne Skrupel und Gewissen ist, wird auch am Ende des Textausschnitts deutlich. Während Hermann das Mitwirken bei Franz' Plan bereits zu bereuen scheint, schnell abgeht und Franz vor seinem Abgang zuflüstert „Warum habt Ihr auch das gemacht, Junker?" (Z. 103 f.), treibt Franz seinen Plan bis an die Spitze weiter. Amalia von Edelreich, die mehr zur Familie zu gehören scheint als Franz, wird vom alten Moor behandelt wie seine Tochter. Sie mag Franz nicht und steht diesem kritisch gegenüber. Im vorliegenden Textausschnitt fällt sie durch ihre Skepsis gegenüber Hermann und der Todesnachricht auf (vgl. Z. 84 f.). Zudem stellt sie im Verlauf des Dialogs viele Fragen, wirkt emotional aufgewühlt und spricht kaum in ganzen Sätzen (vgl. Z. 47). Amalia erlebt ein Wechselbad der Gefühle, springt zunächst ergriffen auf, als der Bote von Karl berichtet, will dann wegrennen, gerät in Entzückung beim Bericht von Karl als „wackere[m] Kriegsmann" (Z. 40) und wirkt kurz darauf „wie aus einem Todesschlummer aufgejagt", als Hermann ihr berichtet, Karls „letzter Seufzer, [sei] Amalia" (Z. 69) gewesen. Ihre Stimmung kippt erneut, als sie hören muss, Karl habe ihr Porträt zum Vermächtnis für Franz bestimmt. Am Ende der Szene wechselt ihre Gemütslage abermals, denn nun steht für sie fest, dass Karl sie nie geliebt haben kann, sollte er gewollt haben, dass sie sich Franz statt seiner zuwendet (vgl. Z. 125 f.). Sie glaubt nun ebenfalls die Geschichte von Karls Tod, die Hermann aufgetischt hat. Der alte Moor hat in der vorliegenden Szene kaum Redeanteile und ist die schwächste Figur. Zunächst wirkt er positiv gestimmt, nennt den Boten Hermann seinen „Freund" (Z. 5) und stellt ihm verschiedene kurze Fragen. Im Laufe des Gesprächs tritt er jedoch mehr und mehr in den Hintergrund. Gegen Endes des Dialogs hat er kaum noch Redeanteile, sein Herz scheint gebrochen und er am Ende seiner Kräfte zu sein. Seinen letzten Redebeitrag wiederholt er dreimal, minimal variiert, wobei er immer schwächer wirkt. Zunächst *„reißt er sich noch die Haare raus und schreit*: Mein Fluch ihn gejagt in den Tod! gefallen in Verzweiflung!" (Z. 73 ff.), kurz darauf *„zerfleischt er sich sein Gesicht und schreit*: Wehe, wehe! mein Fluch ihn gejagt in den Tod! gefallen in Verzweiflung!" (Z. 94 f.), dann, beim dritten Mal, lallt er nur noch „Mein Fluch ihn gejagt in den Tod, gefallen mein Sohn in Verzweiflung!" (Z. 100 f.). Danach tritt er nicht mehr in Erscheinung. Auffallend ist auch, dass er nicht die Kraft hat, auf seine Dialogpartner einzugehen. Er bedauert sich nur noch und spricht mit sich selbst. Hermann als verkleideter Bote spielt die ihm von Franz zugedachte Rolle zunächst mit Bravour. Als er jedoch den alten Moor leiden und völlig verzweifeln sieht, reagiert er mitfühlend und erkennt: „Den Jammer steh ich nicht aus. Lebt wohl, alter Herr!" (Z. 103 f.). Sprachlich auffallend im kompletten Szenenausschnitt sind die vielen Wortwiederholungen, Ausrufezeichen und Gedankenstriche. Die Sprache wirkt sehr emotional, verdichtet und aufgeladen.

Satzzeichen setzen

Eingangstest: Kommasetzung

Seite 68

1. richtig, falsch, richtig, falsch, richtig
2. (C) Relativsatz, (D) Aufzählung, (E) Aufzählung, (F) Satzgefüge, (G) Satzreihe, (I) Aufzählung, (J) Satzreihe, (K) Relativsatz, (L) Relativsatz, (M) nachträgliche Erläuterung, (N) Aufzählung, (O) nachträgliche Erläuterung
3. **A** kein Nebensatz **B** Temporalsatz, Konsekutivsatz **C** Relativsatz

Mit Kommas Satzstrukturen verdeutlichen

Seite 69

1. (hell markiert: Hauptsatz, dunkel markiert: Nebensatz)
   A Vegane Ernährung ist eine strenge Form der vegetarischen Ernährung, bei der ausschließlich pflanzliche Lebensmittel verzehrt werden.
   B Veganer lehnen sogar Honig ab, wenn bei dessen Herstellung tierische Bestandteile zum Einsatz gekommen sind.
   C Es ist nicht genau bekannt, wie viele Menschen sich in Deutschland vegan ernähren, aber es dürften zwischen 0,1 und 1 % sein.
   D Man geht davon aus, dass das Risiko eines Nährstoffmangels bei veganer Ernährung erhöht ist, denn verschiedene Vitamine z. B. kann der menschliche Organismus nicht selbst herstellen, sodass sie von außen zugeführt werden müssen.
   E Menschen, die sich vegan ernähren möchten, sollten sich daher regelmäßig ärztlich untersuchen lassen, damit es erst gar nicht zu einem kritischen Nährstoffmangel kommt.
   F Auch wenn grundsätzlich nichts gegen diese Form der Ernährung spricht, sollten Stillende, Säuglinge, Kinder und Jugendliche laut DGE auf eine vegane Ernährung verzichten.
2. **A** Nachdem Fette lange Zeit als Dickmacher verschrien waren, weiß man heute, dass der Körper sie genauso braucht wie Kohlenhydrate, Eiweiße oder Vitamine. **B** Weil Fett zahlreiche Funktionen im Körper übernimmt, ist es ein wichtiger Nährstoff. **C** Fett ist ein außerdem ein Geschmacksträger, sodass eine Gemüsesuppe mit einem Klecks Sahne gleich viel besser schmeckt.
3. Es fehlen keine Kommas, da es hier keinen Nebensatz gibt.

Seite 70

1. **A** Früher kam es den Menschen beim Essen hauptsächlich auf den Geschmack an, statt dass sie sich auf gesunde Ernährung konzentrierten. **B** Viele Menschen entscheiden sich heute dafür, dass sie gesund essen. **C** – (kein Komma vor der Infinitivgruppe) **D** Dabei haben einige Nahrungsergänzungsmittel den Ruf, dass sie zu einem gesunden Lebensstil beitragen.
2. **Signalwörter, bei denen ein Komma gesetzt werden muss:** um, ohne, anstatt, als
3. **Signalwörter, bei denen ein Komma gesetzt werden muss:** es, daran, dazu, darauf, damit, darüber

Seite 71

1. …, und zwar mit zunehmender Industrialisierung der Gesellschaft (Z. 1); …, inzwischen bereits Kinder und Jugendliche, … (Z. 2); …, wie etwa ein gutes Gewissen bei fair gehandelter Schokolade (Z. 3 f.); …, wie im Fall der Youtuberin Marie vom Kanal Snukieful (Z. 4 f.); …, nämlich z. B. mit Nachhaltigkeit (Z. 5); …, einige aber auch zu bequem oder zu geizig (Z. 6)
2. Monika Gerschau, Professorin für Agrarmarketing, glaubt, dass günstige Preise, und damit verbunden die Aussicht auf Schnäppchen, im Lebensmittelbereich kontraproduk-

tiv wirken. Händler, profitorientiert, arbeiten ganz gezielt mit solchen Lockmitteln. So bleibt der einheimische Spargel, frisch und aus der Region, oft im Regal liegen und es landen stattdessen Produkte von anderen Kontinenten im Einkaufswagen. Eine Analyse des Kaufverhaltens, vorwiegend von differenzierten Zielgruppen, könnte nützliche Erkenntnisse liefern. So greifen Verbraucher z. B. gerne zu Äpfeln aus fernen Ländern, vermeintlich länger in der Sonne gereift, während sie die aus der Region liegen lassen. Ein gutes Marketing, internes oder externes, ist für Händler von entscheidender Bedeutung. Gütesiegel, in großer Zahl und in diversen Produktbereichen, werden schließlich gern zu Werbezwecken eingesetzt.

3. **Appositionen:** ..., oft unterschiedlicher Herkunft, ... (Z. 2); ..., bewussten Käufern, ... (Z. 5); ..., ein sechseckiges Zeichen, ... (Z. 6) **Zusätze:** ..., wie etwa das Bio-Siegel, ... (Z. 1); ..., beispielsweise für Weidemilch oder gentechnikfreie Produkte, ... (Z. 3); ..., vor allem durch kritische Verbraucher, ... (Z. 4)

Seite 72

1. **A** Antioxidationsmittel, Emulgatoren, Farbstoffe und Verdickungsmittel werden den Lebensmitteln zugesetzt. **B** Sowohl Geschmacksverstärker als auch Konservierungsstoffe und Zuckeraustauschstoffe sorgen für Geschmack und Haltbarkeit. **C** Man kann die Zusatzstoffe weder wegdenken noch verharmlosen. **D** Manche von ihnen können Allergien auslösen sowie Krankheiten wie Asthma und Neurodermitis begünstigen.

2. **Kommas:** ... Bäcker, im ... (Z. 2); ... Bäckereien, Metzger, Imbissbuden, Restaurants oder... (Z. 3 f.); ... unbedenklich, ca. vierzig ... (Z. 5); ... verzichten, über ... (Z. 7); ... Asthma, Neurodermitis, diverse Allergien und ... (Z. 9)

Seite 73

3. **A** Wörter **B** Wortgruppen **C** Wörter, Satzreihe **D** Satzreihe **E** Satzreihe

1. 1, 1, 2, 2, 1, 3, 1, 1, 3, 1, 1, 1, 2, 2, 1, 1, 1

Seite 74

2. **A** ..., deren Fruchtfleisch sehr mild schmeckt, ... **B** – (kein Komma, kein Nebensatz) **C** ... Olivenöl, Limettensaft, der übrig geblieben ist, sowie ... **D** ..., nachdem du ihn in Sesam gewälzt hast, ... **E** ... und, wenn alles mit dem Cashew-Dressing beträufelt ist, ...

3. (hell markiert: Hauptsatz, dunkel markiert: Nebensatz) Benimmregeln im Restaurant und Tischmanieren gehören zum Lifestyle mittlerweile dazu,denn sie garantieren erst den wahren Genuss. Es beginnt bereits beim Betreten des Restaurants: Heute ist es völlig normal, dass die Frau vorangeht, aber viele Frauen wissen es dennoch zu schätzen, wenn ihr Begleiter die Tür zum Restaurant aufhält. Falls ein Mitarbeiter des Hauses die Gäste zum Tisch führt, geht die Frau immer vor ihrem Begleiter. Gibt es niemanden im Hause, der die Gäste begrüßt, dann geht der Herr als erster. Bevor man am Tisch Platz nimmt, hilft der Mann zuerst seiner Begleiterin aus dem Mantel und bringt ihn zur Garderobe, an der er auch seinen eigenen ablegt. In gehobeneren Restaurants ist es nicht üblich, dass Gäste sich selbst den Tisch wählen. Manchmal findet man am Eingang des Restaurants ein Schild, das entsprechende Hinweise bereithält. Falls dieses fehlt, sollte man zunächst abwarten, bis eine Platzierung erfolgt.

Ein wichtiges Thema ist auch die Sitzhaltung bei Tisch, an der man bereits vieles ablesen kann. Man sollte aufrecht, entspannt und etwa eine Handbreit vom Tisch entfernt sitzen und die Arme sollten sich beim Essen eng am Körper befinden, während die Hände nur bis zu den Handgelenken auf den Tisch zu legen sind. Mit den Unterarmen darf man sich leicht abstützen, doch wenn man das Besteck hält, dürfen selbst die Handgelenke nicht mehr den Tisch berühren.

4. **falsch gesetzte Kommas:** ... „Herr Ober" nach wie vor ... (Z. 1); ... besten Willen nicht ... (Z. 3); ... im Restaurant nichts ... (Z. 4); ... Namensschildes in Erfahrung ... (Z. 5); ... Handzeichen auf sich ... (Z. 7 f.) **fehlende Kommas:** ... wird, ist sie ... (Z. 1); ... klingt, trifft ... (Z. 2); ... altmodisch ist, hat ... (Z. 4); ... anzusprechen, sofern ... (Z. 5); ... unbekannt, dann ... (Z. 7)

Seite 75

5. **A** ... soll, leuchtet ... **B** ... darf, wenn ... **D** ... schlimmer, als ... **E** ... fällt, ist ... **F** ...ist, seiner ...

6. **A** *Nebensätze werden durch* Kommas vom Hauptsatz abgetrennt. **B** *Konjunktionen wie* und, oder, sowie *ersetzen das Komma.* **C** *Nebenordnende Konjunktionen wie* aber, denn, sondern *leiten Hauptsätze ein, die durch ein Komma getrennt werden.* (Hier sind auch andere Konjunktionen richtig, wie z. B. doch, außer, nur, bloß.) **D** *Sind Infinitivgruppen einem Nebensatz ähnlich, dann* trennt man sie durch Komma vom Hauptsatz ab.

7. B, C, B, A, A, C, B, B, D, A

Seite 76

8. **A** ..., zu einem Rechteck gefaltet, ... **B** ... sich zur Vermeidung von Speise- und Fetträndern an den Gläsern die ... **C** ... Serviette nach dem Abwischen des Mundes während des Essens wieder ...; ... Schoß, und zwar mit der benutzten Seite nach unten. **D** ... wird zwecks Verdeckung der Flecken nach ...

9. ... geführt und niemals ... (D) (Z. 1); ... es, durch ... (F) (Z. 2); ... produziert, sondern ... (G) (Z. 4); ... Suppenduschen durchaus ... (E) (Z. 5); ... Schlürfen, eine ... (A) (Z. 6); ... Umständen und ... (D) (Z. 7); ... gerülpst, geschlürft, geschmatzt werden, jedenfalls ... (H, H, B) (Z. 8); ... Besteck, Messer ... (A) (Z. 10); ... Tellerrand abgelegt werden, da ... kann oder ... (E, C, D) (Z. 11); ... d.h. , es ... (G) (Z. 13); ... stechen, sondern ... (G) (Z. 14); ... hat, darf ... (C) (Z. 16); ... abtupft, dann ... (C) (Z. 17)

Mit Adverbialsätzen Zusammenhänge verdeutlichen

Seite 77

1. *wenn* (Bedingung), damit/sodass (Zweck/Folge), da/weil (Grund), sodass (Folge), weil/da (Grund)

2. **A** Acht Wochen habe ich mich jetzt mit Hühnchen und Magerquark gequält, obwohl ich so einen Heißhunger auf Pizza hatte. **B** Ich habe während meiner Diät gar nichts abgenommen, obwohl ich nur Reis gegessen habe. **C** Bei uns zu Hause ist dauernd Diät angesagt, weil meine Mutter immer nur frisches Gemüse kocht und kaum Fett verwendet. **D** Ich habe nach meiner letzten Diät als erstes einen Jumbo-Döner gegessen, weil ich einen riesigen Appetit darauf hatte.

Seite 78

3. **B** Fast Food ist diesbezüglich tückisch, weil man nie genau weiß, wie viele Kalorien sich darin verbergen. (Mit welcher Begründung?) **C** Du weißt genau, was in deiner Mahlzeit steckt, wenn du dein Essen selbst zubereitest. (Unter welcher Bedingung?) **D** Nüsse oder Eiweißriegel für zwischendurch kann man ersetzen, indem man auf kalorienarme Snacks wie Wassermelone oder Gemüsesticks zurückgreift. (Wie?) **E** Bei Stress in der Schule greift man schnell automatisch zu Schokolade, sodass sich hinterher das schlechte Gewissen meldet. (Mit welcher Folge?)
4. **A** Du hattest einen anstrengenden Tag in der Schule, sodass dein Körper nach Süßigkeiten verlangt. / ..., daher verlangt dein Körper nach Süßigkeiten. **B** Obwohl du wenig Zeit hast, solltest du Entspannungspausen in deinen Alltag einbauen. / Du hast wenig Zeit, trotzdem solltest du Entspannungspausen in deinen Alltag einbauen. **C** Stress ist kontraproduktiv beim Abnehmen, weil der Körper in Stresssituationen Hormone produziert, die Bauchfett einlagern. / ..., denn der Körper produziert in Stresssituationen Hormone, die Bauchfett einlagern.
5. **B** Unter welcher Bedingung? – wenn **C** Wie? – indem

Zeichensetzung beim Zitieren

Seite 79

1.a) *Die eckigen Klammern bedeuten, dass* Buchstaben, Worte oder Satzteile ausgelassen oder hinzugefügt wurden. Bei Auslassungen stehen in den Klammern drei Punkte, bei Hinzufügungen die eingefügten Teile. **b)** Alle unterstrichenen Aussagen müssen in Anführungszeichen gesetzt werden.

Seite 80

2. Individuelle Lösung.
3. **Wörtliches Zitat:** B, F **Indirekte Rede mit Konjunktiv:** A, E **Indirekte Rede mit *dass*-Satz und Indikativ:** C **Indirekte Rede mit Präposition und Indikativ:** D, G
4. ..., dass sie „früher [...] so schlecht ernährt war." ... bei einem „hektischen Leben" ... außerdem „ein großer Fan von Suppen" sei ... „Ich glaube an die Macht des Konsumenten", sagt sie ..., „in denen [ihre] ‚Schwestern' arbeiten können und fair bezahlt werden."

Abschlusstest: Satzzeichen setzen

Seite 81

1. **A** *1* **B** 2 **C** 1a **D** 2 **E** 3 **F** 3a
2. **Kommas:** ... Mangelware, kann ... (Z. 1); ... Soja, Getreide, Fleisch, Fisch und ... (Z. 2); ... Botenstoff, der ... (Z. 3); ... Alzheimer, der ... Demenz, bilden ... (Z. 4)
3. „Auch Essen ohne Pestizide schützt das Hirn", so Annette Sobersky in einem Beitrag in der Zeitschrift Schrot und Korn. Sie bezieht sich dabei auf das Umweltbundesamt. Denn dieses erklärt: „Umweltschadstoffe können direkt auf das Gehirn einwirken." Studien sehen schon lange einen Zusammenhang zwischen Pestiziden und Alzheimer. Dies veranlasst Sobersky zu der Forderung: „Jeder sollte sich bestmöglich schützen. Im ökologischen Anbau", so Annette Sobersky weiter, „werden keine chemisch-synthetischen Pestizide eingesetzt."

Regeln und Strategien der Rechtschreibung anwenden

Eingangstest: Rechtschreibung

Seite 82

1. **a)/b)** zum Mitnehmen, etwas Besseres, am Morgen, umweltbewusst, ihren, wärmer, liebsten, allem, neue, zahlreichen Reisen; **c)** Es handelt sich um einen Superlativ, die höchste Steigerungsform des Adjektivs „schön".
2. **A** hochfahren **B** zusammen tragen **C** zusammentragen **D** schwarzsehen, gut rechnen **E** großschreiben, klein schreiben
3. Das erste „dass" ist eine Konjunktion, die den Nebensatz einleitet, das folgende ist Artikel zu „Essen", das dritte „das" ist Relativpronomen, es kann durch „welches" ersetzt werden.

Seite 83

4. z. B. **A** antibakteriell, antiautoritär **B** autonom, automatisch **C** Exkursion, Exklusivität **D** Philosophie, Philologie **E** Theorie, Theater **F** Fotografie, Geografie **G** Meningitis, Neurodermitis **H** Phobie, Blasphemie **I** Argument, Experiment **J** Empathie, Sympathie **K** Motiv, Stativ **L** Maschine, Vaseline
5. **A** das Glas – die Gläser **B** der Kloß – die Klöße **C** der Fluss – die Flüsse **D** das Maß – die Maße **E** der Kuss – die Küsse **F** der Riese – die Riesen **G** die Nase – die Nasen **H** die Reise – die Reisen **I** das Floß – die Flöße **J** der Fuß – die Füße
6. falsch, richtig, falsch, richtig, falsch, richtig

Eigene Fehlerschwerpunkte erkennen

Seite 84

1. **A** *Wortauslaut* – halb **B** Groß- und Kleinschreibung – etwas Tolles **C** gleich und ähnlich klingende Laute – Kälber **D** Groß- und Kleinschreibung – beim Putzen **E** *s*-Laute – beißen **F** Wortauslaut – rund **G** *s*-Laute – gerissen **H** gleich und ähnlich klingende Laute – Fuchs **I** Getrennt- und Zusammenschreibung – fröhlich sein **J** kurze und lange Vokale – nämlich **K** gleich und ähnlich klingende Laute – mixe **L** kurze und lange Vokale – Aale **M** Groß- und Kleinschreibung – Abend **N** Getrennt- und Zusammenschreibung – weggelaufen **O** kurze und lange Vokale – Meer **P** Wortauslaut – genügt

Groß- und Kleinschreibung üben

Seite 85

1.

	Nomensignal	**nominalisiert?**	**ursprüngliche Wortart**
alles Bitten	*Indefinitpronomen*	x	Verb (bitten)
im Klaren	versteckter Artikel (in dem)	x	Adjektiv (klar)
Erlebnis	Suffix -nis	–	
das Neueste	Artikel	x	Adjektiv (neu)
Klugheit	Suffix -heit	–	
nichts Schönes	Indefinitpronomen	x	Adjektiv (schön)

im Wesentlichen	versteckter Artikel (in dem)	x	Adjektiv (wesentlich)
Tapferkeit	Suffix *-keit*	–	
zum Tanzen	versteckter Artikel (zu dem)	x	Verb (tanzen)

2. dieses Warten (Nominalisierung), am liebsten, zum Abgewöhnen (Nominalisierung), dein Jammern (Nominalisierung), in Windeseile, trotz, dieser, klasse, vielen, beim Surfen (Nominalisierung) und Tauchen (Nominalisierung), viel Spannendes (Nominalisierung) und Aufregendes (Nominalisierung), aufs Erkunden (Nominalisierung), am meisten, voller Hoffnung, das lange Sitzen (Nominalisierung), das norddeutsche Essen (Nominalisierung)

Seite 86

3. **Beispiellösung:** Nach Abfahrt am Sonntagabend kommt die Schülergruppe am nächsten Morgen in Hamburg an, wo ein Zwischenstopp geplant ist. Am Montagmorgen stehen dort ein gemeinsames Frühstück und eine Stadtrundfahrt auf dem Programm. Im Anschluss daran dürfen die Jugendlichen nachmittags die Hamburger Sehenswürdigkeiten besichtigen, ehe es am späteren Nachmittag mit dem Bus weiter nach Greifswald geht. Dort ist für abends die Ankunft in den Gastfamilien geplant.
Am Morgen des Dienstags sollen die Schülerinnen und Schüler gemeinsam mit ihren Austauschpartnern den Unterricht besuchen, danach bekommen sie vormittags eine Stadtführung durch Greifswald. Der Dienstagnachmittag ist für die Besichtigung des ehemaligen Kernkraftwerks freigehalten, abends verbringen die Jugendlichen die Zeit mit ihren Gastfamilien. Am Mittwoch ganz früh geht es zu einer Tagesexkursion nach Stralsund und zur Insel Rügen. In Stralsund werden alle zunächst das Ozeaneum besichtigen, danach darf in der Stadt gebummelt werden. Eine Rundfahrt und eventuelles Baden im Meer folgen nachmittags. Nach solch einem langen Tag ist der Abend für alle frei. Am nächsten Tag ist ein Schnuppersurfkurs in Greifswald für den Vormittag organisiert, am Donnerstagnachmittag steht der Besuch des Max-Planck-Instituts in Greifswald auf dem Plan und abends geht es in die Greifswalder Sternwarte. Eine weitere Tagestour bietet der Freitag. Diesmal fahren alle zusammen nach Usedom, wo am Vormittag der Besuch des Historisch-Technischen-Museums ins Peenemünde vorgesehen ist. Den Freitagabend haben die Gastschüler und ihre Gastgeber zur freien Verfügung.

4. Höflichkeitsanrede, Pronomen, Anredepronomen, kleingeschrieben

Seite 87

5. ich, Sie, ich, Sie, Sie, sie, wir, Sie, uns, mir, sie, ihre, Sie, Ihre, mir, Ihr

6. Merkwörter sind Wörter, deren Schreibung du dir einprägen musst, denn für wenige Fälle der Groß- und Kleinschreibung gilt keine Regel.

7. auf Abruf, einige, abends, oder Ähnliches, mit Bezug auf, im Grunde, beide, in Hinsicht auf, im Allgemeinen, gestern Abend, auf dem Laufenden, viele, im Folgenden, im Großen und Ganzen, am Dienstagabend, des Weiteren, die meisten, heute Morgen, teils … teils, ordnungshalber, am größten, ein drittel Liter; **Lösung:** Schüleraustausch Norden

Seite 88

8. hamburgischen Stadtrundfahrtbus, Hamburger Hafen, Jan-Fedder-Promenade, alten Elbtunnel, Hard Rock Cafe, Hamburger Rathaus, deutschen UNESCO-Weltkulturerbe, Altonaer Fischmarkt, Hamburger Vergnügungsmeile, Rote Flora

Seite 89

9. Hamburger Klassiker, gepökeltem Rindfleisch, Roter Bete, Finkenwerder Scholle, norddeutsche Spezialität, hamburgisches Gericht, Kieler Sprotten, Wiecker Fischer, Rote Grütze, Lüneburger Heide,

10. Wiecker Holzbrücke, Greifswalder Bodden, Die drei Weisen, Wiecker Skulpturenpfads, Hamburger Bildhauer, Lange Nikolaus, Pommerschen Landesmuseum, Greifswalder Rathaus, Bürgerhäuser

Getrennt- und Zusammenschreibung üben

Seite 90

1. **Getrenntschreibung:** *da sein*, Bus fahren, Fisch essen, gespannt sein, zusammen sein **Zusammenschreibung:** heimreisen, irreführen, leidtun, preisgeben, standhalten, stattfinden, teilnehmen, kundtun, brachliegen, wettmachen, losfahren

2. leichtfallen, leicht fallen, zusammenstellen, nahe liegt, naheliegend, zusammen ansehen, zusammenarbeiten, gegenüber seht, wahrnehmen

Seite 91

3. anzuschauen, anstehen, zu schlendern, zu bestaunen, zuzuschauen, beeindrucken, fallen lassen, ermöglichen, bloßstellen, fortfahren, hinzufügen, beobachten kann, hergekommen, bummeln gehen

4. wegzulaufen, zu kaufen, zurück zu sein, zusammenzuarbeiten, zusammenstellen, zuzuhören, vorhatten, zugeben, zu geben, zusammen meistern, zusammen stärken, spazieren zu gehen, nachzukommen

Gleich und ähnlich klingende Laute erkennen

Seite 92

1.

	Verlängerungsprobe	**Ableitungsprobe**	**korrekte Schreibung**
taub/p	*taube Nuss*	–	taub
Held/t	Helden	–	Held
tä/eglich	–	*der Tag*	täglich
Stä/engel	–	die Stange	Stängel
Gräu/euel	–	das Grauen	Gräuel
end/tlich	Ende/enden	–	endlich
erbä/ermlich	–	das Erbarmen	erbärmlich
beräu/euen	–	die Reue	bereuen
schlä/endern	–	–	schlendern
empfind/tlich	empfinden	–	empfindlich
hä/esslich	–	der Hass	hässlich
lä/estig	–	die Last	lästig

2. 1 Phase, 2 Fohlen, 3 voll, 4 Vitrine, 5 Phänomen, 6 Vers, 7 Pharao, 8 Wal, 9 Initiative, 10 Vase, 11 Universum, 12 Klavier
Lösung: Photovoltaik

Die Schreibung von *das/dass* üben

Seite 93

1. (1) Das, (2) das, (3) Das, (4) dass, (5) dass, (6) das, (7) das, (8) Das, (9) Das, (10) das, (11) dass, (12) dass, (13) Dass, (14) das
2. (1) dass, (2) das, (3) Dass, (4) dass, (5) das, (6) Dass; **Relativsätze:** (2), (5)

Abschlusstest: Rechtschreibung

Seite 94

1. **a)** Freitagmorgen, größte, Typ, testen, supraleitenden, technische, fließenden, Minuten, erste, Homepage, virtuellen, Experimentieren **b)** zweistündige, Fusionsanlage, Kraftwerkseignung, zu untersuchen, sein werden, Nachteile, Plasmaentladungen, abgeschlossen, abstatten, gelenkt werden, heranzoomen, aufrufen **c)** das, dass, dass, das, dass, das

Seite 95

2. **Fehler korrigiert:** unsere, klasse, erlebt, Neues, Interessantes, montags, Kurzbesuch, kamen, früh, Morgen, Vormittag, dass, sonntagabends, alle, Nach dem, Nachmittag, fielen, nächsten, Kennenlernen, Stadtführung, Greifswalder, Block 6, Tagesausflug, Schönheit, Surfen, Max-Planck-Institut, nachmittags, spannende, Forschungszentrum, schwimmen, Abschied, Hause, Das, reisen

Kannst du das?

Sprache untersuchen und reflektieren

Rechtschreibung

Seite 96

1. vor sich geht, kopfsteht, durcheinandergerät, jahrhundetelang, herausfinden, erste Mal, modernst ausgestatteten, feststellen, schieflief, hyperaktiv, teilnehmenden, reihenweise, leistungsstarken, durchleuchtete, aussagekräftige, dreidimensionale, zuammenstellen, aufsehenerregenden, weiterentwickeln, richtigstellen, zusammenfassen, regelrecht, elfeinhalb, überlebenden, fettreichen, sicherstellen, hinziehen
2. dass, das, das, Das, das, dass, dass, Das

Zeichensetzung

Seite 97

3. **A** … strengen, unmenschlichen Reglement …
B … langen, steifen Unterrichtsstunden, dem quälenden militärischen Exerzieren und der regelmäßigen religiösen Andacht …
C … pubertierende, poetisch und philosophisch begabte Teenager … verbotene, heimlich in die Schule geschmuggelte Bücher, schnupfen Tabak und schlürfen Kaffee.
D … empfindsame, sehr freiheitsliebende Schiller „illegal" bei schwachem, flackernden Kerzenlicht …
4. **A** Zweimal wird Schiller wegen „Unreinlichkeit", noch mit fast 15 Jahren soll er ein Bettnässer gewesen sein, mit Stockhieben und Arrest bestraft.
B 1776, die Akademie war 1775 nach Stuttgart verlegt worden, kam Schiller zum Entsetzen seines Vaters in die neu eingerichtete medizinische Fakultät.
C Der Dichter Christian Friedrich Daniel Schubart, zehn Jahre von 1777 bis 1787 auf der Festung Hohenasperg eingekerkert, lieferte Schiller den Stoff für sein erstes Drama „Die Räuber", den Konflikt zwischen zwei ungleichen Brüdern.
D Um Schiller sammelte sich ein Kreis Gleichgesinnter, die alles lasen, was sie an Literatur des Sturm und Drangs bekommen konnten, beispielsweise Werke von Wieland (1733–1813), Goethe (1749–1832), Klinger (1752–1831) oder Bürger (1747–1794).
5. **A** … um eine Stelle als Regimentsarzt in Stuttgart zu übernehmen.
B … beim Schreiben „erwischt" zu werden, beendet … das Lesedrama noch 1781 anonym zu veröffentlichen.
C … sein Lesedrama in eine Theateraufführung umzuschreiben.
D Ohne eine Erlaubnis des Herzogs zu besitzen, …, um an der Uraufführung seines Werkes „Die Räuber" teilzunehmen, …

Sätze bewusst gestalten

Seite 98

6. Teil eines Satzgliedes
7. Nomen (Substantiv)
8. Adjektiv, Nomen oder Wortgruppe im Genitiv, Relativsatz, Partizip, Wortgruppe mit Präposition
9. … lautete die <u>bekannte</u> Firmen-Philosophie… mit einem <u>sterbenden</u> Aids-Kranken … dem <u>blutdurchtränkten</u> Hemd … stillenden <u>schwarzen</u> Mutter …
… für <u>heftige</u> Kritik und <u>juristische</u> Auseinandersetzungen.
10. Individuelle Lösung. Der Text wirkt anschaulicher und ist informativer, da die Attribute genauere Beschreibungen liefern.
11. **B Bestimmung:** Attributsatz, **Umformung:** z. B. mit einer Botschaft verbundenen Marke (Partizip), **C Bestimmung:** präpositionales Attribut, **Umformung:** z. B. Plakate, auf denen ein Aids-Kranker im Kreis seiner Familie … (Attributsatz), **D Bestimmung:** Attributsatz, **Umformung:** z. B. Guerillakämpfer mit einer Kalaschnikow sowie einem … (präpositionales Attribut), **E Bestimmung:** präpositionales Attribut, **Umformung:** z. B. mit „HIV-positiv" tätowiertes Gesäß (Partizip)

Seite 99

12. häufige Nominalisierungen, häufige Verben, mehrteilige Komposita, zahlreiche Attribute, häufige Verwendung des Passivs
13. **A** Die Kaufentscheidungen der Kunden werden beeinflusst.
B Der Fotograf provoziert, um die Bekanntheit der Marke zu steigern. **C** Ein Bildband wird veröffentlicht, für den Aufnahmen aus fünf Jahrzehnten verwendet wurden.
14. Individuelle Lösung.

Verstehendes Lesen

Seite 101

1. … ein informierender Grundlagenbericht
2. … das menschliche Gehirn die komplexe Aufgabe „Lesen" bewältigt; … sich Analphabeten von geübten Lesern unterscheiden
3. Max-Planck-Institut für Psycholinguistik in Nijmegen, Universität Brüssel, UNESCO, Universität Oxford

Seite 102

4. vor weniger als 6000 Jahren
5. 15 %
6. Wahrnehmungs- und Denkfunktionen genau abstimmen
7. Individuelle Lösung. Es geht um die Textstelle Z. 48–54.
8. Individuelle Lösung. Es geht um die Textstelle Z. 68–72.

Seite 104

1. … argumentativ.
2. … Konsumentscheidungen allein die Umwelt nicht retten.
3. … 0 gebracht werden.
4. … den Artenverlust zu stoppen und umzukehren.

Seite 105

5. Individuelle Lösung. Es geht um die Textstelle Z. 23–29.
6. Individuelle Lösung. Es geht um die Textstelle Z. 33–41.
7. Der Einsatz fossiler Brennstoffe muss konsequent eingeschränkt bzw. beendet werden. / Die Bürger/-innen müssen eine nachhaltigere Politik wählen und einfordern.
8. Individuelle Lösung.

Schreiben

Seite 106

1. Individuelle Lösung; z. B. **Erster Leseeindruck:** Der Text wirkt etwas verrückt, beängstigend. **Fragen:** z. B. Wofür steht der Dompteur? Was ist mit Zirkuswesen gemeint? Warum wehren sich die Bewohner nicht?
2. Unterdrückung, Macht, Machtmissbrauch
3. „Wesen" kann ein Individuum sein, etwas Lebendiges, sowie alles bezeichnen, was zum Zirkus gehört, also die Gesamtheit zusammenhängender Dinge meinen. Der Titel ist doppeldeutig: Er kann sich auf den Dompteur als Individuum beziehen, aber auch auf alles, was mit der Zirkuswelt zu tun hat, wie im letzten Satz.
4. Parabel; Textbelege: z. B. Z. 2 f., Z. 6 ff., Z. 10, Z. 12–17, …

Seite 107

5. Der Text handelt von einem Zirkusdompteur, der während einer Vorstellung seinen Tiger tötet, woraufhin das Publikum verängstigt flüchtet. Danach stampft der Dompteur durch die Straßen und schüchtert die Bewohner ein, indem er schreit und seine Peitsche knallen lässt. Es vergehen drei Tage, bis der Dompteur gefangen und zum Bürgermeister ernannt wird. Ab diesem Moment herrschen in der Stadt wieder Ruhe und Ordnung.
6. Kunerts Parabel kritisiert machthungrige Menschen, z. B. Politiker, die durch Gewalt und Einschüchterung an die Macht kommen. Zudem kritisiert er eine Gesellschaft, die es zulässt, dass Einzelne durch Machtmissbrauch ihre Dominanz auch noch ausbauen können. Der Dompteur kann erst gebändigt werden, als man ihn zum Bürgermeister macht. Es geht somit um einen Menschen, der durch einschüchterndes Auftreten zu Macht gelangt und erst dann Ruhe gibt.
7. Den letzten Satz des Texts kann man ironisch verstehen. Er bedeutet, dass es mit der Freiheit der Bürger vorbei ist, seit der Dompteur Bürgermeister geworden ist, da seine Praktiken nun amtlich sind. Die Bewohner der Stadt bezahlen ihren Wunsch nach Ordnung mit ihrer Freiheit, da sie nun vom ihm dressiert, d. h. unterdrückt werden. Die Parabel thematisiert sinnbildlich die Entstehung einer Diktatur.
8. Der Dompteur ist gewalttätig, hemmungslos (er beißt seinen Tiger), rücksichtslos, laut (mit knallender Peitsche stampft er „sporenklirrend auf die Straße", schreit, dröhnt, donnert, schnalzt, vgl. Z. 11 ff.), er ist angsteinflößend. Die Stadtbewohner sind verängstigt, eingeschüchtert, ducken sich weg und gehorchen (sie „hocken" (Z. 18), „kauerten" (Z. 20), „schleichen" (Z. 22)) und lassen sich dressieren. Zwar murren und knurren sie (vgl. Z. 21), leisten aber keinen nennenswerten Widerstand.
9. **Zeitform:** Präteritum; **Stilmittel:** Alliteration, Lautmalerei; **Erzählverhalten**: auktorial; **Erzählform:** Er-Form
10. **Mögliche Interpretationsaspekte:** Der Autor Günter Kunert prangert in seinem Text „Zirkuswesen" mit den Mitteln einer Parabel menschliche, gesellschaftliche und politische Verhältnisse und Missstände an. Er kritisiert die politischen und gesellschaftlichen Verhältnisse in Diktaturen bzw. konkret in der damaligen DDR oder in der NS-Zeit. Die Hauptkritik liegt auf denjenigen, die sich den Machthungrigen nicht mutig entgegenstellen, sondern sich einschüchtern und benutzen lassen und letztendlich so ihre eigene Unterdrückung ermöglichen.